Bitcoins und andere dezentrale Transaktionssysteme

Elfriede Sixt

Bitcoins und andere dezentrale Transaktionssysteme

Blockchains als Basis einer
Kryptoökonomie

Elfriede Sixt
Wien, Österreich

ISBN 978-3-658-02843-5   ISBN 978-3-658-02844-2 (eBook)
DOI 10.1007/978-3-658-02844-2

Die Deutsche Nationalbibliothek verzeichnet diese Publikation in der Deutschen Nationalbibliografie;
detaillierte bibliografische Daten sind im Internet über http://dnb.d-nb.de abrufbar.

Springer Gabler
© Springer Fachmedien Wiesbaden GmbH 2017
Das Werk einschließlich aller seiner Teile ist urheberrechtlich geschützt. Jede Verwertung, die nicht ausdrücklich vom Urheberrechtsgesetz zugelassen ist, bedarf der vorherigen Zustimmung des Verlags. Das gilt insbesondere für Vervielfältigungen, Bearbeitungen, Übersetzungen, Mikroverfilmungen und die Einspeicherung und Verarbeitung in elektronischen Systemen.
Die Wiedergabe von Gebrauchsnamen, Handelsnamen, Warenbezeichnungen usw. in diesem Werk berechtigt auch ohne besondere Kennzeichnung nicht zu der Annahme, dass solche Namen im Sinne der Warenzeichen- und Markenschutz-Gesetzgebung als frei zu betrachten wären und daher von jedermann benutzt werden dürften.
Der Verlag, die Autoren und die Herausgeber gehen davon aus, dass die Angaben und Informationen in diesem Werk zum Zeitpunkt der Veröffentlichung vollständig und korrekt sind. Weder der Verlag noch die Autoren oder die Herausgeber übernehmen, ausdrücklich oder implizit, Gewähr für den Inhalt des Werkes, etwaige Fehler oder Äußerungen.

Springer Gabler ist Teil von Springer Nature
Die eingetragene Gesellschaft ist Springer Fachmedien Wiesbaden GmbH

Vorwort

> In the future I see a public Blockchain – whether that's Bitcoin or some other open one in the future which is a way of registering ownership of all sorts of assets and it's a way of transferring ownership of those assets in a single system that can be read by all of the right people and none of the wrong people. So it becomes very simple for me to swap my dollars for your IBM shares, or your pounds for my house. Any asset that we assign a value to and want to be sure about who owns it can be registered using this technology. (James Smith, CEO of Elliptic)[1]

Stellen Sie sich vor, Sie wachen an einem Sonntagmorgen irgendwann in der nahen Zukunft auf. Das Wetter ist traumhaft und Sie beschließen, sich mit Ihren Freunden auf einen Brunch zu treffen. Sie schnappen sich Ihr Smartphone und öffnen Ihren persönlichen Lifestyle-Assistenten. Das ist eine App, die Ihr Nutzungsverhalten kennt und Sie in Ihren Entscheidungen des täglichen Lebens unterstützt. Ohne einen derartigen Lifestyle-Assistenten ließe sich das Leben in dieser nahen und vollständig digitalisierten Zukunft auch nicht bewältigen.

Wie heute bereits durch die Software Siri (Abkürzung für: Speech Interpretation and Recognition Interface) von Apple® kann man mit der Lifestyle-App mündlich kommunizieren. Sie beauftragen Ihren Lifestyle-Assistenten also, ein geeignetes Lokal für den Brunch auszusuchen und den Zeitpunkt für den Brunch auch gleich mit den Lifestyle-Assistenten Ihrer Freunde abzustimmen. Das Lokal ist schnell ausgewählt, die kommunizierenden Lifestyle-Assistenten haben auch rasch den optimalen Zeitpunkt dafür abgestimmt.

Ihr Lifestyle-Assistent bestellt also einen Tisch für fünf Personen, zahlt sofort per Kryptowährung die Reservierungsgebühr und Sie erhalten umgehend den Online-Voucher. Dieser enthält auch eine Gutschrift für einen vollautomatischen Car-Service. Mittlerweile ist der Straßenverkehr durch selbst fahrende Autos geprägt, die nach dem Prinzip des Carsharings funktionieren. Im Stadtbereich befindet sich das nächste Auto üblicherweise nur rund 100 bis 150 m vom eigenen Standort entfernt.

---

[1] Top five Quotes from Bitcoin Experts on Banks Building Blockchains, http://cointelegraph.com/news/115395/top-5-quotes-Bitcoin-expert-quotes-on-banks-building-blockchains?ref=45 (Abruf: 11.10.2015).

Die Autos werden über das Internet und entsprechende Applikationen und Leitsysteme gesteuert.

Ihr Lifestyle-Assistent erkundigt sich nun bei Ihnen, ob Sie den Voucher einlösen und einen Car-Service bestellen wollen. „Natürlich", sagen Sie. Also wird das passende Angebot ausgewählt und bestellt. Die Bestätigung der Einlösung des Vouchers samt exaktem Standort Ihres Autos wird auf Ihr Smartphone gesandt. Das für Sie bereitgestellte Auto befindet sich nur knapp 30 m von Ihrem Hauseingang entfernt. Mit dem digitalen Voucher auf Ihrem Smartphone öffnen sich die Türen des Autos automatisch, sobald Sie sich dem Auto auf einen Meter genähert haben. Da das Fahrtziel vorab bekannt gegeben wurde, müssen Sie nach dem Einsteigen nichts mehr tun. Denn jedes dieser Autos verfügt über die jeweils aktuellste Kommunikationstechnologie. Da diese intelligenten Autos so gut wie keine Unfälle verursachen, brauchen sie auch keinen Sicherheitsgurt und alle Sitze sind zur Mitte des Autos hin ausgerichtet.

Im Auto haben Sie Zeit, schnell die wichtigsten Schlagzeilen in den für sie interessanten Onlinemedien bei einer Tasse Kaffee zu lesen. Danach erledigen Sie noch ein paar kurze Postings auf Facebook. Für jedes Like oder jeden Kommentar zu einem Posting bekommen Sie von Facebook ein paar Coins in eines ihrer digitalen Wallets gutgeschrieben. Da Sie viele Freunde auf Facebook haben und fleißig posten, reicht das Einkommen von Facebook üblicherweise aus, um Ihre monatlichen Kosten für die Nutzung des Internets zu bezahlen.

Die Tür Ihrer Wohnung hat sich hinter Ihnen geschlossen, sobald sie den Hauseingang verlassen haben. Die Tür zu Ihrem Heim kann nur von Personen geöffnet werden, die im Besitz eines speziellen Krypto-Tokens sind, der von Ihnen unter Nutzung kryptografischer Verschlüsselung auf die Smartphones der einzelnen Personen übertragen wurde.

So gut wie alle Dinge des täglichen Lebens, von Ihrem Toaster bis zu Ihrer Waschmaschine, sind intelligente Dinge, ausgestattet mit Mikroprozessoren und untereinander vernetzt. Nutzung und Verwaltung erfolgt über sogenannte Smart Contracts. Es erfolgt ein ständiges Abgleichen, Speichern und Weitergeben der Daten zwischen den Geräten. Die Geräte können Remote kontrolliert werden. Viele Haushaltsgeräte sind geleast, die Verwaltung dieser Leasingverträge erfolgt ebenfalls mittels intelligenter Verträge. Nehmen wir als Beispiel die Kaffeemaschine. Für jede zubereitete Kaffeetasse wird dem Verleiher digitalisiert und vorprogrammiert in dem entsprechenden Smart Contract die Nutzungsgebühr gutgeschrieben (auf sein Wallet) und eines ihrer Wallets entsprechend belastet. Ähnlich funktionieren Ihre Waschmaschine, Ihr TV-Gerät, Ihr Computer und natürlich Ihr 3D-Drucker. Der 3D-Drucker ist so gut wie unverzichtbar für Haushalt und Büro. Kleine Dinge des täglichen Lebens werden in Realtime vom 3D-Drucker erzeugt. Auch die Nutzung und Anbindung von Strom, Gas und Wasser wird von Smart Contracts verwaltet und per Kryptowährung bezahlt.

Sie zahlen für fast alle Dinge des Lebens nutzungsabhängig und in Realtime. Durch Nutzung von Kryptotransaktionssystemen ist die Bezahlung solcher Klein- und Kleinstbeträge keine Herausforderung mehr. Die Algorithmen der genutzten Smart Contracts steuern die mit ihnen verbundenen Dinge automatisch, sorgen im Bedarfsfall – wie bei der Kaffeemaschine – für Nachschub und stellen, falls keine Zahlung erfolgt, die Nutzungsmöglichkeit ein. Dafür braucht es keine Menschen mehr. Das *Internet der Dinge* funktioniert von Maschine zu Maschine.

All das ermöglicht es Ihnen, auf Ihrem Weg zum Brunch die Waschmaschine – bei Bedarf – remote ein- und auszuschalten.

Ohne auf die Vor- bzw. Nachteile dieses nach Science Fiction klingenden Szenarios einzugehen, sollte uns klar sein, dass dieses bereits innerhalb weniger Jahre Realität werden könnte. Gemäß einer Gartner-Studie wird das Internet of Things (IoT) 2020 bereits 21 Mrd. Geräte und ein Wirtschaftsvolumen von 3 Mrd. US-Dollar umfassen.[2]

Für die Umsetzung von IoT und intelligenten Verträgen (Smart Contracts) ist die Sicherheit der IT-Systeme eine der am meisten noch diskutierten Herausforderungen.

Dieses Thema der Sicherheit kann nun mit dem Konzept der dezentralen kryptografisch verschlüsselten Transaktionssysteme vielversprechend adressiert werden: Die Bitcoin Blockchain hat inzwischen bewiesen, dass Werte jeglichen Ausmaßes auf einer Blockchain sicher zugeordnet und transferiert werden können.

Doch auch wenn die Bank von England Bitcoin bereits als Internet des Geldes[3] bezeichnet, und die Federal Reserve Bank von St. Louis Bitcoin als *Geniestreich*[4] betrachtet, stehen die heutigen Kryptowährungs- bzw. Kryptotransaktionssysteme in ihrer Entwicklung erst dort, wo das World Wide Web in den frühen 90er Jahren war.

Da es sich bei den Kryptowährungstechnologien jedoch meist um Open-Source-Technologien handelt, haben die weltweit intelligentesten und kreativsten Softwareentwickler nun offene Plattformen, auf denen sie Produkt- und Dienstleistungsansätze weiterentwickeln, die es Einzelpersonen, Organisationen und sogar Maschinen ermöglichen werden, Transaktionen flexibler, effizienter und produktiver auszuführen.

So wie im frühen Web der 90er Jahre niemand Entwicklungen und Phänomene wie YouTube und Facebook vorhersehen konnte, entstehen derzeit unzählige Anwendungen, in denen diese neuen Formen der Kryptotechnologie auf unvorhergesehene Weise genützt werden.

Noch betonen all die Befürworter der dezentralen Datenbanken aus dem Finanzbereich, dass sie nur die Idee der Blockchain an sich befürworten, aber von *bitcoin* als Zahlungsmittel und auch von der genutzten Geldschöpfungsform (dem Miningprozess) nichts halten bzw. von der Nutzung abraten. Und doch ist der momentane Hype um die Vorteile der dezentralen Datenbanken auch bei den Finanzinstituten der erste Schritt, sich mit den Kryptowährungstechnologien auseinanderzusetzen und ihre archaischen Backend-Systeme mit all ihren schwerfälligen Verzögerungen und unnötigen Kosten abzulösen. Und

---

[2] http://www.gartner.com/newsroom/id/3165317, Gartner Says 6.4 Billion Connected "Things" Will Be in Use in 2016, Up 30 Percent From 2015 (Abruf: 20.02.2015).
[3] Innovations in payment technologies and the emergence of digital currencies, http://www.bankofengland.co.uk/publications/Documents/quarterlybulletin/2014/qb14q3digitalcurrenciesBitcoin1.pdf (Abruf: 12.10.2015).
[4] https://www.stlouisfed.org/Dialogue-with-the-Fed/The-Possibilities-and-the-Pitfalls-of-Virtual-Currencies/Videos/Part-1-Introduction-and-Welcoming-Remarks (Abruf: 12.10.2015).

dann wird es viel einfacher sein, zu verstehen, dass es am Ende des Tages wohl Blockchains mit/und ohne Kryptowährungen geben wird und die Ansätze jetzt nur der erste Schritt sein können in eine neue Welt mit vielen Möglichkeiten. Diese Zeit werden die Kryptowährungstechnologien ohnehin noch brauchen, um ihre eindeutig gegebenen Unzulänglichkeiten auszumerzen.

Festzuhalten ist vorweg noch, dass sich die gesamte Kryptotechnologieindustrie momentan in einem massiven Innovationsprozess befindet. Konzepte, Terminologien, Standards, Parameter ändern sich ständig. Vielleicht gibt es die Bitcoin-Kryptowährungstechnologie in der in diesem Buch beschriebenen Form in fünf Jahren nicht mehr. Der Zweck des Buches ist es, einen umfassenden Einblick in den momentanen Stand der Idee und Systematik dieser angedachten Basis einer Kryptoökonomie zu geben und das mögliche Potenzial aufzuzeigen.

Wien/Österreich, im Frühjahr 2016   Elfriede Sixt

Vorbemerkung

Bitcoin und bitcoin – **Bitcoin** mit einem großen B steht für das Peer-to-Peer-Netzwerk, für die Open-Source-Software, für das dezentrale Hauptbuch (Blockchain), für die Software Entwicklungsplattform sowie für die Transaktionsplattform. **bitcoin** geschrieben mit dem Kleinbuchstaben b meint die Einheit der Kryptowährung.

Inhaltsverzeichnis

1	**Kryptoökonomie**	1
2	**Was sind Kryptotransaktionssysteme?**	5
	2.1 Hintergrund und philosophische Betrachtung	5
	2.2 Definitionen	8
3	**Aktuelle Daten zur Bitcoin-Ökosphäre**	17
	3.1 Google Trend-Analyse	17
	3.2 Anzahl der Transaktionen pro Tag	18
	3.3 Entwicklung des Wertes des bitcoin	20
	3.4 Anzahl der Projekte auf GitHub	21
	3.5 Anzahl der Wallets und Anzahl der Nutzer	22
	3.6 Akzeptanz des bitcoins bei den Unternehmen	23
	3.7 Akzeptanz beim Konsumenten	23
	3.8 Venture-Capital	25
	3.9 Bitcoin als Netzwerkgut	26
	3.10 Zusammenfassung	27
4	**Funktionsweise des Bitcoin-Netzwerks**	29
	4.1 Dezentralität und Digitalität des Systems	31
	4.2 Bedeutung des angewandten Konsens-Algorithmus	31
	4.3 (Pseudo-)Anonymität	32
	4.4 Bitcoin-Clients und Wallets	34
	4.4.1 Bitcoin Core Client/Full-Node Client	34
	4.4.2 Sonstige Bitcoin-Clients/Thin-/Light-Clients	36
	4.4.3 Wallets/Nutzer des Bitcoin-Netzwerks	36
	4.5 Durchführung von Transaktionen im Netzwerk	37
	4.5.1 Validierung einer Transaktion im Bitcoin-Netzwerk	39
	4.5.2 Aufbau und Funktionsweise der Blockchain	39
	4.5.3 Double Spending-Attacke und der Konsens-Algorithmus	43
	4.6 Scripte	44

5	**Vergleich zum herkömmlichen Finanzsystem**	45
5.1	Grundfunktionen des Geldes	47
5.2	Die Geschichte des Geldes	47
	5.2.1 Historische Entwicklung des Geldwesens	47
	5.2.2 Gold- und Dollarbindung	50
	5.2.3 Schaffung von Buchgeld (auch Giralgeld)	51
5.3	Die historische Entwicklung der Geldtheorien	53
	5.3.1 Metallismus vs. Chartalismus	53
5.4	Entwicklung der Geldtheorien	55
	5.4.1 Klassische Geldtheorie	55
	5.4.2 Keynesianische Geldtheorie	56
	5.4.3 Neoklassische Geldtheorie	56
	5.4.4 Monetarismus	56
	5.4.5 Neuklassische Geldtheorie	57
	5.4.6 Neukeynesianische Geldtheorie	58
5.5	Bedeutung dieser Entwicklungen für die Kryptowährungen	58
	5.5.1 Vertrauen als Grundelement auch für moderne Geldsysteme	59
5.6	Komplementärwährungen	63
	5.6.1 Alternativwährungen	63
	5.6.2 Zentralisierte virtuelle/digitale Währungen	69
5.7	Trend zur bargeldlosen Gesellschaft	71
6	**Innovationsbedarf bei den Finanzsystemen**	75
7	**Bitcoin als Zahlungsmittel**	77
7.1	Globalität des Bitcoin-Netzwerks	77
	7.1.1 Unbanked People	78
	7.1.2 Länder mit dysfunktionalen Finanzsystemen	78
	7.1.3 Auswirkung der Digitalisierung	80
	7.1.4 Grenzüberschreitende Geldanweisungen	81
	7.1.5 Bedeutung des Bitcoin-Netzwerks für diese Ländern	83
7.2	Transaktionskostenthematik	84
	7.2.1 Aus Sicht des Konsumenten	85
	7.2.2 Aus Sicht eines Unternehmers	86
7.3	Digitale Geschäftsmodelle und Mikrozahlungen	88
8	**Limitationen des Bitcoin-Systems**	91
8.1	Komplexität	91
8.2	Sicherheit	92
8.3	Skalierbarkeit des Systems	95
8.4	Lange Bestätigungszeiten	99
8.5	Transaktionskosten als Mining-Belohnung	100

8.6	Hoher Ressourcenverbrauch	102
8.7	Aufbau industrieller Miningkapazitäten	103
8.8	51-Prozent-Attacke	105
8.9	Wechselkursvolatilität	107
8.10	Deflation	108

9 Lösungsansätze für die Limitationen des Bitcoin-Systems ... 111
   9.1 Altcoins (Alternative Kryptowährungen) ... 111
      9.1.1 Litecoin ... 113
      9.1.2 Nextcoin und Peercoin ... 113
      9.1.3 Darkcoin ... 114
   9.2 Sidechains ... 115
   9.3 Das Lightning Netzwerk ... 117

10 Rechtliche Einordnung ... 119
   10.1 Sind Kryptowährungen rechtlich gesehen „Geld"? ... 119
   10.2 Kryptowährungen im Privatrecht und im Grundgesetz ... 121
      10.2.1 Rechtsgeschäfte mit bitcoins ... 122
   10.3 Funktions- und Anlegerschutz ... 124
      10.3.1 Funktionsschutz der Bitcoin-Technologie an sich ... 126
      10.3.2 Funktionsschutz der Unternehmen der Kryptoökonomie ... 126
      10.3.3 Anwendbarkeit der Geldwäscherichtlinien (AML, KYC) ... 127
   10.4 Rechtliche Qualifikation des bitcoins in den verschiedenen Ländern ... 130
      10.4.1 Standpunkt der Aufsichtsbehörden der Europäischen Union ... 131
      10.4.2 Vereinigte Staaten ... 134
      10.4.3 China ... 137
      10.4.4 Sonstige Länder ... 138

11 Die Gratis-Bitcoin-Ökosphäre ... 141

12 Monetarismus, Geldmenge und Politik ... 145
   12.1 Cyber-Libertarianism ... 148
   12.2 Geldsysteme und Privatsphäre ... 149
      12.2.1 NSA und PRISM ... 150
      12.2.2 SWIFT und Datenschutz ... 153
      12.2.3 Kryptografie und die Privatsphäre ... 155
   12.3 Nutzung des bitcoin im Darknet ... 157
      12.3.1 Silk Road ... 158
      12.3.2 OpenBazaar ... 161

13 Bitcoin 2.0 ... 163
   13.1 MultiSig-Transaktionen und Treuhandkonstrukte ... 164
   13.2 Overlays oder auch Blockchain 2.0 Anwendungen ... 165

        13.2.1 Colored Coins Projekt 167
        13.2.2 Counterparty 168
        13.2.3 BitMesh 168
        13.2.4 Factom 169
        13.2.5 Ascribe 169
        13.2.6 Mirror (früher Vaurum) 170

14 Bitcoin und die Finanzindustrie 173
    14.1 Private Blockchains oder Permissioned Distributed Ledger 177
    14.2 Das Ripple-Netzwerk 179
    14.3 Kryptofinanztransaktionen 182
        14.3.1 Patrick Byrne mit T0 und FNY Capital 184
        14.3.2 Adam Krellenstein mit Symbiont und Counterparty 184
        14.3.3 Blythe Masters mit der Digital Assets Holding 185

15 Sonstige mögliche Anwendungsbereiche für dezentrale Transaktionssysteme 187

16 Ethereum 189

Ausblick 195

Kryptoökonomie 1

> The one thing that's missing, but that will soon be developed, is a reliable e-cash, a method whereby on the Internet you can transfer funds from A to B, without A knowing B or B knowing A. That kind of thing will develop on the Internet and that will make it even easier for people to use the internet. (Milton Friedman, 1999)

Nur acht Jahre nach dieser wohl prophetisch anmutenden Aussage von Milton Friedman, veröffentlichte am 31. Oktober 2008, 14:10 Uhr Ortszeit, New York ein Kryptograf unter dem Pseudonym Satoshi Nakamoto ein Diskussionspapier mit dem Titel Bitcoin:[1] *A Peer-to-Peer Electronic Cash System*. In einer E-Mail an einige Kryptografieexperten und -interessierte weist er auf dieses Diskussionspapier hin und schreibt:

> Ich habe an einem neuen elektronischen Zahlungssystem gearbeitet, das vollständig auf gleichberechtigten Rechner-zu-Rechner-Verbindungen beruht und keinen vertrauenswürdigen Dritten erfordert.[2]

Bei dem von Sathosi Nakomoto vorgestellten Open-Source basierten Bitcoin-Protokoll handelte es sich vereinfacht um ein Gefüge grundlegender Programmieranweisungen, die es Computern erlaubt, miteinander zu kommunizieren. Die dabei vorgesehene Verschlüsselung erlaubt es den Nutzern, ihr Passwort einzugeben und einander direkt digitale Werte zu schicken, ohne eine dritte Person oder Institution involvieren zu müssen. Der im Protokoll vorgesehene Konsens-Algorithmus bestimmt, welche Schritte die Computer im Netzwerk ausführen müssen, um zu einem Konsens bezüglich der Gültigkeit jeder einzelnen Transaktion zu gelangen. Wird dieser Konsens erzielt, wird unwiderlegbar, un-

---

[1] Bitcoin und *Bitcoin* – **Bitcoin** mit einem großen B steht für das Peer-to-Peer-Netzwerk, für die Open- Source-Software, für das dezentrale Hauptbuch (Blockchain), für die Software Entwicklungsplattform sowie für die Transaktionsplattform. *Bitcoin* geschrieben mit dem Kleinbuchstaben b ist die Einheit der Kryptowährung.

[2] Cryptocurrency: Wie virtuelles Geld unsere Gesellschaft verändert, Michael Casey, Paul Vigna, deutschsprachige Ausgabe, Ullstein Buchverlage GmbH, Berlin 2015.

korrumpierbar und für jeden nachvollziehbar eindeutig der Besitz der digitalen Werte zugeordnet.

Dieses von Satoshi Nakamoto im E-Mail vom 31. Oktober 2008 beschriebene Konzept eines neuen Transaktionssystems und die dahinter liegenden Technologieansätze haben sich in den letzten Jahren zu einem immer größer werdenden Phänomen entwickelt.

Mittels der Architektur solcher Kryptotransaktionssysteme kann das Vertrauensproblem, das vielen wirtschaftlichen Geschäftsprozessen inhärent ist und bis dato durch die Involvierung einer Heerschar entsprechender Intermediäre (beispielsweise Banken, Notare, Rechtsanwälte usw.) adressiert wurde, nun mittels kryptografischer Algorithmen gelöst werden.

Ein Phänomen, das eine Revolution in vielen Bereichen unserer Wirtschaftssysteme hervorrufen wird. Es wird von der Entstehung einer Kryptoökonomie gesprochen, deren Herzstück dezentrale und fälschungssichere Datenbanken sind und deren Wertschöpfung auf kryptotechnologischen Abläufen (Algorithmen) basiert. Die Nutzung dieser dezentralen Transaktionssysteme als elektronische Zahlungsabwicklungssysteme bildet dabei nur die Speerspitze dieser Kryptoökonomie.

Die immensen Erwartungen, die an den Erfolg der Kryptotransaktionssysteme gestellt werden, lassen sich am besten anhand der Entwicklung des Wechselkurses und der Marktkapitalisierung der ersten und wohl auch bekanntesten Kryptowährung, den bitcoins, zeigen (vgl. Abb. 1.1).

Im Juli 2010 wurden bitcoins erstmals über die Bitcoin-Börse Mt. Gox zu einem Kurs von 0,06 US-Dollar pro bitcoin gehandelt. Der Gesamtwert aller bitcoins betrug damals 277.000 US-Dollar. Im Februar 2011 erreichte der Wert eines bitcoins den Wert eines US-Dollars. Zwei Jahre später durchbrach der Kurs die Barriere von 25 US-Dollar und begann massiv zu steigen. Am 29. November 2013 erreichte der bitcoin den bis dato höchsten Wert mit 1242 US-Dollar und einer Marktkapitalisierung von rund 13,5 Mrd. US-Dollar. Inzwischen, nach dem medienwirksamen Kollaps der Mt. Gox-Börse, massiven und an-

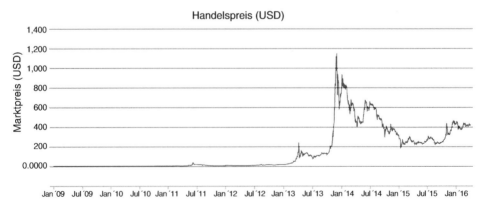

Abb. 1.1 Kursentwicklung des bitcoin über die letzten Jahre. (Quelle: blockchain.info)

1 Kryptoökonomie

dauernden Hackerangriffen und auch politischen Aussagen gegen den Bitcoin, beträgt der Wert des bitcoins 247,78 US-Dollar[3] mit einer Marktkapitalisierung von 3,6 Mrd. US-Dollar.[4]

Heute werden täglich mehr als 200.000[5] Bitcoin-Transaktionen mit einem Gesamtvolumen bis 100 Mio. US-Dollar ausgeführt und Unternehmen, wie Microsoft®, Dell® und Overstocks akzeptieren bitcoins als Zahlungsmittel. Das Bitcoin-Mining-Netzwerk, das die Integrität der dezentralen Datenbanken sicherstellt, umfasst schon heute eine Rechenleistung, die 300-mal so groß ist wie diejenige der 500 leistungsstärksten Supercomputer zusammen.[6]

Das Bitcoin-Transaktionssystem ist dabei lediglich das Fundament, auf dem weitere Werkzeuge für die Gestaltung wirtschaftlicher Beziehungen entwickelt werden können. Da dieses *vom Vertrauen einzelner* unabhängige System eine verifizierbare, transparente Besitz-/Inhaberschaftsbestätigung beinhaltet, die keine zentralisierte Registrierung erfordert, wird es Menschen in die Lage versetzen, unterschiedlichste digitalisierte Werteinheiten mit der Gewissheit auszutauschen, dass die Angaben zu den rechtlichen Verhältnissen korrekt sind.

Das Entstehen einer Kryptoökonomie, manchmal auch Trusted Web[7] genannt, ist dabei bedingt abhängig vom Grad der persönlichen Akzeptanz und Nutzung von Kryptowährungen wie *bitcoins*[8] und geht auch bei Weitem über die Ablösung der Nutzung der archaischen Backend-Systeme der Finanzdienstleistungsunternehmen durch dezentrale Datenbanken hinaus. Diese Kryptoökonomie wird vor allem durch die Nutzung dezentral arbeitender Datenbanken und den darauf aufsetzenden intelligenten Verträgen entstehen.

Getrieben auch durch neue sozioökonomische Entwicklungen (z. B. allgemeine Zunahme der Peer-to-Peer Transaktionen) wird die Nutzung der Architekturen der Kryptotransaktionssysteme neue effizientere Geschäftsmodelle und neue Wertschöpfungsquellen entstehen lassen.[9] Beispiele hierfür sind:

---

[3] http://www.coindesk.com/ (Abruf: 11.10.2015).
[4] https://blockchain.info/de/charts/market-cap (Abruf: 11.10.2015).
[5] www.blockchain.info (Abruf: 07.04.2016)
[6] The digital traces of bubbles: feedback cycles between socio-economic signals in the Bitcoin economy, David Garcia, Claudio J. Tessone, Pavlin Mavrodiev, Nicolas Perony. Published 6 August 2014, DOI: 10.1098/rsif.2014.0623, http://rsif.royalsocietypublishing.org/content/11/99/20140623 (Abruf: 11.12.2015).
[7] Netz des Vertrauens bzw. Web of Trust (WOT) ist in der Kryptologie die Idee, die Echtheit von digitalen Schlüsseln durch ein Netz von gegenseitigen Bestätigungen (Signaturen), kombiniert mit dem individuell zugewiesenen Vertrauen in die Bestätigungen der anderen („Owner Trust"), zu sichern. Es stellt eine dezentrale Alternative zum hierarchischen PKI-System dar, entnommen aus Wikipedia, https://de.wikipedia.org/wiki/Web_of_Trust (Abruf: 30.06.2015).
[8] http://www.ofnumbers.com/the-guide/ (Abruf: 30.06.2015).
[9] How The Cryptoeconomy Will Be Created, geschrieben von William Mougayar, erschienen im Onlinemagazin Forbes am 20.01.2015 http://www.forbes.com/sites/valleyvoices/2015/01/20/how-the-cryptoconomy-will-be-created/ (Abruf: 30.06.2015).

1. Zertifizierungs- und Verifizierungsdienstleistungen, wie Bestätigungen über bestehende Mitgliedschaften, Eigentumsverhältnisse, Stimmrechte usw., können mittels der dezentralen (und implizit mit einem Zeitstempel versehenen) Netzwerke zu geringen Kosten erbracht werden.
2. Die Erfassung und Verwaltung intelligenter Verträge kann zur Gänze über diese dezentralen Datenbanken erfolgen: Warum einen Dritten involvieren, wenn die Vertragsparteien sich auf die Vertragsbedingungen einigen können und eine entsprechende Softwareprogrammierung in den Transaktionssystemen vornehmen können?
3. Dezentrale Peer-to-Peer-Marktplätze werden Weiterentwicklungen heute erfolgreicher Marktplätze, wie UBER, eBay und Amazon, darstellen. Auf einem dezentralen Peer-to-Peer-Marktplatz kann jeder verkaufen und jeder kaufen. Die dezentralen Netzwerke agieren dabei als dezentrale virtuelle Kontrollapparate, gesteuert durch einen unbeeinflussbaren Algorithmus, durch den die Einhaltung der Regeln, die Identitäten sowie die erfolgten Wertetransfers überprüft werden.
4. Verteilte anonyme Organisationen (DAO) oder auch verteilte anonyme Gesellschaften (DAC), deren Geschäftstätigkeit ausschließlich über dezentrale Netzwerke abgewickelt wird. Jedes Mitglied dieser rein digitalen Organisationsformen kann auch ein Mitarbeiter der DAO/DAC sein und mittels ihrer gemeinsamen Aktionen und Aktivitäten tragen sie zum steigenden Wert der DAO/DAC bei. Nutzer können beispielsweise durch Zurverfügungstellung ihrer Rechnerleistung oder auch Speicherkapazität einen Betrag zur gemeinsamen Unternehmung leisten. Eine selbst geschaffene Kryptowährung könnte (muss aber nicht) dabei der Energieträger sein, der das Tausch- und Zahlungsmittel im System darstellt. Die Berichterstattung (Reporting) der Organisationen erfolgt für die einzelnen Mitglieder transparent einsehbar in einer gemeinsamen dezentralen Datenbank. Geschäftsmodelle ebenso wie Geschäftsregeln sind in Algorithmen festgeschrieben und können nur durch gemeinsamen Konsens geändert werden.

Die damit einhergehende Änderung der Wirtschaftsabläufe wird – so die Annahmen – zu einer Auflösung der gegebenen Machtstrukturen führen.

Die Kryptoökonomie hat damit das Potenzial, die Art, wie wir Unternehmen betreiben, wie Regierungen und auch die verschiedenen Kulturen funktionieren, massiv umzugestalten, wahrscheinlich viel mehr, als es das Internet vor 20 Jahren getan hat.

Was sind Kryptotransaktionssysteme?

2

We could envisage proposals in the near future for issuers of electronic payment obligations, such as stored value cards or digital cash, to set up specialized issuing corporations with strong balance sheets and public credit ratings. (Alan Greenspan 2006)

Zusammengefasst nutzen Kryptotransaktionssysteme den hohen technischen Fortschritt auf dem Gebiet der asymmetrischen Kryptologie, um Transaktionen verschlüsselt durchzuführen und in einer transparenten, nachvollziehbaren und fälschungssicheren Datenbank (Blockchain oder Cryptoledger genannt) zu erfassen. Sowohl die Durchführung als auch die Erfassung der Transaktionen in der Datenbank erfolgt dabei zur Gänze in einem (dezentralen) Peer-to-Peer-Netzwerk, dessen Algorithmus auf einem Konsensus-Mechanismus basiert.

Der derzeit bekannteste Vertreter dieser Technologien ist das Bitcoin-Protokoll, dessen erster Client (Version 0.1) als Open-Source im Januar 2009 von Satoshi Nakamoto[1] veröffentlicht wurde.

2.1 Hintergrund und philosophische Betrachtung

Privatsphäre ist ein Recht wie jedes andere. Man muss es in Anspruch nehmen oder man riskiert es, zu verlieren. (Phil Zimmermann)[2]

---

[1] Die Identität vom Bitcoin-Entwickler Satoshi Nakamoto ist unbekannt. Wobei auch nicht geklärt ist, ob es sich bei Satoshi Nakamoto um eine Einzelperson oder um eine Gruppe von Personen handelt. Laut den vorliegenden Aufzeichnungen (Forenpostings usw.) hat Satoshi Nakamoto bereits 2007 begonnen, am Design und am Code des Bitcoin-Protokolls zu arbeiten. Sein letztes dokumentiertes Posting in einem der Bitcoin-Foren stammt aus Dezember 2010.

[2] https://de.wikipedia.org/wiki/Phil_Zimmermann; Philip R. Zimmermann (* 12. Februar 1954 in Camden, New Jersey) ist der Erfinder der E-Mail-Verschlüsselungssoftware Pretty Good Privacy (PGP). Er hat einen B.S.-Abschluss für Informatik an der Florida Atlantic University (Abruf: 01.01.2016).

© Springer Fachmedien Wiesbaden GmbH 2017
E. Sixt, *Bitcoins und andere dezentrale Transaktionssysteme*,
DOI 10.1007/978-3-658-02844-2_2

Die ersten Überlegungen zur Notwendigkeit und Nutzung von Kryptografie in neuen digitalen Geld- und Währungssystemen gab es bereits vor mehr als 25 Jahren ausgehend von den Cypherpunks, einer Gruppe von Datenschutzaktivsten. Bereits zu Beginn der 90er Jahre arbeitete diese Online-Commmunity an einem digitalen Zahlungsmittel, dessen Anonymitätsgrad der Anonymität von Bargeldzahlungen entsprechen sollte.

Die Cypherpunks erkannten bereits damals, dass durch die zunehmende Digitalisierung der Schutz der Privatsphäre im Web eine Herausforderung werden würde. Dies war lange, bevor mit Hilfe von Edward Snowden im Jahre 2013[3] Details über das tatsächliche Ausmaß der Spionageprogramme der National Security Agency (NSA) bekannt wurden.

Seit ihren Anfängen im alten Ägypten liegt das Wesen der Kryptografie in der Kunst, Botschaften zu verschlüsseln, um Nachrichten geheim zu halten. Kryptografie im informationstechnologischen Sinne beschäftigt sich mit den Konzepten und Implementierungen von Systemen, die für den Schutz persönlicher, betrieblicher und behördlicher Daten in Computersystemen zuständig sind.

Die Cypherpunks sehen die Notwendigkeit eines erhöhten Schutzes der Privatsphäre im digitalen Zeitalter, um eine offene Gesellschaft aufrechtzuerhalten und entwickeln dementsprechend Instrumente, mit denen die Internetbenutzer ihre Anonymität erhalten können. Gleichzeitig soll der Einflussbereich und die Macht der großen, zentralen Institutionen auf die Menschen eingeschränkt werden.

Das elektronische Geld, an dem die Kryptografen seit 1993 arbeiteten, sollte all jene Merkmale aufweisen, die notwendig waren, um es zu richtigem „Geld" zu machen: Es sollte haltbar, übertragbar, teilbar und nur beschränkt verfügbar sein.

Folgende wesentliche Konzepte und Technologien, die sich teilweise in der Folge auch in der Bitcoin-Architektur wiederfinden, wurden diskutiert:

- Die Freeware-E-Mail-Verschlüsselungssoftware Pretty Good Privacy (PGP) wurde 1991 vom Kryptografen Phil Zimmermann veröffentlicht[4].
- Bereits 1989 wurde das Unternehmen DigiCash, vom bekannten Kryptografen David Chaum, gegründet. Chaum bezeichnete den von ihm konzipierten Wert in den 90er Jahren als *Cybercoin*. Das Peer-to-Peer-Zahlungssystem eCash der DigiCash nutzte ein Gutscheinsystem, bei dem jede digitale Münze anonym durch eine digitale Seriennummer dargestellt wurde, die auf der Festplatte des Benutzers in einem Wallet gespeichert wurde. Die Anonymisierung der Nutzer erfolgte bereits anhand einer Public-Key-Kryptografieanwendung. Jede einzelne Transaktion musste jedoch, um ein Double Spending zu verhindern, von zentralen Servern bestätigt werden.[5]

---

[3] Alles Wichtige zum NSA-Skandal, http://www.zeit.de/digital/datenschutz/2013-10/hintergrund-nsa-skandal von Patrick Beuth (Abruf: 03.09.2015).
[4] Phil Zimmermann war der erste, der die asymmetrische Kryptografie (auch Public-Key-Kryptografie genannt) als Software der Allgemeinheit leicht zugänglich machte. https://www.philzimmermann.com/EN/essays/WhyIWrotePGP.html (Abruf: 03.09.2015).
[5] The Age of Cryptocurrency: How Bitcoin and Digital Money Are Challenging the Global Economic Order, Paul Vigna und Michael J. Casey, St. Martin's Press (January 27, 2015), Pos 1140.

2.1 Hintergrund und philosophische Betrachtung

- Hashcash, ein Proof-of-Work-System, wurde im Mai 1997 von Adam Back, einem britischen Kryptografen ursprünglich entwickelt, um E-Mail-Spam und Denial-of-Service-Angriffe zu begrenzen. Computer müssen nach diesem Konzept kostspielige Arbeit verrichten, ehe sie Informationen versenden dürfen, sodass für jeden, der ein Netzwerk mit Nachrichten überfluten will, erhebliche Kosten anfallen.[6]
- Die Idee eines Hauptbuches bzw. einer Datenbank mit einer nachvollziehbaren chronologischen Erfassung aller darin gespeicherten Transaktionen datiert bereits aus 1991 und stammt von Haber und Stornetta.[7] Das Konzept von Haber und Stornetta sah dabei einen zentralen Server vor, der ein erhaltenes Dokument zusätzlich zu einem Zeitstempel auch mit einem Link zu dem vorhergehenden erhaltenen Dokument versieht und so eine vollständige chronologische Dokumentenerfassung ermöglicht. In der Folge erweiterten Harper und Stornetta ihr Konzept, indem nicht mehr einzelne Dokumente verknüpft wurden, sondern Dokumente in Blöcke zusammengefasst wurden. Einerseits wurden dabei innerhalb der Blöcke die Dokumente miteinander verlinkt und andererseits wurden die Blöcke verknüpft und in Form einer Kette aneinandergereiht.
- Das Konzept des *b-money*, entwickelt von Wei Dai 1998, sah sowohl die Möglichkeit des Schaffens einer Kryptowährungseinheit als Hashcash-Funktion als auch ein Peer-to-Peer-Netzwerk vor.
- Zwischen 1998 und 2005 entwickelte Nick Szabo das digitale Währungssystem *BitGold*. Auch BitGold basierte bereits auf dem Proof-of-Work-Ansatz von Adam Back und löste eines der offenen Punkte des Hashcash-Konzepts: Im System von Adam Back konnte jede Hashcash-Einheit nur einmal verwendet werden. Das System von Nick Szabo kreierte digitale Werteinheiten, die wiederholt genutzt werden konnten.
- Im Jahr 2005 stellte Hal Finney (der später auch eine wichtige Rolle in der Verbreitung des Bitcoin-Systems spielen sollte) das *Reusable Proof-of-Work*-Konzept vor, dass die Ansätze des b-moneys von Wei Dai verwendete und mit den von Adam Back entwickelten Hashcash-Puzzles ergänzte, um einen Vorschlag für eine Kryptowährung zu schaffen.

All diese Konzepte erforderten jedoch durch das ungelöste Double Spending-Problem (unbeschränkte Möglichkeit der Reproduktion eines digitalen Gutes) des digitalen Geldes einen vertrauenswürdigen Dritten in welcher Form auch immer.

Das von Satoshi Nakamoto am 31. Oktober 2008 an den E-Mailverteiler der Kryptografiegruppe (cryptography@metzdowd.com) versandte neunseitige Konzept mit dem Titel *Bitcoin: A Peer-to-Peer Electronic Cash System* unterschied sich insbesondere in zwei Aspekten von den bisher diskutierten Ideen:

---

[6] https://en.wikipedia.org/wiki/Hashcash (Abruf: 03.09.2015).
[7] https://en.wikipedia.org/wiki/Linked_timestamping (Abruf: 19.02.2016).

- Im Ausmaß des dezentralen Netzwerks und der Auslagerung der Bestätigung der Transaktionen an die Teilnehmer des Netzwerks.
- In der Form des Mining-Belohnungsalgorithmus, der eine Weiterführung des b-money-Konzepts von Wei Dai darstellte.

Die Kombination der Nutzung des Proof-of-Work-Konzepts zur Generierung von digitalem Geld mit dem Konzept von Harper und Stonetta (Zeitstempel und Verlinkung der Transaktionen/Blöcke) und der dadurch entstehenden Bitcoin-Blockchain zur Vermeidung des Double Spending-Problems erfolgte damit auf diese Weise erstmals durch ein dezentrales Computernetzwerk.

Die Bitcoin Architektur verwendet kryptografische Verschlüsselungstechniken zur Regelung des Geldschöpfungsprozesses und zur Verifizierung der durchgeführten Transaktionen. Das Netzwerk basiert auf einer dezentralen Struktur, die aufbaut auf der Anonymität der Nutzer damit auch die Gleichheit der Teilnehmer sicherstellt und durch den Proof-of-Work-Ansatz die Möglichkeit für Manipulationen Dritter beseitigt.

Mittels des Proof-of-Work-Konzeptes bestimmt sich das Ausmaß der möglichen Einflussnahme auf den Algorithmus durch den wirtschaftlichen Aufwand, den man bereit ist, in das System zu investieren (z. B. in Form von Mining-Hardware).

2.2 Definitionen

Automated Clearing Houses (ACH-Systeme)[8] Elektronisches U.S. Clearing-System, in dem vorrangig über Telekommunikationsnetzwerke übermittelte Zahlungsaufträge zwischen Finanzdienstleistern in einem Rechenzentrum des Betreibers verrechnet und ausgetauscht werden. Die Verrechnung der Zahlungen erfolgt brutto (je Datei) oder netto (nur Saldo) zu vorgegebenen Zeitpunkten über Konten der teilnehmenden Finanzdienstleister bei der Zentralbank oder einer privaten Settlement-Bank. Es handelt sich meist um eine große Anzahl von Überweisungen bzw. Lastschriften. Die Abwicklung erfolgt in Form der Stapelverarbeitung (Zusammenfassung in Dateien).

Bitcoin-Blockchain ist die öffentlich einsehbare Datenbank, die von den Nutzern des Systems, die sich einen Bitcoin Core heruntergeladen haben (auch Nodes genannt), dezentral auf ihren Computern gehostet wird. Die Bitcoin-Blockchain kann öffentlich eingesehen werden auf Internetseiten wie www.blockchain.info, hier kann man den Transaktionsstrom durch Eingabe einer Bitcoin-Adresse nachverfolgen.

Blocks sind Transaktionen, die in Transaktionsgruppen zusammengefasst sind und die sequentiell in der Blockchain erfasst werden.

---

[8] Springer Gabler Verlag (Hrsg.), Gabler Wirtschaftslexikon, Stichwort: Automated Clearing House (ACH), online im Internet: http://wirtschaftslexikon.gabler.de/Archiv/5035/automated-clearing-house-v9.html, (Abruf: 01.01.2016).

2.2 Definitionen

Bitcoin 1.0 (Blockchain 1.0) meint die Nutzung der Bitcoin-Architektur als Zahlungsabwicklungssystem.

Bitcoin 2.0 (Blockchain 2.0) umfasst die Nutzung dezentraler Kryptotransaktionssysteme als Erfassungs- und Abwicklungssysteme für Verträge über Vermögensgegenstände aller Art, beispielsweise Aktien, Anleihen, Kredite, Smart Property, Smart Contracts usw.

Bitcoin 3.0 (Blockchain 3.0) umfasst die Nutzung der Blockchain-Technologie über den Finanzbereich hinaus im Gesundheitswesen, in der öffentlichen Verwaltung, im öffentlichen Kulturbereich, in der Literatur usw.

Eine Bitcoin-Adresse ist der Hash eines öffentlichen Schlüssels im Bitcoin-System.

Bitcoin Improvement Proposal (BIP) Für wesentliche technische Verbesserungsvorschläge des Bitcoin-Protokolls gibt es ein spezielles Verfahren auch BIPs genannt.

BTC/XBT stehen für Abkürzungen für die Währungseinheit des Bitcoin-Systems.

Cloudmining[9] Beim Cloudmining bilden Nutzer einen Rechenleistungspool. Im Basismodell stellt der Anbieter Mining-Hardware zur Verfügung, überwacht und kontrolliert auch deren ordnungsgemäßes Arbeiten. Meist werden alle 24 h die geminten BTC proportional an die beteiligten Teilnehmer des Pools ausgeschüttet (durch Überweisung in die jeweiligen Wallets). Je nach konkreter vertraglicher Ausgestaltung der Pools sind auch gesellschaftsrechtliche Implikationen denkbar, die komplexe Fragestellungen aufwerfen.

Cryptocurrency/Kryptowährungen sind digitalisierte Wertmarken, auch als Token bezeichnet (ein *bitcoin*, oder ein Litecoin), die online auch als Tauschmittel/Zahlungsmittel akzeptiert werden. Jede Kryptowährung basiert auf einem Peer-to-Peer-Netzwerk und einem entsprechenden Protokoll. Manche Kryptowährungen haben eine eigene Blockchain, manche nutzen die Bitcoin-Blockchain – beispielsweise nutzt Counterparty für die Erfassung der Transaktionen ihrer Währung (XCP) die Bitcoin-Blockchain.

Dapps[10] meint dezentrale Applikationen. Dezentrale Applikationen werden häufig wie folgt definiert:

- Es handelt sich um eine Open-Source Anwendung.
- Die Anwendung arbeitet autonom ohne zentrale Autorität.
- Jegliche Änderung des Anwendungsprotokolls muss konsensbasierend sein.

---

[9] http://www.jurpc.de/jurpc/show?id=20140104, Moritz Schroeder, Bitcoin: Virtuelle Währung – reelle Problemstellungen (Abruf: 01.01.2016).
[10] https://github.com/DavidJohnstonCEO/DecentralizedApplications/blob/master/README.md (Abruf: 02.10.2015).

- Daten und Aufzeichnungen über den Anwendungsbetrieb müssen kryptografisch in einer dezentralen Blockchain lagern, um etwaige zentralen Points-of-Failure zu vermeiden.
- Die Nutzung der DAPP erfordert kryptografische Tokens.

Dezentrale autonome Organisationen (Decentralized Autonomous Organisation [DAO]) Diese – auch bezeichnet als dezentrale autonome Konsensplattformen (Decentralized Autonomous Consensus Platforms [DCAP]) – sind virtuelle Einheiten, die mit einer Blockchain/Cryptoledger interagieren und spezielle, vorprogrammierte Aufgaben ausführen. In ihrer einfachsten Ausprägung handelt es sich nur um einen Agenten, der programmiert wurde, um eine spezielle Transaktion auszuführen. Diese DAO kann die Aufgaben einer Organisation, eines Unternehmens oder eben eines Agenten übernehmen.

Distributed Ledger dezentrale Datenbanken nutzen typischerweise Kryptowährungstechnologien unterscheiden sich jedoch in der Form des Konsensus-Algorithmus (Proof-of-Work; Proof-of-Stake, usw.). Der angewandte Konsensus-Algorithmus ist dabei auch bestimmt dadurch ob es sich bei den Nodes des Netzwerkes um anonyme und/oder identifizierte Teilnehmer des Netzwerkes handelt.[11]

Double Spending-Problem Die zweimalige Verwendung eines Tokens/einer Wertmarke wird in herkömmlichen Wirtschaftssystemen durch Involvierung der Finanzsysteme gelöst (eine dritte Partei verwaltet und kontrolliert). In den Kryptowährungssystemen wird das Double Spending-Problem durch Bildung der dezentralen und fälschungssicheren Blockchain gelöst. Technisch wird bei einem Double Spending-Versuch eine Bitcoin-Transaktion initiiert und in der Folge – bevor die erste Transaktion bestätigt wurde – wird mit denselben *bitcoins* eine weitere Transaktion initiiert. Der Trick ist eine betrügerische Transaktion auf dem Bitcoin-Netzwerk als erstes bestätigt zu bekommen, sodass die erste Transaktion nicht durchgeführt wird[12] (Double-Spend-Race-Attacke).

Dust Das Dust-Limit wurde 2010 eingeführt, um zu vermeiden, dass die Bitcoin-Blockchain mit winzigen Transaktionen überflutet wird. Das Limit von 0,01 *bitcoin* entsprach damals einem verschwindend geringen Euro-Betrag. Wer Transaktionen mit weniger als 0,01 *bitcoin* sendete, musste eine Gebühr zahlen. Da das Limit inzwischen mehrere Euro wert wäre, wurde der Code mittlerweile geändert und das Dust-Limit erhöht.

Fork Ein Fork ist das Resultat einer Änderung des Protokolls eines Kryptotransaktionssystems durch die Kernentwickler. Ein Folk teilt die Blockchain und das Protokoll in zwei

---

[11] Consensus-as-a service: a brief report on the emergence of permissioned distributed ledger systems, erschienen im Blog, http://www.ofnumbers.com/wp-content/uploads/2015/04/Permissioned-distributed-ledgers.pdf, S. 4, verfasst von Tom Swanson, am 6. April 2015 (Abruf: 15.08.2015)
[12] What the 'Bitcoin Bug' Means: A Guide to Transaction Malleability, http://www.coindesk.com/Bitcoin-bug-guide-transaction-malleability/ (Abruf: 26.09.2015).

2.2 Definitionen

Versionen – eine, die den neuen Regeln folgt und eine, bei der die alten Regeln weiterhin gelten und die Neuerungen nicht akzeptiert werden. Welche sich durchsetzt, entscheiden die Nutzer – diejenigen, die den Client updaten oder nicht updaten, diejenigen, die mit ihm minen oder nicht minen, und diejenigen, die die neue Blockchain herunterladen oder nicht.[13]

Forth[14] ist eine von Charles H. Moore um 1970 entwickelte einfache Script-Sprache. Forth kommt mit sehr wenig Speicher aus. Forth bzw. eine Forth-ähnliche Sprache wird zur Programmierung von Mikrocontrollern genutzt und ist die Programmiersprache der bitcoin-Scripts.

HardFork[15] Eine HardFork tritt auf, wenn eine Änderung des Bitcoin-Protokolls ein Update der Knoten erfordert. Wird dieses Update nicht durchgeführt, arbeiten die „alten" Knoten an der „alten" Blockchain weiter und die „neuen" an einer neuen Blockchain.

Halfing Für jeden generierten und bestätigten Block wird eine Belohnung von 25 *bitcoins* ausgezahlt. Im Laufe der Jahre wird sich diese Belohnung aufgrund des vorgesehenen Algorithmus jedoch immer wieder halbieren (**Halfing**), wodurch die Rate der erzeugten *bitcoins* verringert wird.

Hash ist das Ergebnis eines Verschlüsselungsvorgangs. Ein Hash-Algorithmus, wie die im Bitcoin-System verwendeten SHA-256 und ECDSA, verwandelt eine nicht zufällige Zeichenfolge in eine weitgehend zufällige Zeichenfolge. Die im Internet allgegenwärtige Verschlüsselung von Informationen dient der Sicherheit und wäre ohne Hash-Funktionen nicht möglich.

Hashcash Proof-of-Work Das Hashcash Proof-of-Work-Konzept wurde von Adam Back 1997 entwickelt. Das Konzept bedeutet, dass Rechner eine gewisse Arbeit nachweisen müssen, um eine Aktion auszuführen. Um beispielsweise einen Kommentar auf einem Blog abzugeben oder eine E-Mail abzusenden, muss der Computer einige Sekunden Rechenaufgaben lösen.

Hashrate meint die gesamte Rechenleistung, die im Bitcoin-Minen investiert wird. Von ihr hängt ab, wie schwierig die zu berechnenden Hashes sind. Genauer: Die geschätzte Zahl der Giga-Hashes pro Sekunde (Milliarden von Hashes pro Sekunde), die das Bitcoin-Netzwerk ausführt.[16]

---

[13] Nach dem Hack ist vor dem Hack, von Christoph Bergmann, http://Bitcoinblog.de/2014/07/28/nach-dem-hack-ist-vor-dem-hack/ (Abruf: 05.08.2015).
[14] https://de.wikipedia.org/wiki/Forth_%28Programmiersprache%29 (Abruf: 01.01.2016).
[15] On consensus and forks, https://medium.com/@octskyward/on-consensus-and-forks-c6a050c792e7#.7b5fbc10c (Abruf 09.04.2016).
[16] https://blockchain.info/de/charts (Abruf: 09.04.2016).

Hacking[17] Wahrscheinlichkeit, einen privaten Schlüssel zu knacken: Es gibt (potenziell) 1.461.501.637.330.902.918.203.684.832.716.283.019.655.932.542.976 Bitcoin-Adressen. Jeder zufällig generierte private Schlüssel kann nur eine dieser Adressen öffnen. Das bedeutet: Die Chance, eine Adresse zu knacken, liegt bei 1 zu 1.461.501.637.330.902.918. 203.684.832.716.283.019.655.932.542.976.

Internet of Things (IoT) Internet-of-Things (IoT) ist die Vision, dass jedes Ding der physischen Welt mit dem Internet und anderen Dingen vernetzt wird und so in der Lage ist, Daten über seinen Zustand und die Umwelt zu erfassen, und sich aus dem Internet Daten zu holen und Befehle zu empfangen.[18]

Maleability-Problem Eine Transaktion wird mithilfe eines privaten Schlüssels signiert, wobei nur der kritische Teil der Transaktionsdaten von der Signatur abgedeckt wird. Daneben kann man eine Hashsumme über die gesamte Transaktion erstellen. Da die Signatur nur einen Teil der Transaktionsdaten abdeckt, kann man die restlichen Daten ändern und damit eine gleichwertige Transaktion mit unterschiedlicher Hashsumme erstellen. Wird nun diese zweite Transaktion in einen Block aufgenommen, ist die Transaktion abgeschlossen und verbucht. Die erste Transaktion wird als Double-Spend verworfen. Wenn nun nur die Hashsumme der ersten Transaktion als Indikator für die erfolgreiche Transaktion genutzt wird, wird das Transaktionsergebnis nie sichtbar.[19]

Mikropayment Kleinbetragszahlung bzw. Mikrozahlung bezeichnet ein Zahlungsverfahren geringer Beträge (meist unter 1 USD/EUR), die vor allem beim Kauf von „Paid Content", also digitalen Gütern, wie Musikstücken und Zeitungsartikeln online anfallen.

Netzwerkeffekt Ein Netzwerkeffekt beschreibt, dass der Nutzen an einem Standard oder Netzwerk wächst, wenn dessen Nutzerzahl größer wird. Wenn der Nutzen für alle bei steigender Nutzerzahl weiter anwächst, spricht man von positiver Rückkopplung. Wird eine kritische Masse erreicht, so steigt die Nutzerzahl exponentiell an.[20]

Nodes Nodes, auch Peers genannt, sind Knoten im Netzwerk; ein voller Bitcoin-Node (Full-Node) hat den Original-Client und damit die gesamte Blockchain heruntergeladen und sichert so das dezentrale Netzwerk.

---

[17] http://www.blockchaincenter.de/fragen/wie-viele-Bitcoin-adressen-gibt-es/ Wie viele Bitcoin-Adressen gibt es? (Abruf: 01.01.2016).
[18] http://Bitcoinblog.de/2016/01/09/denn-ein-parkplatzsensor-bekommt-kein-bankkonto/ (Abruf: 13.01.2016).
[19] https://Bitcointalk.org/index.php?topic=490965.0 (Abruf: 25.09.2015).
[20] Definition Netzwerkeffekt, übernommen von Wikipedia; https://de.wikipedia.org/wiki/Netzwerkeffekt, (letzter Abruf: 11.08.2015).

2.2 Definitionen

Nonce[21] Die Nonce in einem Bitcoin-Block ist ein 32 Bit (4-Byte)-Feld, dessen Wert so eingestellt ist, dass der Hash-Block eine Serie von Nullen enthält. Der Rest der Felder sollte nicht geändert werden, da sie eine definierte Bedeutung haben. Jede Änderung der Daten des Blocks (so wie die Nonce) verändert den Hash-Block komplett. Da es unmöglich ist, vorherzusagen, welche Kombination von Bits das richtige Ergebnis des Hashs liefert, werden unterschiedliche Nonce-Werte solange durchprobiert, bis der Hash die richtige Anzahl an 0 Bits hat. Da diese Berechnungen Zeit und Ressourcen erfordern, ist die Veröffentlichung des Blocks ein Nachweis für die geleistete Arbeit (Proof-of-Work).

On-chain Bitcoin-Transaktionen werden auf der Blockchain durchgeführt und erfasst.

Off-chain Bitcoin-Transaktionen werden nicht auf der Blockchain, sondern auf Sidechains oder bei den diversen Bitcoin-Dienstleistern durchgeführt.

Peer-to-Peer-Netzwerke bzw. Peer-to-Peer-Marktplätze Im Internet gibt es zwei Arten von Netzwerken bzw. Marktplätzen. Die am häufigsten anzutreffenden Netzwerke sind zentral organisiert, beispielsweise Google, Facebook, T-Online usw. Ein dezentrales Netzwerk hingegen besteht ausschließlich aus gleichberechtigten Teilnehmern (Peers) und benötigt keinen zentralen Server, um zu funktionieren. Der Peer-to-Peer-Ansatz zeichnet sich dadurch aus, dass die gewünschte Funktionalität durch die Kooperation aller vorhandenen Teilnehmer (Peers) weitgehend gemeinsam erbracht wird, anstatt wie bisher bei klassischen Internetanwendungen eine strenge Unterteilung in einen zentralen Dienstgeber (Server) und eine Vielzahl von Dienstnehmern (Clients) zu haben. Die Grundidee der Kooperation und Selbstorganisation aller Teilnehmer kann genutzt werden, um mittels Peer-to-Peer-Technologie bestehende Anwendungsszenarien kostengünstiger umzusetzen. Die notwendige Infrastruktur wird durch die Kooperation aller Marktteilnehmer gemeinsam bereitgestellt, womit eine Reihe von Vorteilen für die Marktteilnehmer entsteht. So bietet ein verteilter Marktplatz eine hohe Verfügbarkeit und Robustheit, da die bereitgestellte Infrastruktur nicht von einzelnen zentralen Komponenten abhängig ist, wie dies bei bisherigen Marktplätzen unter Aufsicht eines einzelnen Marktplatzbetreibers üblicherweise der Fall ist. Gleichzeitig fallen aufgrund des fehlenden zentralen Marktplatzbetreibers keine bzw. nur geringe Transaktionskosten für das Agieren auf dem verteilten Marktplatz an, sodass sich solche Marktplätze auch gut dafür eignen, kurzlebige oder immaterielle Güter von geringem Wert zu handeln.[22]

Permissioned and Permissionless Systems Regulierte Systeme (**Permissioned System**) erfassen ihre Nutzer, in dem die Identität dieser durch irgendeine Art eines KYB- (Know your Business) oder KYC- (Know your Customer) Verfahrens verifiziert werden, ähnlich

---
[21] https://de.Bitcoin.it/wiki/Nonce (letzter Abruf: 28.07.2015).
[22] Verfahren und Protokolle für sicheren Rechtsverkehr auf dezentralen und spontanen elektronischen Märkten, von Michael Conrad, Dissertation, Karlsruher Institut für Technologie Fakultät für Informatik, 2009, KIT Scientific Publishing 2010.

den Erfordernissen der traditionellen Finanzsysteme. Dagegen sind in einem unregulierten System (**Permissionless System**) die Identitäten der Teilnehmer nicht bekannt. Das Bitcoin-System wurde als unreguliertes System entwickelt. Inzwischen führen jedoch viele der Unternehmen in der Bitcoin-Ökosphäre bereits verpflichtend KYC- oder KYB-Prüfungen durch, daher spricht man auch von einem *permissioned on a permissionless system.*

Pooled Mining ist ein Mining-Konzept, bei dem sich mehrere Miner zur Validierung eines Blocks zusammenschließen und die erhaltenen *bitcoins* nach verschiedenen Verteilungsschlüsseln (z. B. beigetragene Rechenleistung) aufgeteilt werden.

Seigniorage[23] ist der reale Ertrag, der einer staatlichen oder privaten Institution dadurch entsteht, dass sie in der Lage ist, Geld zu produzieren, dass sie im Tausch gegen Faktorleistungen, Sach- oder Finanzaktiva in Umlauf bringen kann. Der Begriff Seigniorage wird aber überwiegend enger gefasst und als realer Gewinn der Geldschöpfung des Staates bzw. seiner Zentralbank verwendet.

Sidechains sind Blockchains, die parallel zur Bitcoin-Blockchain laufen und die miteinander und/oder mit der Bitcoin-Blockchain interagieren und so versuchen, neue Technologien zu realisieren und bestimmte Verhaltensregeln abzubilden.

Smart Property ist Vermögen, dessen Eigentum und Besitz über kryptografisch gesicherte Datennetzwerke und intelligente Verträge verwaltet und übertragen wird.

Smart Contract Der Begriff wurde bereits 1994 von Nick Szabo[24] geprägt, intelligente Verträge sind Computerprogramme, mittels derer Vertragsbestimmungen automatisch ausgeführt werden. Diese Computerprogramme basieren auf If-then-Anweisungen und interagieren mit realen Vermögenswerten: Tritt eine vorprogrammierte Bedingung ein, löst das Computerprogramm entsprechend der festgeschriebenen Vertragsklausel eine Reaktion aus. Erst durch die Möglichkeit der Verbindung mit einem Zahlungsabwicklungssystem erlangt die Idee der intelligenten Verträge Bedeutung.

Simplified Payment Verification (SPV) wird genutzt von Thin-/Light-Clients, z. B. Electrum, Multibit, Bitcoin Wallet für Android, Mycelium und mehr. Diese Clients speichern nicht die komplette Blockchain, sondern synchronisieren in der Regel mit einem Netzwerk von Servern und stimmen eingehende Transaktionen nur mit den Block-Headern oder den letzten Transaktionen ab. In Zukunft, wenn – wie erwartet – das Transaktionsvolumen weiter zunehmen wird, wird es vermutlich eher die Regel sein, leichte

---

[23] http://www.wirtschaftslexikon24.com/d/seigniorage/seigniorage.htm (Abruf: 06.09.2015).
[24] Nick Szabo is a computer scientist, legal scholar and cryptographer known for his research in digital contracts and digital currency. He graduated from the University of Washington in 1989 with a degree in computer science. Übernommen von https://en.wikipedia.org/wiki/Nick_Szabo (Abruf: 21.01.2016).

2.2 Definitionen

Clients zu verwenden, da normale Rechner von der Kapazität der Festplatten überfordert werden.

SoftFork Bei einer SoftFork müssen die Knoten ihre Software auch nach eine Änderung des Bitcoin-Protokolls nicht updaten. Trotz der Programmänderung wird an derselben Blockchain weitergearbeitet.

Sybil-Attacke[25] Bei einer sogenannten Sybil-Attacke versucht der Angreifer eines Peer-to-Peer-Netzwerks, möglichst viele eigene Knoten (viele eigene Identitäten) zu erzeugen und damit das System zu korrumpieren bzw. die Abfolge der Transaktionen zu ändern, um ein Double Spending möglich zu machen. Durch den erforderlichen Proof-of-Work bei Validierung der Transaktionen und Finden der Blöcke ist eine Sybil-Attacke, die die Reihenfolge der Transaktionen rückwirkend manipulieren will, um ein Double Spending durchzuführen nur mit unverhältnismäßigen Kapitaleinsatz möglich.

SWIFT (Society for Worldwide Interbank Financial Telecommunication)[26] ist eine 1973 gegründete, in Belgien ansässige Organisation, die ein internationales standardisiertes Kommunikationssystem für weltweit mehr als 10.400 Banken über sichere Telekommunikationsnetze (das SWIFT-Netz) in zwei Rechenzentren betreibt. Über diese Rechenzentren schicken sich pro Tag rund 10.500 angeschlossene Geldinstitute aus mehr als 200 Ländern etwa 20 Mio. Nachrichten. Rund 90 % aller internationalen Banktransaktionen werden über dieses Meldesystem abgewickelt. 2013 waren das täglich etwa 20 Mio. internationale Zahlungsaufträge mit einem Gesamtvolumen von 7,5 Bio. Euro. SWIFT ist eine Genossenschaft im Besitz der Banken und dem EU-Recht unterworfen. In diesen SWIFT-Nachrichten teilt beispielsweise eine Bank einer anderen mit, dass für deren Kunde ein Überweisungsauftrag vorliegt, dessen Gegenwert sich die Empfängerbank bitte zu folgendem Termin von dem genannten Verrechnungskonto holen möge und an den Zahlungsempfänger weitergeben soll.

TOR (the Onion Routing) Das TOR-Projekt vermischt die IP-Adressen von Internetbenutzern. So ist es nicht mehr feststellbar, wer welche Seiten besucht hat. TOR wird häufig genutzt, um im Netz seine Privatsphäre zu wahren.

Turing-Vollständigkeit[27] Mit der Turing-Vollständigkeit eines Systems wird seine universelle Programmierbarkeit beschrieben. Für die Adjektivform turingvollständig wird synonym häufig auch turingmächtig verwendet. Der Name ist abgeleitet vom englischen Mathematiker Alan Turing, der das Modell der universellen Turing-Maschine eingeführt

---

[25] https://de.wikipedia.org/wiki/Sybil-Attacke (Abruf: 15.10.2015).
[26] https://de.wikipedia.org/wiki/SWIFT (Abruf: 01.01.2016).
[27] https://de.wikipedia.org/wiki/Turing-Vollst%C3%A4ndigkeit (Abruf: 01.01.2016).

hat. Eine turing-vollständige Programmiersprache kann verwendet werden, um jede andere Computersprache (nicht nur seine eigene) zu simulieren – es ist ein Satz von Anweisungen, die Bedingungen enthalten, Schleifen und Schreib-/Lesespeicher. Das Bitcoin-Protokoll aus dem Jahre 2009 umfasst die Programmiersprache Script, das (absichtlich) nicht turing-vollständig ist.

Trustless Asset Management[28] definiert die Möglichkeit, Vermögensgegenstände wie digitalisierte Werte mittels mathematischer Algorithmen – ohne die Involvierung einer dritten Vertrauensperson – durch Nutzung eines dezentralen Hauptbuches zu verwalten.

UTXO Unspent Transaction Outputs[29]

Wallets Als Wallets werden sowohl Bitcoin-Clients als auch die Dateien bezeichnet, in denen die Adressen und privaten Schlüssel des Bitcoin-Anwenders gespeichert sind. Der aufsummierte Wert der Adressen steht dem Nutzer als verwendbares bitcoin-Guthaben zur Verfügung. Der Nutzer hat immer die alleinige Kontrolle über seine diversen privaten Schlüssel. Das Wallet dient weiter dazu, Adressen zu generieren und ermöglicht in der Regel auch den Import von Adressen, die von anderen Wallets generiert wurden, sofern der private Schlüssel zu der entsprechenden Adresse bekannt ist.[30]

---

[28] http://www.ofnumbers.com/2014/02/14/presentation-covering-smart-contracts-smart-property-and-trustless-asset-management/ (Abruf: 01.01.2016).
[29] https://github.com/ethereum/wiki/wiki/White-Paper (Abruf: 17.01.2016).
[30] Bitcoin, kurz & gut, Jörg Platzer, O'Reilly Verlag GmbH & Co. KG; 1. Aufl. (Abruf: 29. 09. 2014).

Aktuelle Daten zur Bitcoin-Ökosphäre 3

> Like how VoIP (Voice over Internet Protocol) disrupted cross-border telephony, Bitcoin will bring huge savings and improved service in cross-border payments and will therefore create the MoIP (Money over Internet Protocol). (Pantera Capital)

Anhand einiger typischer Gradmesser der Netzwerkökonomie soll in der Folge aufgezeigt werden, welche massive Entwicklung das von Satoshi Nakamoto vorgeschlagene neue kryptografische Transaktionssystem innerhalb einer Zeitspanne von gut sechs Jahren genommen hat.

3.1 Google Trend-Analyse

Betrachtet man die Google Trend-Analyse, dargestellt in Abb. 3.1. so wurde der Suchbegriff Bitcoin erst ab 2011 populär. Im Mai 2011 zeigt der Google Trend für Bitcoin erstmals einen Wert von Null verschieden. Im Juni 2011 findet sich eine erste Spitze. Danach bleibt der Wert annähernd konstant bei etwa fünf Punkten, bevor er ab Februar 2013 konstant ansteigt, um im April 2013 abrupt anzusteigen. Im November 2013 erreicht die Anzahl der Abfragen das Maximum. Ab Dezember 2013 verflacht das Interesse offensichtlich und pendelt sich ein.

Die Häufigkeit der Suchanfragen korreliert damit ganz offensichtlich mit den Wertfluktuationen des bitcoins (näheres dazu im Abschn. 3.3).

Interessant diesbezüglich ist auch die stetige Zunahme am Begriff Blockchain, der zwar absolut nur einen Bruchteil der Bitcoin-Anfragen ausmacht, aber kontinuierlich anwächst (vgl. Abb. 3.2).

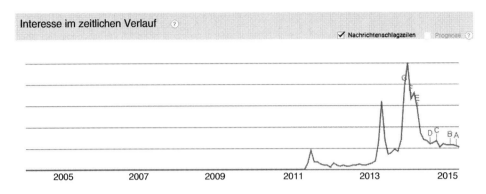

Abb. 3.1 Google Trend Analyse für den Begriff Bitcoin. (Quelle: Google Trends)

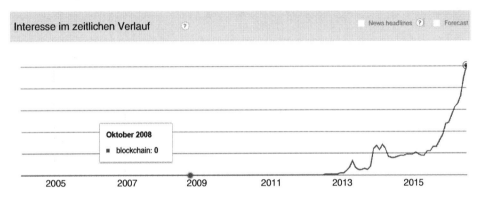

Abb. 3.2 Google Trend Analyse für den Begriff Blockchain. (Quelle: Google Trends)

3.2 Anzahl der Transaktionen pro Tag

Die erste reale Bitcoin-Transaktion wurde am 22. Mai 2010 von Laszlo Hanecyz, einem Softwareprogrammierer aus Florida, getätigt, der zwei Pizzen für 10.000 bitcoins erwarb[1].

2010 fanden nur sehr wenige Bitcoin-Transaktionen statt, selten hat die Zahl bis zu 100 pro Tag überschritten. Beginnend mit Januar 2011 stiegen die durchschnittlichen täglichen Transaktionen auf über 1000; innerhalb von weiteren 6 Monaten stiegen die Transaktionen auf 5000 bis 6000 pro Tag. 2011 akzeptierte auch Wikileaks die ersten Bitcoin-Spenden. Ab Mitte 2012 stiegen die Transaktionen auf mehr als 20.000 pro Tag. Zu dieser Zeit wurde die Nutzung von bitcoin auch populär durch die ausschließliche Möglichkeit des Ankaufs illegaler Substanzen gegen bitcoins auf der Silk Road, einem anonymen Marktplatz des Deep Web[2], der im Sommer 2011 gegründet wurde. Im August 2012 gab es mehr

---

[1] https://en.Bitcoin.it/wiki/Laszlo_Hanyecz (Abruf: 03.09.2015).
[2] Das Deep Web (auch Hidden Web oder Invisible Web) bzw. Verstecktes Web bezeichnet den Teil des World Wide Webs, der bei einer Recherche über normale Suchmaschinen nicht auffindbar

3.2 Anzahl der Transaktionen pro Tag

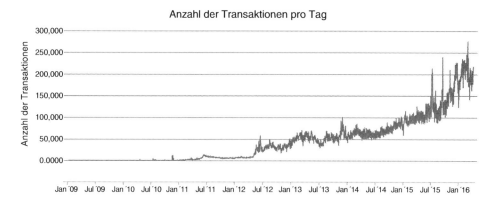

Abb. 3.3 Anzahl der täglichen Transaktionen. (Quelle: blockchain.info)

als 550 Drogenhändler, die auf der Silk Road (vgl. Abschn. 12.3) ihre Waren verkauften und einen Umsatz von mehr als 1,2 Mio. US-Dollar pro Monat erzielten[3].

Trotz offensichtlicher Abnahme des öffentlichen Interesses im Jahres 2014 und des geringeren Kurses erhöht sich die Anzahl der Bitcoin-Transaktionen pro Tag kontinuierlich, wie aus Charts auf blockchain.info (vgl. auch Abb. 3.3) ersichtlich ist. Betrugen die täglichen Transaktionen im Januar 2013, als der Höchststand des Bitcoin-Wertes bis dato erreicht war, lediglich 40.828 Transaktionen am Tag, werden Ende Mai 2015 am Tag 114.061 Bitcoin-Transaktionen ausgeführt (wobei hier nicht die Off-chain-Transaktionen[4] enthalten sind). Am 29. Juli 2016 wurden am Tag 231.414 (bestätigte) Bitcoin-Transaktionen durchgeführt.

Die Anzahl der täglich transferierten bitcoins ist – obwohl im Verlauf des vergangenen Jahres gut 1,5 Mio. Bitcoins erzeugt worden sind – nur geringfügig gestiegen. Während vor einem Jahr noch täglich 50.000 bis 200.000 bitcoins überwiesen worden sind, sind dies heute nur 130.000 bis 200.000 (auch hier handelt es sich um reine On-chain Zahlen).

Das Transaktionsvolumen betrug im Juli 2013 noch etwa 15 bis 30 Mio. US-Dollar am Tag und hat sich im Juli 2014 zwischen 30 und 100 Mio. US-Dollar bewegt. Ende Juni 2016 betrug das durchschnittliche Transaktionsvolumen pro Tag rd. 200 Mio. USD.

---

ist. Im Gegensatz zum Deep Web werden die über Suchmaschinen zugänglichen Websites Visible Web (Sichtbares Web) oder Surface Web (Oberflächenweb) genannt. Das Deep Web besteht zu großen Teilen aus themenspezifischen Datenbanken (Fachdatenbanken) und Websites. Zusammengefasst handelt es sich um Inhalte, die nicht frei zugänglich sind und/oder Inhalte, die nicht von Suchmaschinen indexiert werden oder die nicht indexiert werden sollen, entnommen aus https://de.wikipedia.org/wiki/Deep_Web (Abruf: 24.07.2015).

[3] Traveling the Silk Road: A measurement analysis of a large anonymous online marketplace, Nicolas Christin, 30. Juli 2012, CyLab Carnegie Mellon University Pittsburgh, PA 15213, Seite 1.

[4] Die Bitcoin-Transaktionen, die sich in der Blockchain widerspiegeln, werden On-chain-Transaktionen genannt, Bitcoin-Transaktionen, die sich nicht in der Blockchain widerspiegeln, werden Off-chain-Transaktionen genannt.

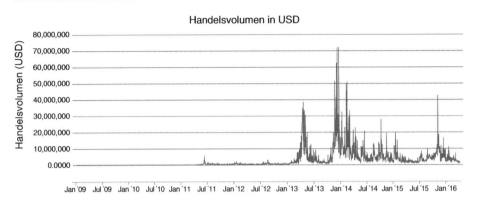

Abb. 3.4 Gesamtes Handelsvolumen aller Börsen in US-Dollar. (Quelle: blockchain.info)

Ein weiteres Indiz für die Aktivität des Bitcoin-Handels ist das gesamte Handelsvolumen aller Bitcoin-Börsen in US-Dollar (vgl. auch Abb. 3.4).

3.3 Entwicklung des Wertes des bitcoin

Im Oktober 2009 entstand der erste Wechselkurs auf Dollar-Basis für den bitcoin (veröffentlicht von New Liberty Standard). Mithilfe einer Kalkulation, die auf den Stromkosten und Hardwarekosten für das Mining beruhte, wurde der erste Wechselkurs mit 1309,09 BTC für 1 US-Dollar festgelegt. Das entsprach 0,08 Cent für 1 bitcoin.[5]

Im Juli 2010 wurden bitcoins erstmals über die Bitcoin-Börse Mt. Gox (gegründet von Jed McCaleb[6]) zu einem Kurs von 0,06 US-Dollar pro bitcoin gehandelt. Der Gesamtwert aller bitcoins betrug damals 277.000 US-Dollar. Per Ende Juli 2015 erreichte die Marktkapitalisierung umgerechnet 3,8 Mrd. US-Dollar (ausgegebene *bitcoins* * Tageskurs bitcoin/US-Dollar) Die bisher höchste Marktkapitalisierung wies der bitcoin Ende 2014 aus mit über 12,8 Mrd. US-Dollar (bitcoins 12 Mio./Tageskurs US-Dollar 1100/BTC).

Der bitcoin-Umtauschkurs hat seit der Einführung des Bitcoin-Systems schon mehrere Hochphasen mit anschließendem Kursverfall erlebt. Bis zum aktuellen Zeitpunkt ist der Tauschkurs gegenüber gängigen Währungen jedoch tendenziell sehr stark gestiegen.

In den ersten elf Monaten des Jahres 2013 schoss der Wechselkurs des bitcoins um 8500 % die Höhe, in den folgenden sechs Monaten verlor diese Währung zwei Drittel ihres Werts wieder.

---

[5] https://en.Bitcoin.it/wiki/Category:History (Abruf: 18.10.2015).
[6] https://de.wikipedia.org/wiki/Mt.Gox (Abruf: 03.09.2015).

Die Kursschwankungen des bitcoins reflektierten zum einen Ereignisse innerhalb der Bitcoin-Ökosphäre:

So haben die Umstände rund um die medienwirksame Schließung des Online-Drogenhandelsplatzes Silk Road (ausschließliches Zahlungsmittel war *bitcoin*) Anfang September 2013 und die Ereignisse rund um die Insolvenz der Bitcoin-Börse Mt. Gox im März 2014 das Vertrauen in das neue elektronische Zahlungssystem in der Öffentlichkeit nachhaltig beschädigt.

Die Kursentwicklung wird jedoch auch durch externe, außerhalb der digitalen Welt vor sich gehende Entwicklungen beeinflusst.

So haben auch ständig steigendes Misstrauen in das herkömmliche Geld – und Politiksystem – und Vorfälle wie die Zypernkrise (2013) und auch die Griechenlandkrise (GREXIT) 2015 Auswirkungen auf den Kurs des bitcoins.

Zusätzlich schwankt der Kurs der digitalen Währung auch als Reaktion auf Verlautbarungen, Regulierungsmaßnahmen sowie Stellungnahmen staatlicher Institutionen wie Zentralbanken und Aufsichtsbehörden der verschiedenen Länder.

Seit dem Höhepunkt im Dezember 2013 ist der Kurs der bitcoins um mehr als 60 % abgesackt, steigt aber seitdem kontinuierlich an.

Das Horten von und Spekulieren mit *bitcoin*-Guthaben kann aufgrund der starken Kursentwicklung als weiteres Problem des Bitcoin-Systems angesehen werden. Die Kursentwicklung lässt vermuten, dass viele *bitcoin*-Guthaben nur aufgrund der Aussicht auf Spekulationsgewinne gehalten werden und nicht um damit Zahlungen vorzunehmen.

3.4 Anzahl der Projekte auf GitHub

Die Anzahl der von Softwareentwicklern auf GitHub angemeldeten Projekte zum Thema Bitcoin steigt ungebrochen und stetig an (vgl. Abb. 3.5).

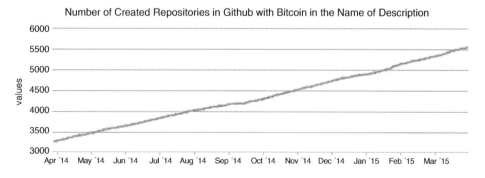

Abb. 3.5 Anzahl der Projekte auf GitHub. (Quelle: GitHub)

3.5 Anzahl der Wallets und Anzahl der Nutzer

Eine Aufstellung von Coindesk.com zum ersten Quartalsende 2015 zeigt den aktuellen Status der Bitcoin-Wallets bei 8.557.207 im Vergleich zu 4.448.142 im März 2014 und damit beinahe eine Verdoppelung.

Die Anzahl der aktiven Nutzer lag lt. Juniper Research 2014[7] bei wenig mehr als 1,3 Mio. und soll 4,7 Mio. bis Ende 2019 erreichen.

Lt. Erhebungen von statista.de (vgl. Abb. 3.6) liegen auf 96,62 % der Bitcoin-Wallets weniger als 0,001 Bitcoins[8].

Ein großer Teil der bereits geminten Bitcoins (Ende Juli 2015: 14,3 Mio.) werden offensichtlich als Wertspeicher gehalten und nicht für Transaktionen genutzt.

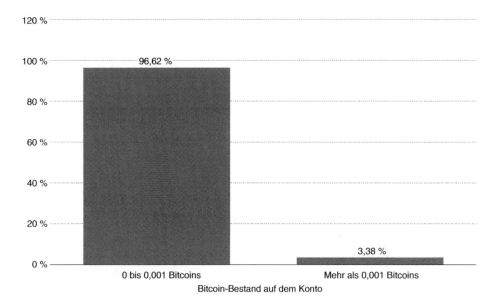

Abb. 3.6 Anzahl der Bitcoin-Wallets mit weniger als 0,001

---

[7] http://www.juniperresearch.com/press/press-releases/Bitcoin-users-to-approach-5-million-by-2019 (Abruf 19.06.2015).
[8] http://de.statista.com/themen/2087/Bitcoin/ (Abruf: 15.10.2015).

3.6 Akzeptanz des bitcoins bei den Unternehmen

Mitte 2015 boten etwas mehr als 100.000 Händler als Zahlungsoption auf ihren Onlineshops die Entgegennahme von bitcoins an, darunter so namhafte Unternehmen wie Microsoft®, Dell®, Expedia, American Red Cross, Greenpeace und Wikipedia.

Die Attraktivität der Kryptowährungen für die Onlineunternehmen ist begründbar durch folgende Faktoren:[9]

- Niedrigere Transaktionskosten im Vergleich zu den bis dato bei Onlineverkäufen genutzten Zahlungsmöglichkeiten: Bei Kartenzahlungen belaufen sich die Transaktionsgebühren auf 1 bis 3 % des Kaufpreises, je nachdem, ob eine Debit- oder Kreditkare genutzt wird, bei PayPal laufen ähnlich hohe Kosten an.
- Durchführbarkeit von Kleinstbeträgen zu annehmbaren Transaktionskosten wodurch neue Geschäftsmodelle möglich sind (z. B. SAAS[10]).
- Sicherer Verkauf von digitalen Inhalten, die sofort konsumiert werden (Irreversibilität der Bitcoin-Transaktionen entspricht der Notwendigkeit der Gegebenheiten dieser Transaktionen).
- Vermeidung von Kreditkartenbetrugsfällen, Rückbuchungen bei PayPal usw.
- Ein immer noch gegebener Marketingeffekt durch eine mit der Ankündigung der Akzeptanz des Zahlungsmittels bitcoins verbundene mediale Berichterstattung.

3.7 Akzeptanz beim Konsumenten

Während die Händler zunehmend die Vorzüge der Nutzung des Bitcoin-Systems, vor allem hinsichtlich geringer Transaktionskosten und Transaktionsschnelligkeit, erkennen, ist die Akzeptanz unter den Konsumenten regional sehr verschieden.[11]

Speziell in den entwickelten Länder, in denen einerseits das Finanzsystem stabil ist und andererseits die Konsumenten über eine Vielzahl von komfortablen Zahlungsmitteloptionen (Bargeld, EC-Karte, Kreditkarte, PayPal) verfügen, stagniert die Akzeptanz. Dadurch, dass die Transaktionskosten bei den tagtäglichen On- und Offline-Kreditkartenzahlungen vom Händler getragen werden, ist kein unmittelbarer Vorteil für den Konsumenten ersichtlich. Im Gegenteil, die zehnminütige Wartezeit für die Bestätigung einer On-chain-Bitcoin-Transaktion kann sogar als ein Nachteil gegenüber einer Zahlung mit einer Kreditkarte oder auch den an Nutzungsgrad zunehmenden mobilen Zahlungslösungen (Apple Pay usw.) gewertet werden. Auch die starken Kursschwankungen wirken sich nicht positiv auf die Akzeptanz aus.

---

[9] http://www.coindesk.com/is-Bitcoins-merchant-appeal-fading/ (Abruf: 19.06.2015).
[10] Zum Beispiel Software as a Service
[11] Warum Banken der neue Markt für BitPay sind und was das für die Bitcoin-Wirtschaft bedeutet, http://Bitcoinblog.de/2015/06/18/warum-banken-der-neue-markt-fur-bitpay-sind-und-was-das-fur-die-Bitcoin-wirtschaft-bedeutet/ (Abruf: 04.09.2015).

In Ländern jedoch, deren Finanzsystem instabil ist und auch bei Weitem nicht so gut entwickelt ist wie in den USA oder den westeuropäischen Ländern, ermöglicht es die Nutzung dieser neuen digitalen Zahlungssystemlösung den Wirtschaftstreibenden, aber auch den Konsumenten, einen Zeitsprung in der Entwicklung zu machen (mehr dazu im Abschn. 7.1.1 und 7.1.2).

Zusätzlich sind noch zwei Aspekte zu berücksichtigen:

- Das Wissen in der Bevölkerung zum Thema Bitcoin ist trotz der verstärkten medialen Berichterstattung der letzten Monate und Jahre noch rudimentär.
- Die Finanzsysteme der einzelnen Länder gehören traditionell auch ob ihrer Bedeutung für die gesamtwirtschaftlichen Abläufe eines Landes zu den entwicklungsresistenten und traditionsorientierten Bereichen einer Wirtschaft.

Laut einer Umfrage des CoinCenters[12] Ende März 2015 kennen in den USA 64,3 % der Bevölkerung das Thema Bitcoin nicht, nur 6,2 % der Bevölkerung haben bis dato tatsächlich bitcoins genutzt und 53,1 % jener, die das Thema Bitcoin zwar kennen, haben es noch nie genutzt.

Laut den Erkenntnissen einer Umfrage von Digital Currency Council aus dem Sommer 2015 (DCC) werden lediglich 12 % der US-Konsumenten entweder *wahrscheinlich* oder *sehr wahrscheinlich* 2015 Bitcoin verwenden.[13] Diese Umfrage ergab auch, dass die 18- bis 24-Jährigen *viermal wahrscheinlicher bitcoins* verwenden als die Altersgruppe der 65+. Während 73,6 % antworteten, *höchst unwahrscheinlich bitcoins* dieses Jahr nicht zu verwenden, zeigen doch die Gesamtergebnisse eine Bewegung hin zu einer wachsenden Akzeptanz von Bitcoin im Gegensatz zu 2014.

Laut einer Studie vom Onlinemagazin Coindesk[14] ist der typische Bitcoin-Nutzer männlich (mehr als 90 % aus einer Stichprobe von 4000 Bitcoin-Nutzern) und zwischen 19 und 34 Jahre alt (Millenials), Millenials sind einwandfrei die wichtigste Bitcoin-Zielgruppe, wobei das potenzielle Einkaufsvolumen dieser Zielgruppe auf insgesamt 2,45 Trio. US-Dollar geschätzt wird für 2015.[15]

---

[12] http://bit-post.com/education/5-bitcoin-related-categories-to-feel-the-scale-of-the-phenomenon-5922 (Abruf: 27.03.2015)
[13] DCC-Umfrage: 12 % der US-Verbraucher werden 2015 „wahrscheinlich" Bitcoin verwenden, http://coinwelt.de/2015/05/dcc-umfrage-12-der-us-verbraucher-werden-2015-wahrscheinlich-Bitcoin-verwenden/ (Abruf: 03.09.2015).
[14] New CoinDesk Report Reveals Who Really Uses Bitcoin, http://www.coindesk.com/new-coindesk-report-reveals-who-really-uses-Bitcoin/ (Abruf: 26.09.2015).
[15] Naughty America CEO: Millenials Want to Pay in Bitcoin, http://www.coindesk.com/naughty-america-ceo-millenials-want-to-pay-in-Bitcoin/ (Abruf: 26.09.2015).

3.8 Venture-Capital

Wer ein Land kontrollieren will, sollte eine Bank besitzen. (Brigitta Jönsdottir)

2013 flossen weltweit 96 Mio. US-Dollar an Venture-Capital-Finanzierung in Unternehmen der Bitcoin-Ökosphäre. 2014 erhöhte sich das entsprechende investierte Venture-Capital-Volumen um 218 Mio. US-Dollar auf 314 Mio. US-Dollar, was einer Steigerung von 342 % entspricht. Im ersten Quartal 2015 fanden die größten bis dato durchgeführten Kapitalrunden statt: 116 Mio. US-Dollar flossen in das Bitcoin-Mining-Unternehmen 21 Inc[16] (früher 21n6) des Andreessen Horowitz Partners, Balaji Srinivasan. Unter den Investoren sind renommierte Venture-Capital-Geber, wie Andreessen Horowitz, Data Collective, Khosla Ventures, RRE Ventures and Yuan Capital, aber auch bekannte Business Angels, wie Dropbox CEO Drew Houston; eBay-Mitgründer Jeff Skoll; Expedia-CEO Dara Khosrowshahi; PayPal-Mitgründer Peter Thiel, Max Levchin usw.

Coinbase führte eine Serie-A Finanzierungsrunde mit 75 Mio. US-Dollar[17] unter Beteiligung renommierter Wall-Street-Unternehmen, wie New York Stock Exchange, die BBVA, die USAA Bank, durch.

Insgesamt wurden im ersten Quartal 2015 229 Mio. US-Dollar in die Bitcoin-Ökosphäre investiert, eine gewaltige Steigerung gegenüber den Vorjahren. Ende Oktober 2015

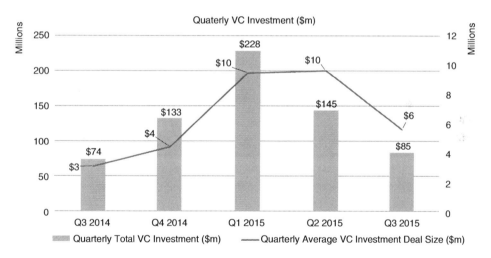

Abb. 3.7 Ausmaß der Venture-Capital-Finanzierung im ersten Quartal 2015. (Quelle: CoinDesk und CrunchBase)

---

[16] Bitcoin Startup 21 Inc. Reveals Industry Record Funding of US $116 Mio., http://cointelegraph.com/news/113668/Bitcoin-startup-21-inc-reveals-industry-record-funding-of-116-million-dollars (Abruf: 01.01.2016).

[17] Coinbase Raises $ 75 Mio. in Funding Round, http://www.wsj.com/articles/coinbase-raises-75-million-in-funding-round-1421762403 (Abruf: 01.01.2016).

waren insgesamt 921 Mio. US-Dollar in rund 110 Bitcoin-Startups weltweit investiert (vgl. Abb. 3.7).[18]

Von den gesamten bis dato investierten Venture-Capital-Finanzierungen per Ende Juni 2015 (855 Mio US-Dollar) entfielen 224 Mio. US-Dollar bzw. 26,1 % auf Mining- bzw. Hashingunternehmen. Der größte Anteil von 492 Mio. US-Dollar entfällt auf Projekte, die unter dem Begriff der Permissioned-on-Permissionless (PoP)-Systeme[19] zusammengefasst werden können. Lediglich 50 Mio. US-Dollar oder 5,8 % der Gesamtinvestitionen entfallen auf Unternehmen, die auf Permissionless-on-Permissionless-Systemen beruhen (blockchain.info, ShapeShift, Hive, Armory ...).

3.9 Bitcoin als Netzwerkgut

Netzwerkgüter zeichnen sich dadurch aus, dass sie wertvoller werden, je mehr Personen das gleiche Gut konsumieren. Netzwerkgüter erzeugen durch den Konsum positive externe Effekte.[20] Beim Bitcoin-Netzwerk handelt es sich um ein typisches nicht physisches Netz, bei dem allein der gemeinsame Standard die Nutzer verbindet. Der erzielte Nutzen des Netzwerks hängt ausschließlich von der Größe des Netzwerks ab, wobei jeder Beitritt eines neuen Akteurs das Netzwerk vergrößert und den Nutzen aller Akteure im Netzwerk steigert. Der +++Nutzen aus dem Gut steigt unmittelbar aufgrund der Zahl der Netzwerkteilnehmer, also der Konsumenten dieses Gutes.[21]

Der Erfolg des Bitcoin-Kryptotransaktionssystems hängt somit vor allem davon ab, ob es gelingt eine kritische Masse an Nutzern zu gewinnen.

Netzwerkeffekte schützen bestehende Technologien auch, weil die Nutzer diese kennen und bereits Investitionen in Form von Zeit, Sozialisierung und Geld in die Technologie getätigt haben. Das gilt vor allem für soziale Technologien, wie beispielsweise E-Mails, Kommunikations-Apps, wie WhatsApp oder Soziale Medien. Soziale Technologien – zu denen Bitcoin sicher auch zählt – können ihren Nutzen nur entfalten, wenn sie bei einer großen Menge von Nutzern eingesetzt sind und diese ein Netzwerk bilden. Der Wert der sozialen Technologien steigt exponentiell mit der Anzahl der Nutzer.

Jeder Wechsel einer beim Nutzer bereits bekannten sozialen Technologie würde dessen getätigte Investitionen eher vernichten.

---

[18] State of Bitcoin Q1 2015: Record Investment Buoys Ecosystem, http://www.coindesk.com/state-of-Bitcoin-q1-2015-record-investment-buoys-ecosystem/ (Abruf: 04.09.2015).
[19] What is permissioned-on-permissionless? http://www.ofnumbers.com/2015/07/27/what-is-permissioned-on-permissionless/ (Abruf: 04.09.2015).
[20] Springer Gabler Verlag (Hrsg.), Gabler Wirtschaftslexikon, Stichwort: Netzwerkgüter, online im Internet, http://wirtschaftslexikon.gabler.de/Archiv/136787/netzwerkgueter-v6.html (Abruf: 04.09.2015).
[21] Vorlesung zur Informations- und Netzwerkökonomie PD Dr. M. Pasche, Friedrich-Schiller-Universität Jena, http://www.wiwi.uni-jena.de/Makro/lehre/INF/vorlesung-infonetz.pdf (Abruf: 04.09.2015).

Neben der Anzahl der täglichen Transaktionen, der existierenden Wallets ist auch die Anzahl der Full-Nodes, also jener Netzwerknutzer, die den Original Client und damit die gesamte Blockchain heruntergeladen haben und somit zur Sicherung des dezentralen Netzwerks beitragen, relevant. Exakte Daten über die Anzahl aktiver Nodes sind schwierig zu ermitteln, anzumerken ist inzwischen auch das aufgrund der Größe der Blockchain das Herunterladen des gesamten Bitcoin Cores bis zu mehrere Tage dauern. Die Website *Getaddr.bitnodes.io* macht Momentaufnahmen und weist am 19. Februar 2016 dabei auf gut 6100 Nodes[22].

3.10 Zusammenfassung

Die angeführten Daten zeigen, dass die Bitcoin-Ökosphäre sich zwar in den letzten Jahren tatsächlich rasant entwickelt hat, aber dieses Wachstum auch extrem asynchron ausfällt und zum Teil sogar mit Stagnation (Akzeptanz der Konsumenten) einhergeht.

Zur Vervollständigung seit noch auf den BitIndex[23] hingewiesen, der vom Beteiligungsunternehmen Pantera Capital[24] bereits 2014 eingeführt wurde (vgl. Abb. 3.8) um das Ergebnis der Entwicklung von sieben kritischen Schlüsselwerten zusammenzufassen und das mittelfristige Erfolgspotenzial von Bitcoin zeigen soll:

- Das Ausmaß der Entwicklerinteresse auf GitHub (Anzahl der Bitcoin-Projekte),
- Ausmaß an Händlerakzeptanz,
- Anzahl der Wikipedia-Wissensabfragen,
- Hashrate als Signal für das Ausmaß an Sicherheit,
- Ausmaß der Medienpräsenz des Themas Bitcoin,
- Anzahl Wallets,
- Transaktionsvolumen.

---

[22] https://bitnodes.21.co/ (Abruf: 19.02.2016).
[23] https://panteracapital.com/bitindex/ (Abruf: 26.07.2015).
[24] https://bitnodes.21.co/ (Abruf: 19.02. 2016).

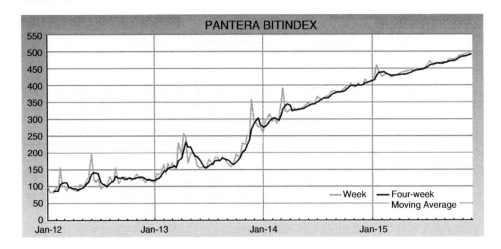

Abb. 3.8 Darstellung Bitindex der Pantera Capital. (Quelle: Pantera Capital)

Funktionsweise des Bitcoin-Netzwerks 4

Wir haben die Macht, diese Generation zur besten in der Geschichte der Menschheit zu machen, oder aber zur letzten, die existieren wird. (John F. Kennedy)

Zwei Tage nach der Veröffentlichung der ersten Bitcoin-Clientversion im Januar 2009 wurde der erste Block der Blockchain (der Genesis-Block) von Satoshi Nakamoto geschürft (030109)[1]. Am 12. Januar 2009 fand die erste Bitcoin-Transaktion statt: Nakamoto transferierte 10 XBT an den Softwareentwickler Hal Finney[2]. Am 5. Oktober 2009 wurden erstmals bitcoins gegen US-Dollar getauscht. Der errechnete Umtauschkurs (basierend auf dem notwendigen Energieaufwand) wurde auf New Liberty Standard[3] publiziert und betrug 1392,33 XBT/BTC für 1 US-Dollar.

In das Script des ersten Genesis Blocks nimmt Nakamoto die damalige Schlagzeile der Financial Times auf: *Chancellor on brinks to second bailout for banks*, womit er eines seiner Hauptargumente für die Bitcoin-Architektur endgültig in der Blockchain festgehalten hat.

Die Eckpfeiler des von Satoshi Nakamoto im Herbst 2008 vorgeschlagenen digitalen (wegen der angewandten asymmetrischen Verschlüsselung der Transaktionen auch Krypto-) genannten Transaktionssystem können wie folgt zusammengefasst werden:

- Mathematische Algorithmen regeln die Abläufe im gesamten Open-Source-Softwareprogramm.
- Das Transaktionssystem wird dezentral aus gleichberechtigten Teilnehmern (Peer-to-Peer) gebildet, die jeweils einen Bitcoin-Client auf ihrem Computer ausführen und sich dementsprechend über das Internet miteinander verbinden.

---

[1] https://en.Bitcoin.it/wiki/Genesis_block (Abruf: 01.01.2016).
[2] Bitcoin Price History, https://cex.io/Bitcoin-price-history (Abruf: 01.01.2016).
[3] New Liberty Standard, 2009 Exchange Rate, http://newlibertystandard.wikifoundry.com/page/2009+Exchange+Rate (Abruf: 01.01.2016).

- Ein bitcoin ist ein rein digitaler Wert innerhalb dieses Netzwerks, bestehend aus einer digitalen Zeichenkette.
- Transaktionen finden an pseudonyme Adressen statt, diese Bitcoin-Adressen können vom einzelnen Nutzer in beliebiger Anzahl generiert werden.
- Alle Transfers erfolgen zwischen gleichberechtigten teilnehmenden Nutzern direkt, ohne Involvierung eines Dienstleisters, ohne Zeitverzögerung, unabhängig von physischen Distanzen und Landesgrenzen.
- Zum Schutz der Privatsphäre und zum Schutz vor Cyberangriffen sieht die Bitcoin-Software ein asymmetrisches Verschlüsselungssystem für die durchgeführten Transaktionen vor.
- Anhand des geheimen/privaten Schlüssels kann jeder Teilnehmer zweifelsfrei nachweisen, dass er hinsichtlich der bitcoins, die zu einer öffentlichen Adresse gehören, verfügungsberechtigt ist.
- Jede Transaktion wird in einer öffentlich einsehbaren und nicht reversiblen Datenbank erfasst.
- Diese Datenbank wird aufgrund der angewandten Systematik des Aufbaus auch als Blockchain/Cryptoledger bezeichnet und wird vollständig dezentral verwaltet.
- Netzwerkteilnehmer (Miner) bestätigen dezentral die Korrektheit der Transaktionen und ihre Stimmigkeit mit allen vorangegangenen Transaktionen im Netzwerk.
- Die Blockchain wird dezentral bei allen Bitcoin-Nodes gespeichert und laufend aktualisiert.
- Da die Blöcke ineinander referenzieren, würde ein Eingriff in dieses System eine künstliche Rückberechnung sämtlicher Transaktionen erfordern, was als technisch unmöglich gilt.
- Der Geldschöpfungsprozess ist begrenzt mit 21 Mio. Geldeinheiten und ist unabhängig von der Nachfrage nach bitcoins.

Basierend auf dem Open-Source-Konzept, dementsprechend jeder Entwickler den Quelltext der Software kopieren und weiterentwickeln kann, tauchten bereits 2011 die ersten Alternativtransaktionssysteme zum Bitcoin-System auf. Dabei werden durch Weiterentwicklung bzw. Änderung des Bitcoin-Quellcodes neue Kryptowährungssysteme geschaffen, die sich in bestimmten Eigenschaften von Bitcoin unterscheiden, jedoch die Grundprinzipien (mathematischer Algorithmus ersetzt Vertrauen in Mittelsmänner, Peer-to-Peer Transaktionen und dezentrale Datenbanken) großteils unverändert lassen. Diese Alternativwährungen werden auch Altcoins genannt.

Es bestehen momentan bereits über 400 solcher Alternativkryptotransaktionssysteme – mit mehr oder weniger Erfolg – deren Marktkapitalisierung zwischen nur wenigen tausend und hundert Mio. US-Dollar liegen (mehr dazu im Abschn. 9.1).

4.1 Dezentralität und Digitalität des Systems

Eines der wichtigsten Grundelemente des Bitcoin-Systems ist die Dezentralität. Die Systemarchitektur des Bitcoin-Systems kennt keine zentrale Autorität mit einer Steuerungs- oder Kontrollkompetenz.

Die Verifizierung und Validierung der Transaktionen im Bitcoin-Netzwerk erfolgt (mehr dazu im Abschn. 4.5) dezentral. Die Dezentralität beruht im Bitcoin-System auf der Umsetzung des Systems als Peer-to-Peer-Netzwerk. Die einzige Bedingung für die Teilnahme am Netzwerk ist der Betrieb eines mit dem Bitcoin-Protokoll kompatiblen Bitcoin-Software-Clients oder die Nutzung eines diese Funktionalität bereitstellenden Onlinedienstleisters.

Auch die *Schöpfung* der digitalen Werte erfolgt aufgrund dieser Systematik dezentral ebenso wie die Wertbestimmung. Der Wert eines bitcoins resultiert ausschließlich aus dem Angebot und der Nachfrage der Netzwerkteilnehmer. Die Geldschöpfung erfolgt unabhängig von der Nachfrage nach einem bestimmten mathematischen Algorithmus.

Die Dezentralisierung bringt ein global agierendes Netzwerk, ohne Kontrollzentrum und ohne jeglichen zentralen Server.

Die Erstellung, Validierung und Verifizierung der Transaktionsaufträge erfolgt ebenso wie die Verwaltung der resultierenden Datenbank ausschließlich digital.

4.2 Bedeutung des angewandten Konsens-Algorithmus

Eine der größten Herausforderungen dezentraler und digitalen Netzwerke besteht im Erreichen eines dezentralen Konsens, denn nur wenn Konsens zwischen den einzelnen Teilnehmern eines Systems darüber erreicht wird, wem welche Werte zu welchem Zeitpunkt zuzuordnen sind, kann ein digitales dezentrales Zahlungssystem funktionieren. Die Tatsache, dass bei Teilnahme im Bitcoin-System keinerlei Identifizierung notwendig ist – und damit auch Missbrauch (Sybil-Attacken) möglich sind, erschwert diese Herausforderung des Erreichens einer dezentralen Konsensbildung noch.

Das Bitcoin-Protokoll löst diese schwierige technische Aufgabenstellung durch die im angewandten Konsens-Algorithmus vorgesehene Nutzung des Zufallsprinzips bei Auswahl des Nutzers, der seinen Block an bestätigten Transaktionen an die anderen Nodes weiterleiten darf. Die anderen Nutzer akzeptieren den Block nur, wenn sie mit den enthaltenen Transaktionen übereinstimmen. Diese Akzeptanz führt zur Übernahme der Transaktionen in die dezentral geführte Blockchain und zur Weiterführung des Systems[4].

Durch diesen Konsens-Algorithmus wird dezentraler Konsens über die Gültigkeit der einzelnen Transaktion und über den Zeitpunkt der einzelnen Transaktion erzielt. Dadurch

---

[4] Seite 57, Bitcoin and Cryptocurrencies Technologies, Arvind Narayanan, Joseph Bonneau, Edward Felten, Andrew Miller, Steven Goldfeder with a preface by Jeremy Clark, Draft – Feb 9, 2016.

haben alle Nodes zu einem bestimmten Zeitpunkt den gleichen Wissensstand, ohne auf die Datenbank einer zentralen Institution zugreifen zu müssen.[5]

Ist dieser Konsens erreicht, sind die Bitcoin-Transaktionen dadurch irreversibel, eine im System endgültig (durch Blockbildung in der Blockchain) validierte Transaktion kann nicht mehr rückgängig gemacht werden (es gibt keine zentrale Stelle, die über eine solche Umkehrung entscheiden würde).

Das alles beherrschende Konsensprinzip der Nutzer bei den Kryptotransaktionssystemen spiegelt sich auch in der Dynamik der Veränderung und Erweiterung des Bitcoin-Client selbst wider: Dabei stellt die Offenheit der Quellcodes eine der wichtigsten Randbedingungen der neuen virtuellen Transaktionssysteme im Sinne des Bitcoins dar. Ein offener Quellcode ermöglicht die Nachvollziehbarkeit der Prinzipien des jeweiligen Kryptowährungssystems. Damit verliert auch der jeweilige *Initiator*[6] des Transaktionssystems seine Bedeutung. Führt der Initiator eine Änderung am Protokoll durch, befindet sich der jeweilige Nutzer der Währung in einer Opt-in-Situation. Er kann wählen, ob er den auf seinem Computer installierten Client auf die neue Version aktualisiert oder die alte Version der Software und damit das alte Protokoll nutzt. Wenn die durch den *Initiator* (oder eigentlich durch jeden der will) vorgeschlagenen Verbesserungen allen Nutzern des Transaktionssystems einen größeren Nutzen versprechen, werden sie ihre Clients aktualisieren und damit die neue Version des Protokolls mit seinen neuen algorithmischen Regeln nutzen. Sind die Änderungen zum Nachteil für die meisten Nutzer im System, werden diese sich nicht an der Aktualisierung beteiligen und der Änderungsvorschlag wird nicht angenommen. Damit wird vor allem jegliche Missbrauchsmöglichkeit des *Initiators* ausgeräumt und den Nutzern die Kontrolle übergeben. Wie mühsam der Prozess des Erreichens eines Konsenses aller oder zumindest der meisten Nutzer bei manchen Themen sein kann, spiegelt sich in den Diskussionen um die Erweiterung der Blocksize wider, die Ende 2015 intensiv geführt wird (dazu mehr im Abschn. 8.3).

4.3 (Pseudo-)Anonymität

> Privacy can still be maintained by breaking the flow of information in another place: by keeping public keys anonymous. The public can see that someone is sending an amount to someone else, but without information linking the transaction to anyone. (Satoshi Nakamoto 2008)[7]

Grundsätzlich gibt es kein Erfordernis für den einzelnen Nutzer – auch nicht für die Miner, die sowohl den Transaktionsbestätigungs- als auch den Geldschöpfungsprozess im Bitcoin-System übernehmen – sich bei Teilnahme am Bitcoin-System zu legitimieren.

---

[5] Bitcoin Kurz & Gut, Banking ohne Banken, Jörg Platzer, O'Reilly Verlag GmbH & Co. KG; 1. Auflage (29. September 2014).
[6] Analog zu Sathosi Nakamoto.
[7] Mehr dazu: http://blog.blockchain.com/2015/06/23/how-Bitcoin-and-the-block-chain-are-a-transformative-technology/#more-5671 (Abruf: 13.09.2015).

4.3 (Pseudo-)Anonymität

Der Nutzer muss nicht seinen *realen Namen* angeben, insofern ist das System *anonym*, durch die Nutzung einer Bitcoin-Adresse bekommt jedoch jeder Nutzer eine *Pseudoidentität* zugewiesen.

Grundsätzlich können Bitcoin-Nutzer eine beliebige Anzahl an Bitcoin-Adressen erstellen und somit für jede Transaktion eine andere, neue Adresse verwenden. Im Gegensatz zur herkömmlichen Finanzwelt kennt man damit die Identitäten der Konteninhaber nicht. Analog hat ausschließlich der Nutzer auch volle Kontrolle über seine bitcoins. Die angewandte Kryptografie erlaubt es den Benutzern, ihr Passwort einzugeben und einander direkt digitales Geld zu schicken, ohne das Passwort irgendeiner Person oder Institution anvertrauen zu müssen.

Die Blöcke in der Blockchain beinhalten die gesamte Historie der Bitcoin-Adressen, an die ein Bitcoin gesendet wurde. Damit werden alle Transaktionen öffentlich, nachvollziehbar und einzelnen Bitcoin-Adressen zuordenbar erfasst. Wenn die realen Identitäten der Nutzer dieser Bitcoin-Adressen nicht bekannt sind und jede Adresse nur einmal genutzt wird, dann verrät diese Information nur, dass eine unbekannte Person bitcoins an eine andere Bitcoin-Adresse gesendet hat. Die Chance, anonym oder pseudonym zu bleiben, hängt somit davon ab, dass man keine Identitätsinformationen in Zusammenhang mit der Bitcoin-Adresse, die man benutzt, offenbart.

Bereits 2011 wurde in diversen Studien (beispielsweise Reid/Harrigan[8]) festgestellt, dass durch Analyse der auf der Blockchain verzeichneten und öffentlich einsehbaren Transaktionen mittels Netzwerkanalysetechniken die Bitcoin-Adressen zumindest einer Nutzergruppe, wenn nicht dem einzelnen Nutzer, zugeordnet werden können und in der Folge auch mittels Daten von Dienstleistern aus der sonstigen Bitcoin-Ökosphäre ein Aufdecken der dahinterstehenden Identitäten möglich ist.

Wenn eine reale Identität eindeutig mit einer Bitcoin-Adresse verknüpft ist, dann geht jegliche Privatsphäre für alle vergangenen und zukünftigen Transaktionen, die dieser Adresse zugeordnet werden können, verloren. Da die Blockkette öffentlich verfügbar ist, kann buchstäblich jedermann diese Art von Deanonymisierung durchführen, ohne sich selbst identifizieren zu müssen. Die Privatsphäre der Bitcoin-Transaktionen ist damit potenziell sogar weit schlechter geschützt als bei Nutzung des traditionellen Finanzsystems. Eine Offenlegung von Konten im traditionellen Finanzsystem erfordert nachweisliche Verdachtsmomente, behördliche Zustimmung und ist meist regional beschränkt.

Inzwischen sind viele der Unternehmen in der Bitcoin-Ökosphäre (speziell die Zahlungsdienstleister und Wechselbörsen) dazu übergegangen, in Entsprechung der AML (Anti Money Laundering)-Bestimmungen der KYC-(Know Your Customer), Identitätsnachweise bei Anmeldung der Nutzer auf ihren Websites für ihre Services zu verlangen.

---

[8] 42 Reid/Harrigan 2011: Analysis of Bitcoin System Anonymity.

4.4 Bitcoin-Clients und Wallets

Peer bzw. Node des Bitcoin-Netzwerks ist jeder, der den Bitcoin Core auf seinem Computer installiert.

Der gesamte Sourcecode des originären Bitcoin Core ist frei zugänglich, was dem Open-Source-[9]Gedanken entspricht. Jeder hat damit die Möglichkeit, das Bitcoin-Programm weiterzuentwickeln oder basierend auf dem Bitcoin-Quelltext eigene Abwandlungen zu erstellen. Das führt einerseits zu inzwischen über 400 existierenden Altcoins (Dodgecoins, Nextcoins ...), aber auch zu einer Vielfalt von Applikationen bzw. neuen Bitcoin-Clients mit den unterschiedlichsten Ausprägungen.

Unterschiede bestehen vor allem hinsichtlich

- des Ausmaßes, in dem Transaktionen verifiziert werden und an andere Teilnehmer des Netzwerkes weitergeleitet werden,
- der Sicherheit der Wallets und
- dem Grad der Netzwerksicherheit.

Die ersten Versionen des Bitcoin-Clients ermöglichten auch eine Teilnahme am Mining. Mit zunehmender Größe des Bitcoin-Systems und damit wachsenden Anforderungen an den Mining-Client, wurden spezielle Mining-Clients entwickelt, die ausschließlich Mining-Funktionalitäten bereitstellen.

4.4.1 Bitcoin Core Client/Full-Node Client

> Bitcoin really is an incredible innovation in terms of creating decentralized digital infrastructure and, for the first time ever, we are able to have a decentralized digital form of money (Coindesk.com).[10]

Der ursprüngliche von Nakamoto Satoshi im Januar 2009 als Open-Source veröffentlichte Bitcoin Core ist in der Programmiersprache C++ geschrieben und steht unter der MIT-Lizenz. Er ist für Windows®, Mac, Ubuntu und andere Linux-Betriebssysteme verfügbar.

Der Bitcoin Core bietet die höchste Netzwerksicherheit und besitzt alle grundlegenden Funktionen. Da er die gesamte Blockchain auf dem einzelnen Rechner speichert, braucht er viel Festplatten- und Arbeitsspeicher (mehr als 40 GB Daten)[11] und es dauert sehr lan-

---

[9] Springer Gabler Verlag (Hrsg.), Gabler Wirtschaftslexikon, Stichwort: Open-Source, online, http://wirtschaftslexikon.gabler.de/Archiv/77360/open-source-v8.html (letzter Abruf: 01.06.2015).
[10] http://www.coindesk.com/chains-api-takes-hard-work-Bitcoin-app-development/ (Abruf: 05.09.2015).
[11] The Size of the Bitcoin Blockchain Data Files is already over 40 GB, http://cryptomining-blog.com/4988-the-size-of-the-Bitcoin-blockchain-data-files-is-already-over-40gb/ (Abruf: 01.01.2016).

4.4 Bitcoin-Clients und Wallets

ge, bis er vollständig geladen ist. In der Folge werden, wenn der Client regelmäßig in Betrieb genommen wird, nur mehr die fehlenden Blöcke runtergeladen. Damit entsteht ein vollwertiger Netzknoten (Full-Node) im Bitcoin-Netzwerk.

Dadurch, dass jeder Full-Node lokal immer eine komplette und ständig aktualisierte Kopie der Blockchain speichert, wird das Bitcoin-Netzwerk durch jeden zusätzlichen Full-Node stabiler gegen Sybil- bzw. Double Spending-Attacken.

Satoshi Nakamoto hat bereits im Herbst 2010 die Betreuung und weitere Entwicklung der Kernsoftware an Gavin Andresen, einem Softwareentwickler aus Florida, der heute einer der wichtigsten Kernentwickler des Bitcoin Cores ist, abgetreten. Satoshi hat Gavin Andresen auch den Alert-Key übergeben[12], mit dem Gavin Andresen Nachrichten über kritische Probleme an der Kernsoftware an alle Nodes senden kann. Weitere Softwareentwickler, die an der Core Software arbeiten, sind u. a. Cory Fields, Wladimir J. van der Laan und Gregory Maxwell.

Die Tätigkeit dieser Kernsoftwareentwickler erfolgt seit April 2015 im Rahmen des vom MIT (Massachusetts Institute of Technology) Media Labs initiierten Digital Currency Projektes.[13] Mit dieser Initiative sollen die besten Köpfe aus den Bereichen der Lehre, der Forschung und der Softwareentwicklung weltweit zusammengebracht werden, um am Potenzial der Kryptotransaktionssysteme zu arbeiten.

Die Core-Entwickler reparieren Sicherheitsprobleme, machen die Software widerstandsfähiger und bauen ständig an den Schnittstellen zur Verbesserung der Nutzungsmöglichkeiten. Bei der im Januar 2009 von Nakamoto veröffentlichen Version handelte es sich mehr oder weniger um eine BetaVersion. Erst durch die nachfolgenden Adaptierungen bekam die Software die Stabilität und Skalierbarkeit, mittels derer momentan täglich mehr als 200.000 Transaktionen abgewickelt werden. Vom ursprünglichen Code ist inzwischen nur mehr ein Teil vorhanden. Ein gutes Beispiel für die durchgeführten Änderungen am Bitcoin Core-Client ist das mit der am 12. Juli 2015 veröffentlichten Version 0.11.0 des Bitcoin Cores ermöglichten *Block-File-Pruning*[14] Mittels des Block-File-Prunings kann ein vollständiger Node betrieben werden, ohne dass die gesamten Rohdaten der Blockchain lokal gespeichert werden müssen.

---

[12] https://bitcointalk.org/index.php?topic=113609.0 (Abruf: 08.04.2016)
[13] MIT Media Lab Announces Launch of MIT Digital Currency Initiative, Headed by Former White House Senior Adviser, https://Bitcoinmagazine.com/20040/mit-media-lab-announces-launch-mit-digital-currency-initiative-headed-former-white-house-senior-adviser/ (Abruf: 05.09.2015).
[14] Bitcoin Core 0.11.0 ist erschienen http://Bitcoinblog.de/2015/07/14/BitcoinCore-0-11-0-ist-erschienen (Abruf: 05.01.2016)

4.4.2 Sonstige Bitcoin-Clients/Thin-/Light-Clients

Will ein Teilnehmer nicht den gesamten Bitcoin Core installieren, kann er sich auch einen entsprechenden *schmäleren* Bitcoin-Client auf seinen PC installieren. Beispiele dafür sind: Electrum[15] und Multibit.[16]

Nakamoto sieht in seinem Whitepaper bereits die vereinfachte Nutzung des Netzwerks mit Thin-/Light-Clients vor. Bei der Nutzung von Thin-/Light-Clients kommt das Simplified-Payment-Verification (SPV)-Verfahren zur Anwendung. Light oder Thin bezieht sich dabei auf die Größe/Menge der auf dem lokalen Gerät abgespeicherten Blockchain-Informationen: Thin-/Light-Clients speichern nicht die gesamte Blockchain lokal, sondern meist nur die Block-Header (darin befinden sich Hashes aller in einem Block verarbeiteten Transaktionen) der einzelnen Blöcke und nur die Transaktionsdaten der eigenen Adressen.[17]

Aufgrund der Äußerungen von Satoshi Nakamoto in diversen Forumsdiskussionen ist offensichtlich, dass er davon ausging, dass es nie mehr als 100.000 Full-Nodes geben wird: *Der Rest werden Light-Clients sein, von denen es Millionen geben kann.*

Es gibt auch bei den Light/Thin-Clients inzwischen die unterschiedlichsten Ausprägungen:

Die Ladezeit und der benötigte Speicherplatz für diese Bitcoin-Clients sind beträchtlich kürzer als beim Bitcoin Core, in Relation dazu sinkt aber auch die Netzwerksicherheit und die Sicherheit der verwendeten Wallets. Auch der Anonymisierungsgrad sinkt beträchtlich dadurch, dass ein SPV-Client bei der Validierung von Transaktionen immer auf mit ihm verbundene Full-Node-Clients zugreifen muss.

4.4.3 Wallets/Nutzer des Bitcoin-Netzwerks

Für Nutzer, die sich keinen Bitcoin-Client auf ihre Geräte laden wollen, gibt es die Möglichkeit bitcoins auf einer der zahlreichen Bitcoin-Börsen, die es inzwischen gibt, zu erwerben und diese in Wallets, die ebenfalls von diversen Dienstleistern angeboten werden, zu verwahren.

In diesen Wallets werden die geheimen Schlüssel der Bitcoin-Adressen, in denen die bitcoins gespeichert sind, verwaltet, daher werden sie auch als digitale Geldbörsen bezeichnet. Es gibt inzwischen Wallets in den unterschiedlichsten Ausprägungen, jedoch erfüllen alle Wallets die folgenden sechs Grundfunktionen:[18]

---

[15] https://de.Bitcoin.it/wiki/Electrum (Abruf: 01.01.2016).
[16] https://www.google.at/search?q=Multibit&ie=utf-8&oe=utf-8&gws_rd=cr&ei=4sOGVpGyK8PWaqegl8gC (Abruf: 01.01.2016).
[17] Bitcoin kurz & gut, Banking ohne Banken, Jörg Platzer, O'Reilly Verlag GmbH & Co. KG; 1. Auflage (29. September 2014).
[18] Wallets im Vergleich, http://Bitcoinblog.de/2014/03/05/wallets-im-vergleich/ (Abruf: 15.10.2015).

4.5 Durchführung von Transaktionen im Netzwerk

- Senden von bitcoins,
- Anzeigen der Adressen als Zeichenfolge oder QR-Code, um bitcoins zu empfangen,
- Signierung von Nachrichten zum Beweis, dass man der Besitzer einer Adresse ist,
- Verschlüsselung der Wallets mittels eines Passworts,
- Sicherung der privaten Schlüssel,
- Speicherung der Adressen in einem Adressbuch.

Web Wallets (diese können wie jede normale Website im Webbrowser aufgerufen werden) bieten dem Nutzer – angelehnt an die sonstigen Cloudlösungen – den Vorteil, dass alle Dienste des Anbieters über ein Webinterface zugänglich sind, somit unabhängig von Ort und Gerät Transaktionen über diese Walletdienste möglich sind.

4.5 Durchführung von Transaktionen im Netzwerk

Beim Anlegen einer neuen Bitcoin-Adresse generiert der Bitcoin-Client unter Nutzung des auf elliptischen Kurven beruhenden ECDSA-Algorithmus ein Schlüsselpaar im Sinne der asymmetrischen Verschlüsselung, bestehend aus dem öffentlichen Schlüssel (Public Key) für die Bitcoin-Adresse und eine Zeichenfolge zum Besitznachweis, dem geheimen Schlüssel (Private Key). Eine Bitcoin-Adresse hat eindeutige 27 bis 34 alphanumerische Zeichen, beginnend mit der Ziffer 1 oder 3 (z. B. 3J98t1WpEZ73CNmQviecrnyiWrnqRhWNLy).

Im Bitcoin-System codiert der Sender/Initiator einer Transaktion seine Nachricht mit dem öffentlichen Schlüssel des Empfängers, den ihm der Empfänger bekannt gibt. Dekodiert werden kann die Transaktion danach ausschließlich mit dem geheimen Schlüssel des Empfängers, nur er kann sich als Inhaber und Besitzer identifizieren: Mit dem geheimen Schlüssel weist ein Bitcoin-Nutzer nach, das er den zu diesem privaten Schlüssel gehörigen öffentlichen Schlüssel, die Bitcoin-Adresse, erstellt hat und daher über die der Adresse zugeschriebenen bitcoins verfügen kann (vgl. auch Abb. 4.1).

Bei der Übertragung von bitcoins generiert der Bitcoin-Algorithmus mithilfe einer kryptografischen Hashfunktion einen Hashwert der empfangenden Adresse – bekannt gegeben vom Empfänger der bitcoins – und den Adressen aller vorhergehenden Transaktionen dieses bitcoins. Eine Transaktion beinhaltet somit die Signatur des Übertragenden mit der Anweisung an die öffentliche Adresse des Empfängers zu zahlen und einen Hash mit dem Hinweis auf die vorhergehende Transaktion (bereits in der Blockchain als bestätigte Transaktionen enthalten).

Das Bitcoin-System nutzt die kryptologische SHA 256 Hash-Funktion. Der generierte Hashwert sagt nichts über den Inhalt aus und wird in der Folge verschlüsselt als digitale Signatur der jeweiligen Transaktion verschickt. Diesen Hash signiert der nächste Nutzer mit seinem privaten Schlüssel und bestätigt somit die Übertragung bzw. er entschlüsselt

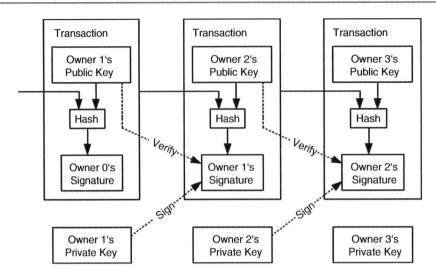

Abb. 4.1 Ablauf einer Transaktion. (Quelle: Pantera Capital)

den Hashwert der Signatur und berechnet außerdem selbst den Hash der Transaktion[19] – die Übereinstimmung der Hashes bestätigt die Senderidentität und die Originalität der Transaktion.

Das vom Bitcoin-System verwendete Hashing-Verfahren SHA-256 und das Merkles Meta-Verfahren bilden große Eingabemengen beliebiger Länge (z. B. die öffentlichen Schlüssel) auf eine kleinere kollisionssichere Zielmenge (Hashwert) ab und als Hash, Datenreihen, die selbst kleinste Veränderungen an der Transaktion identifizieren können. Mit dem öffentlichen Schlüssel (die belastete Adresse) kann die Signatur der Transaktion verifiziert werden und so kann sichergestellt werden, dass der Sender auch über diesen bei der Transaktion belasteten öffentlichen Schlüssel verfügen durfte, da er zum Erstellen der validen Signatur den privaten Schlüssel besitzen musste.

Die asymmetrische Verschlüsselung, gemeinsam mit den digitalen Signaturen der Transaktionspartner sowie die Überprüfung der Transaktionscodes durch den Bitcoin-Algorithmus (gemeint ist die Blockchain) machen den Bitcoin praktisch fälschungssicher.

Anzumerken sind noch die Tätigkeiten der US NSA (National Security Agency) auf dem Gebiet der Kryptografie: Der Whistleblower Edward Snowden hat im September 2013 Unterlagen zum NSA-Projekt Bullrun veröffentlicht.[20] Dieses Programm löst bereits die gebräuchlichen kryptografischen Algorithmen auf. Aufgrund der massiven Investitionen der NSA gehen Experten davon aus, dass viele der momentan verwendeten

---

[19] Fälschung unmöglich – was den Bitcoin sicher macht, http://Bitcoinblog.de/2011/08/17/faelschung-unmoeglich-Bitcoin-sicher/ (Abruf: 18.07.2015).
[20] Selbst SSL-Verschlüsselung ist nicht vor NSA-Spionage sicher, veröffentlicht am 6. September 2013, http://www.zeit.de/digital/datenschutz/2013-09/nsa-gchq-private-internet-verschluesselung (letzter Abruf: 05.08.2015).

4.5 Durchführung von Transaktionen im Netzwerk

Algorithmen bereits hinfällig sind. SHA-256 – das bitcoinkryptografische Fundament – soll laut IT-Fachmagazin Golem[21] weiterhin intakt sein.

4.5.1 Validierung einer Transaktion im Bitcoin-Netzwerk

Im Bitcoin-Netzwerk bildet jeder Full-Node einen Knoten, der mit den anderen Knoten (Nodes) kommuniziert. Jeder Knoten empfängt und sendet Transaktionen im Netzwerk. Das heißt, wenn eine On-chain-Transaktion gesendet wird, sendet sie der Knoten an alle anderen Knoten, die mit ihm verbunden sind. Diese Knoten prüfen in der Folge in der bei ihnen gespeicherten Blockchain, in der alle vorhergegangenen Transaktionen gespeichert sind, ob diese Transaktion gültig ist (Prüfung der Besitzverhältnisse des zu übertragenden Tokens). Bereits zu diesem Zeitpunkt wird die Transaktion mit einem Zeitstempel versehen.

Wird die Transaktion als valide eingestuft, schicken diese Knoten sie wiederum an die Knoten, mit denen sie verbunden sind, weiter. Dieser Prozess geht solange, bis eine Transaktion alle momentan aktiven Knoten im Netzwerk erreicht hat.

Die Transaktion gilt jedoch erst als bestätigt, wenn sie in einem Block aufgenommen wurde. Der Bitcoin-Algorithmus sieht vor, dass die Generierung eines Blocks und damit die endgültige Bestätigung einer Transaktion etwa zehn Minuten erfordern. In diesen zehn Minuten verarbeitet das Netzwerk die durchgeführten Transaktionen auf eine irreversible Art und Weise. Miner generieren Blöcke, und sollte es gelingen einen Proof-of-Work zu erbringen, fügen sie unbestätigte Transaktionen in einen Block ein und senden diesen an die anderen Knoten im Netzwerk. Es dauert zwischen einer und zehn Sekunden, bis ein Block 1000 andere Knoten erreicht hat. Sobald ein Knoten einen Block erhält, fügt er ihn an seine Blockchain an und nutzt ihn, um künftige Transaktionen zu verifizieren.

4.5.2 Aufbau und Funktionsweise der Blockchain

Die Blockchain als dezentrale Datenbank bildet das Herzstück des Bitcoin-Netzwerks.

Diese Datenbank, die allen Nutzern des Bitcoin-Netzwerks jederzeit zur Einsicht zur Verfügung steht, stellt eine chronologische Erfassung aller bis dato im Bitcoin-System durchgeführten Transaktionen dar und bildet damit auch die Besitzverhältnisse im Bitcoin-Netzwerk eindeutig ab.

---

[21] Verschlüsselung; Was noch sicher ist, http://www.golem.de/news/verschluesselung-was-noch-sicher-ist-1309-101457-8.html (Abruf: 15.10.2015).

Ein Block besteht dabei aus folgenden Komponenten:

- unbestätigte Transaktionen.
- einen Hashwert des letzten vorher in die Blockchain erfassten Blocks. Dadurch entsteht zwangsläufig eine zeitliche Abfolge an Transaktionsblöcken.
- den sogenannten Proof-of-Work, der das Ergebnis des Bitcoin-Miningprozesses ist.

Durch die dabei entstehende Kette ist es möglich, alle Transaktionen bis hin zum ersten von Satoshi Nakamoto generierten Block (*Genesis Block*) nachzuvollziehen. Die Inhalte dieser Blöcke können durch jeden Full-Node überprüft werden, indem sie sie mit der historischen Datenbank vergleichen. Sind die Nodes einverstanden, bringen sie ihre Zustimmung dadurch zum Ausdruck, dass sie am nächsten Block zu arbeiten beginnen und ihn mit dem als gültig anerkannten vorhergehenden Block verketten (implizite Konsensbildung). Damit die Datenbanken aller Nutzer identisch bleiben, führen sie bei mehreren gültigen Transaktionsketten (Blockchains) nur die längste Blockchain weiter. Das Bitcoin-Netzwerk ist wie ein dezentrales Hauptbuch, wobei über die aufzunehmenden Buchungssätze permanent von einer Vielzahl von dezentralen Buchhaltern Konsens erzielt wird.

Die Blöcke der Blockchain sind voneinander abhängig, eine Manipulation daher extrem schwierig. Teile der Blockchain zu löschen oder zu verändern, bedeutet, alle nachfolgenden Blöcke ebenfalls zu ändern. Durch den vorgesehenen Algorithmus verlängert alle zehn Minuten ein neuer Block die Kette. Daher ist es so gut wie unmöglich, eine falsche längere Blockchain zu erstellen.

4.5.2.1 Die Miner

Damit ein Block valide ist, muss sein Hashwert eine vom System festgelegte Anzahl an führenden Nullen (eine bestimmte Nonce[22]) aufweisen. Der Bitcoin-Algorithmus sieht keine Möglichkeit vor, diese Nonce rechnerisch zu ermitteln, sondern nur durch ständiges Testen zufälliger Noncen kann die richtige gefunden werden. Um einen Block mit der geforderten Anzahl an führenden Nullen zu erzeugen, muss der Block verändert werden können, um auch seinen Hashwert verändern zu können. Ein Miner, der einen neuen Block erstellen möchte, tut dies, indem er ständige neue Zufallszahlen (Nonce) für den Block generiert und von diesem Block dann samt der Nonce den Hashwert bildet. Hat er eine Nonce für den Block gefunden, die zu einem Hashwert mit genug führenden Nullen führt, so hat er damit einen validen Block erzeugt.

Dieses Finden der den Anforderungen genügenden Nonce wird als Proof-of-Work bezeichnet.

---

[22] In cryptography, a nonce is an arbitrary number that may only be used once. It is similar in spirit to a nonce word, hence the name. It is often a random or pseudo-random number issued in an authentication protocol to ensure that old communications cannot be reused in replay attacks. They can also be useful as initialization vectors and in cryptographic hash function. Übernommen von Wikipedia (Abruf: 28.03.2015).

4.5 Durchführung von Transaktionen im Netzwerk

Der Miner beweist mit dem Bekanntmachen der Nonce, dass er Arbeit (Work) in Form von Rechenaufwand für das Testen vieler Noncen aufgewandt hat.

Der Proof-of-Work-Mechanismus erfüllt im Bitcoin-System mehrere Funktionen:

- Es wird die zeitliche Abfolge von Transaktionen eindeutig festgelegt.
- Sybil-Attacken sollen abgewehrt werden.
- Es erfolgt auch eine Wertabsicherung, da anhand des Proof-of-Work quantifiziert wird, welche Rechnerleistung benötigt wird, um die digitale Währung zu erzeugen und ihren Wert abzusichern. Damit wird dem traditionellen Grundkonzept gefolgt, das als Gegenleistung für das wertvolle Privileg, eine Währung zu erschaffen, Arbeit zu leisten ist (also ein Computer eine schwierige Rechenaufgabe zu erledigen hat).

Anzumerken ist noch, dass es sich bei den zu lösenden Rechenaufgaben um One-Way Hashes handelt. Es ist zwar schwer, einen solchen One-Way Hash zu erzeugen, aber sehr einfach zu überprüfen, ob das gelieferte Ergebnis auch stimmt, denn nur wenn die anderen Full-Nodes auch die Validität des neuen Blocks akzeptieren, wird dieser an die Blockchain angefügt.

Die Schwierigkeit des Proof-of-Work wird durch einen gleitenden Durchschnitt bestimmt, der sich von der durchschnittlichen Anzahl von Blöcken je Stunde ableitet. Wird durch eine Erhöhung der Anzahl der Teilnehmer und der genutzten CPU-Power der 10 min Algorithmus unterschritten, wird die Schwierigkeit des Proof-of-Work alle zwei Wochen angepasst.

4.5.2.2 Mining-Belohnung und Geldschöpfung

Derjenige Miner, dem es gelingt, den Nonce zu finden und damit den Proof-of-Work, wird für seine Arbeit mit bitcoins belohnt. Die erste Transaktion in jedem geschaffenen Block wird als die *Coinbase*-Transaktion bezeichnet und in dieser Transaktion werden die Token algorithmisch an die Miner verteilt. Diese geschaffenen bitcoins werden in Anlehnung an das herkömmliche Finanzsystem auch als Seigniorage bezeichnet und errechnen sich ökonomisch als der Wert des neu geschaffenen Geldes abzüglich der Kosten für die Erstellung (v. a. Hard/Softwareaufwand und Energiekosten).

Am 9. Januar 2009 schuf Satoshi Nakamoto den Genesis Block und generierte dabei 50 BTC in zehn Minuten. Der Bitcoin-Algorithmus sieht vor, dass alle 210.000 Blöcke (etwa alle vier Jahre) diese Belohnung sich halbiert, so erhalten seit dem Sommer 2013 die Miner pro Block nur mehr 25 *bitcoins* und ab dem Sommer 2016 wird sich dieser Betrag nochmals halbieren auf 12,5 *bitcoins*. Die gesamten 21 Mio. *bitcoins* werden erst etwa im Jahr 2130 ausgegeben sein[23].

Diese Systematik des Geldschöpfungsprozesses (unabhängig von der Nachfrage nach *bitcoins*) erfüllt im Bitcoin-Netzwerk mehrere Zwecke:

---

[23] 21 Mio. Bitcoins bis 2130, Virtuelles Geld, http://www.focus.de/finanzen/geldanlage/tid-30404/virtuelles-geld-Bitcoins-rasanter-aufstieg-einer-phantom-waehrung-beschraenktes-angebot-virtueller-muenzen_aid_952842.html (Abruf: 15.10.2015).

- Es erfolgt ein dem Peer-to-Peer Netzwerk immanentes Crowdsourcing des Ressourcenaufwandes zur Aufrechterhaltung und Verwaltung des Netzwerkes.
- Damit kommt es zu Aufrechterhaltung der Integrität des Bitcoin-Netzwerkes: Können Nutzer durch Einsatz von Ressourcen Geld verdienen, besteht kein Anreiz betrügerisch gegen das System vorzugehen. Ein Angriff auf das System würde die erarbeiteten bitcoins wertlos machen.
- Privatpersonen und Unternehmen soll ein Anreiz zur aktiven Teilnahme am Bitcoin-Ökosystem geboten werden.

Nutzer können bei einer Transaktion auch eine Transaktionsgebühr angeben. Diese Gebühr darf sich der erfolgreiche Miner gutschreiben. Die Gebühr ist allerdings nicht zwingend im Bitcoin-Protokoll vorgeschrieben. Da ein Miner jedoch frei entscheiden kann, welche Transaktionen er in einen Block aufnimmt, erhöht eine Transaktionsgebühr die Wahrscheinlichkeit der raschen Aufnahme der Transaktion in einen Block. Mit der Skalierbarkeitsthematik der Bitcoin-Blockchain (vgl. dazu auch Abschn. 8.5) nimmt die Transaktionskostenthematik an Brisanz zu.

4.5.2.3 Mining-Hardware

Das Mining von *bitcoins* bzw. die Lösung der mathematischen Aufgaben erfolgte zu Beginn mittels handelsüblicher Central Processing Units (CPUs). Mit zunehmender Größe des Netzwerks, damit verbundener Steigerung der gesamten, dem System zuzurechnenden Rechenleistung und des korrelierenden Anstiegs des Schwierigkeitsgrades, einen validen Block zu erzeugen, wurde das Mining mittels CPUs unrentabel.

Für die wiederholte Berechnung der Block-Hashwerte mit unterschiedlichen Noncen stellten sich Grafikkarten (GPU: Graphical Processing Unit) als besser geeignet heraus. Mittels dieser Grafikkarten konnten Daten 50 bis 100-mal schneller gehasht werden mit bedeutend weniger Energieverbrauch. Im Winter 2011 kam die erste Generation der spezialisierten Bitcoin-Mining-Hardware auf den Markt: FGPA (Field Programmable Gate Arrays), die an Computer mittels einer einfachen USB-Connection angeschlossen wurden. Aber auch diese Grafikkarten haben sich im Vergleich zu den im Sommer 2013 auf den Markt gekommenen ASIC (Application Specific Integrated Circuit) schnell als unrentabel herauskristallisiert, da die Hashrate der meisten dieser Grafikkarten unter 1 GH/s ist und einzelne ASIC-Einheiten eine Schnelligkeit von mehr als 1000 GH/s erreichen und dazu viel weniger Energie benötigen. Seit 2013 werden vor allem ASIC zum Mining eingesetzt und verdrängen zunehmend andere Techniken. Diese spezialisierte Mining-Hardware wird meist in spezialisierten Mining-Unternehmen (auch als Mining Farms bezeichnet) betrieben.

Da das alleinige Finden eines validen Blocks bei wachsender Schwierigkeit der Blockerstellung für einen, nur über geringe Rechenleistung – in Relation zur Schwierigkeit – verfügenden Miner sehr unwahrscheinlich ist, sind inzwischen sogenannte Miningpools entstanden. In diesen Miningpools schließen sich mehrerer Miner zusammen und suchen gemeinsam nach einem neuen validen Block. Inzwischen gibt es die unterschiedlichsten Ausprägungen dieser Mining Pools (dazu mehr im Abschn. 8.7).

Im Januar 2014 erreichte die Rechenleistung des Netzwerks 200 Petaflops, rund 800-mal die Rechenleistung der Top-500-Supercomputer.

4.5.3 Double Spending-Attacke und der Konsens-Algorithmus

Bei jeder Transaktion mit digitalen Werten ist problematisch, dass der Empfänger einer Transaktion nicht überprüfen kann, ob der Sender die digitalen Werte nicht vorher schon weitergegeben hat. Bei den herkömmlichen elektronischen Euro- oder US-Dollar-Zahlungstransaktionen wird das Problem des Double Spendings durch einen Mittler (z. B. Finanzinstitut) gelöst, der den Transfer des digitalen Wertes vom Konto des Zahlenden auf das des Zahlungsempfängers kontrolliert und auch dafür haftet ist, dass der Zahlende auf die ausgegebenen Währungseinheiten keinen Zugriff mehr hat. Das Bitcoin-System löst dieses Problem anhand des vorgesehenen Konsens-Algorithmus.

Dabei einigen sich die Nutzer auf die Chronologie der Transaktionen. Beispielhaft bedeutet dies, dass bei gleichzeitigem Auftreten zweier Transaktionen über denselben digitalen Wertes sichergestellt sein muss, dass in die öffentliche Datenbank nur die erste der beiden Transaktionen aufgenommen wird und dass von allen Nutzern dieselbe Transaktion als die valide und nicht reversible Transaktion betrachtet wird. Die gültige Transaktionshistorie wird einerseits im dezentralen Bitcoin-Netzwerk über einen Proof-of-Work-Mechanismus erreicht und andererseits dadurch das Konsens unter den „ehrlichen" Minern besteht, dass immer die längste Kette die valide Blockchain ist.

Aufgrund der festgelegten Konsensregelungen der Bitcoin-Architektur führt jede Missachtung der bestehenden Regelungen zu einer Separierung des einzelnen Nutzers. Bitcoin-Nutzer, die nicht bereit sind, nach den Regeln des Bitcoin-Protokolls zu arbeiten, werden ausgeschlossen, bis sie diese Regeln wieder zur Gänze befolgen. Wenn ein Miner bewusst die Transaktionen verändert, um seine bitcoins zweimal oder häufiger ausgeben zu können, entsteht eine Gabelung und nur die längste Blockchain wird vom Netzwerk als gültig angesehen. Redlich arbeitende Miner werden ihre neuen Blöcke nur an die längste Kette hängen. Die Sicherheit des Transaktionssystems ist solange gewährleistet, wie die Mehrheit der Miner ehrlich ist.

Nur der Konsens-Algorithmus bestimmt welche Transaktion in die Blockchain aufgenommen wird. Es gibt keine absolute Sicherheit, dass eine Transaktion in die Blockchain aufgenommen wird. Nach Ablauf einer Stunde (sechs Blöcke) und dem Erhalt von sechs Bestätigungen gilt die Transaktion als endgültig aufgenommen (Faustregel).

4.6 Scripte

Vereinfacht betrachtet, stellt eine Bitcoin-Transaktion eine Mitteilung über die Besitzverhältnisse an einem bestimmten digitalen Wert an das Bitcoin-Netzwerk dar: ausschließlich der Besitzer eines bestimmten geheimen Schlüssels kann über diesen genau definierten digitalen Wert verfügen. Im Script jeder Transaktion im Transaktionssystems des Bitcoin-Protokolls ist der Ablauf eines Transfers mit Übereinstimmung des öffentlichen Schlüssels (gehasht die Bitcoin-Adresse) und des geheimen Schlüssels (wiedergegeben durch die digitale Signatur) vorgesehen. In diesem Script können jedoch zusätzliche transaktionsspezifische Details individuell festgelegt werden und damit beispielsweise Bedingungen fixiert werden, unter welchen der Zahlungsempfänger über die erhaltenen bitcoins verfügen kann: z. B. dass zwei oder mehrere private Schlüssel erforderlich sind, um über den Betrag zu verfügen (Multi-Signatur).

Die Transaktionen werden dabei von den Transaktionsparteien in diesen Scripten als Eigenschaften beschrieben. Die Knoten müssen die Transaktion nur soweit verstehen, um zu bewerten, ob die Bedingungen des Senders gültig sind. Diese Scripte unterstützen eine Vielzahl möglicher Transaktionstypen: Treuhandtransaktionen, Multi-Signatur-Transaktionen usw.

Allerdings ist die Programmierbarkeit dieser Scripte ziemlich eingeschränkt und nicht turing-vollständig.

Die Möglichkeit Transaktionen über Scripte abzubilden, die nach bestimmten Regeln, wie Zeitablauf oder Erfüllung bestimmter Bedingungen die Freigabe von Geld oder sonstige Transaktionen anstoßen, ist der Ausgangspunkt für mannigfache Überlegungen über die Nutzungsmöglichkeiten des Bitcoin-Protokolls für Smart Contracts, IOT usw. Diese Scripte sind auch der Grund, warum bitcoins als programmierbares Geld bezeichnet werden.

Vergleich zum herkömmlichen Finanzsystem 5

> Was diese virtuellen Währungen antreibt, ist der Verfall des Vertrauens in das Bankensystem, ein Verfall des Vertrauens in das Zentralbankensystem. (Max Keiser)

Es ist vor allem die Dezentralität und Globalität der Bitcoin-Architektur, die das Potenzial hat, die Weltwirtschaft nachhaltig umzugestalten.

Historisch waren Volkswirtschaften mit zentralisierter Verwaltung meist innovativer, fortschrittlicher und erfolgreicher. Immer haben sich nach einer gewissen Zeit jedoch in all diesen zentralisierten Volkswirtschaften auch die Nachteile der Zentralisierung der Macht offenbart: Korruption, massives Streben nach Erhaltung des Systems sowie Machtmissbrauch.

Das Ursprungskonzept des Webs ist eines der radikalen Dezentralisierung und der Freiheit. Während des letzten Jahrzehnts war das unglaubliche Wachstum des Webs jedoch mit erhöhter Zentralisierung verbunden. Inzwischen herrschen einige wenige Großunternehmen wie Apple, Google und Facebook über die wichtigsten Knoten im Web und damit auch über die großen Datenmengen, die im Netz erzeugt werden. Der Mangel an Transparenz und Kontrolle über diese Organisationen zeigt erneut die negativen Aspekte der Zentralisierung: Manipulation, Überwachung und häufiger Datenmissbrauch. Dezentrale Transaktionssysteme wie Bitcoin versprechen hier eine neue Zukunft. Internet-Anwendungen können nun mit einer dezentralen Architektur gebaut werden, bei denen keine einzelne Partei die absolute Macht und Kontrolle hat. Die Open-Source-Ideologie dieser Transaktionssysteme als auch die Öffentlichkeit der dezentralen Transaktionsdatenbanken garantiert dabei die notwendige Transparenz und sichert eine unwiderlegbare Transaktionsdatenerfassung zu.

In vielen Bereichen ist in den letzten Jahren schon offensichtlich geworden, dass die Peer-to-Peer-Ansätze der Netzwerkökonomie eine radikale Abkehr der bis dato vorherrschenden zentralen und hierarchischen Strukturen bringen werden. Mittels der Möglichkeiten der dezentralen Kyptotechnologien erhält das Thema Peer-to-Peer nun eine technologische Basis, die zu massiven Änderungen in vielen Bereichen führen wird.

Vor 15 Jahren hat die unkontrollierte und problemlose Duplizierung von Musikfiles des dezentralen Systems von Napster zur Disruption der Musikbranche geführt. Ironischerweise wird heute – 15 Jahre später – ein dezentrales Systems eingesetzt, um die unkontrollierte Duplizierung von Tokens zu verhindern.

Als Killerapplikation dieser dezentralen Kryptotechnologien wird häufig die Nutzung des Transaktionssystems als elektronisches Zahlungssystem bezeichnet.

Denn die Bitcoin-Blockchain ist

- das erste global verfügbare Zahlungsnetzwerk,
- das für jede Währung genutzt werden kann und weder
- im Eigentum von Finanzdienstleistern steht noch von Finanzdienstleistern betrieben wird.

Zahlungssysteme sind dabei definiert als ein Informationsset und ein Regelwerk für die Zahlungsmittelüberweisung unter Systemteilnehmern. Es wird aufgrund einer Vereinbarung zwischen den Marktteilnehmern der Zahlungsmitteltransfer mittels einer vereinbarten Technologie durchgeführt.

Die Geldbewegungen, aber auch das Clearing (Backend-Erfassung und -Verwaltung), erfolgen bei Nutzung dieser Kryptotechnologien viel schneller als bei den bis dato von den Finanzsystemen betriebenen Zahlungssystemen. Bei jeder Kreditkartenzahlung im herkömmlichen Zahlungssystem muss der Konsument seinen Namen und seine persönlichen Daten angeben, die dann größtenteils an sämtliche involvierten Parteien (bis zu sechs verschiedene Organisationen) weitergegeben werden.

Um die Bedeutung des im Konzepts (Whitepaper) von Nakamoto Satoshi beschriebenen neuen Transaktionssystems für das Finanzsystem verstehen zu können, ist es unumgänglich, sich mit der Geschichte und der Bedeutung des Geldes in einer Wirtschaft auseinanderzusetzen.

Dabei stößt man immer wieder auf die zentrale Frage, wie man ein Finanzsystem entwickeln könnte, das

- einen möglichst optimalen Austausch von Gütern und Dienstleistungen ermöglicht,
- Wohlstand schafft und
- gleichzeitig die für seinen Betrieb zuständigen Institutionen daran hindert, das in sie gesetzte Vertrauen zu missbrauchen.

5.1 Grundfunktionen des Geldes

Volkswirtschaftlich wird in der neueren Geldtheorie eine Sache oder Institution dann als Geld bezeichnet, wenn folgende Grundfunktionen erfüllt sind:[1]

- Rechenmittelfunktion: Dabei werden Preise von Gütern als Wertmaßstab eingesetzt und Warenwerte in Relation zueinander gesetzt.
- Wertaufbewahrungsfunktion: Die Aufbewahrung von Geld erlaubt es, Kaufkraft zu speichern.
- Tauschmittel- bzw. Zahlmittelfunktion: Konstitutiv für das Wesen des Geldes ist die Eigenschaft als Tauschmittel. Diese Eigenschaft verleiht Geld den höchsten Liquiditätsgrad als Faktor 1. Das bedeutet, Geld wird ohne Abschlag zum Nominalwert angenommen.

5.2 Die Geschichte des Geldes

> Es gibt kein feineres und kein sichereres Mittel, die bestehenden Grundlagen der Gesellschaft umzustürzen als die Vernichtung der Währung. (J.M. Keynes)

Bei einer Betrachtung der historischen Entwicklung des Geldwesens wird offensichtlich, dass Geld schon immer in untrennbarem Zusammenhang

- mit der Entwicklung einer modernen Gesellschaft stand,
- immer einen Spiegel der Technologien der jeweiligen Zeit[2] darstellte,
- vor allem aber immer schon als Machtinstrument diente.

5.2.1 Historische Entwicklung des Geldwesens

> Geld ist der Gott unserer Zeit und Rothschild sein Prophet. (Heinrich Heine)

Das erste nachweisbare monetäre System entstand im dritten Jahrtausend vor Christus in Mesopotamien und Ägypten, als die Babylonier begannen, Getreide, Salz, Schmuck und vor allem Bruch- und Barrensilber usw. als Zahlungsmittel zu nutzen.

---

[1] Kompendium der Volkswirtschaftslehre, Band I, herausgegeben von W. Ehrlicher, I. Esenwein-Rothe, H. Jürgensen, K. Rose, 5. Überarbeitete und erweiterte Auflage, Vandenhoeck & Ruprecht, S. 353.

[2] Kerscher, Bitcoin, 8; siehe bereits Eberwein/Stadler/Steiner, Bitcoins – Rechtliche Aspekte einer virtuellen Währung, in: Schweighofer/Kummer/Hötzendorfer (Hrsg.), Transparenz, Tagungsband des 17. Internationales Rechtsinformatik Symposiums IRIS 2014, 669.

Schlüsselattribute der meisten damals verwendeten Tauschmittel waren

- beschränkte Verfügbarkeit,
- die Nichtverderblichkeit,
- die Übertragbarkeit und Fungibilität.

Der Übergang vom Barrengeld auf das Münzgeld setzte ab dem 7. Jahrhundert vor Christi im kleinasiatischen Königreich Lydien unter König Alyatte (605–561 vor Christi) ein. Die damals verwendeten Münzen aus Gold- und Silberlegierungen, die *Stater*, waren mit einem Löwenkopf verziert. Mit der Zunahme des Handels wurde die Menge der im Umlauf befindlichen Münzen stetig erhöht. Durch den zunehmenden Wohlstand entwickelten sich die antiken Hochkulturen in Mesopotamien, Griechenland und dem Römischen Reich. Aufgrund der gewaltigen Ausdehnung des Römischen Reichs waren die römischen Geldmünzen in weiten Teilen Europas und des Nahen Ostens gesetzliche Zahlungsmittel. Im kaiserlichen Rom im ersten Jahrhundert nach Christus hatte der Senat das Prägerecht für die Kupfer- und Messingmünzen; die Münzhoheit für Münzen aus Gold und Silber lag beim Kaiser.[3]

Mit dem Beginn des Untergangs des Römischen Reiches eroberten die Germanen große Gebiete zurück. Die Einkünfte aus diesen Gebieten blieben aus. Roms Geldwirtschaft schrumpfte. Ohne Finanzmittel für die staatliche Verwaltung konnte der Wert des Geldes nicht mehr gesichert werden.

Mit dem Zerfall des römischen Reichs begann das europäische Mittelalter, und der europäische Kontinent verlor die Beziehung zum Geld. Der Tauschhandel nahm wieder zu, was mit einem Rückfall auch des Entwicklungsstandes dieser Länder einherging.

Karl der Große (792–793 nach Christi) setzte eine Münzreform in den europäischen Ländern durch. Dabei wurden alte Gold- und Silbermünzen durch eine einheitliche Silberwährung ersetzt. Der Silberdenar diente als reichsweit geltende, verbindliche Währung: Aus einem Pfund Silber zu 408 Gramm wurden 240 Denare „geschlagen". Es kam jedoch erst in der Renaissance in Europa zur Rückkehr des Geldes. Begleitet wurde diese Entwicklung auch durch die Erfindung des Bankwesens durch die Florentiner Bankhäuser. Das führte zum Wachstum des Welthandels und zu einer neuen Blüte von Architektur und Kunst.[4]

Die Stadt Florenz florierte im 13. Jahrhundert, der Handel blühte. Reiche Familien, die Bardi, Peruzzi, die Acciaiuoli, handelten nicht mehr nur mit Waren, sondern auch mit Geld. Um reibungslos miteinander handeln zu können, verliehen sich die Händler untereinander Geld, meist gegen Zinsen und schafften damit erstmals privates Geld. Dieses System der Krediterzeugung nutzten die Bankhäuser für den internationalen wirtschaftlichen Austausch. Zu dieser Zeit begannen die großen Bankhäuser Europas (Fugger, Medi-

---

[3] Die Geschichte des Geldes – ein Überblick, http://www.insignitus.com/de/blog/die-geschichte-des-geldes-ein-Ueberblick/ (Abruf: 02.01.2016).
[4] Geld war gestern, http://www.media-spider.com/buecher/sachbuecher/geld-war-gestern.html (Abruf: 02.01.2016).

ci, Rothschilds), auch die aufwendige Hofhaltung der europäischen Herrscherhäuser und den Vatikan zu finanzieren. Damit gewannen die Banken auch einen immer größeren Einfluss auf die Politik.

1609 gab die Bank von Amsterdam erstmals Papiergeld aus. In England erteilte König William III. 1694 dem schottischen Kaufmann Paterson als Gegenleistung für einen Großkredit für den Aufbau seiner Seeflotte die Genehmigung zur Gründung der Bank of England (Royal Charter von 1694) und das Recht zur Ausgabe von (anfangs handgeschriebenen) Banknoten (für dessen Wert die Krone bürgte).

Die Bank von England führte zu diesem Zeitpunkt bereits das Mindestreservesystem ein. Dieses System – das bis heute zu den Grundpfeilern des modernen Bankwesens zählt – erlaubt es den unter staatlicher Aufsicht stehenden Banken, den Großteil ihrer Einlagen, die sie annehmen, wieder zu verleihen – und begründete das Konzept der Zentralbank. Der Bankkredit verwandelte sich in der Praxis in Geld, da davon ausgegangen wurde, dass der Souverän dafür bürgte. Dieses neue britische Finanzsystem finanzierte in der Folge nicht nur eine schlagkräftige Kriegsmarine, sondern auch die industrielle Revolution.

In Deutschland erschienen die ersten „Bancozettel" in Köln, ausgegeben von der dort ansässigen „Banco di gyro d'affrancatione", die am 2. März 1705 auf Vorschlag des Kurfürsten Johann Wilhelm II. gegründet wurde. Schon 1713 urteilte das Reichskammergericht, dass staatliche „Bancozettel", die in diesem Fall von der kurpfälzischen Bank zu Köln herausgegeben worden waren, als Zahlungsmittel akzeptiert werden müssten.

All diese Experimente mit Papiergeld überschritten nie ein geringfügiges Volumen und es war immer eine Deckung durch Gold bzw. Silbermünzen gegeben.

Aufgrund seiner offenkundigen Geschäftstüchtigkeit erteilte der französische Regent Philippe Herzog von Orléans 1716 dem schottischen Ökonom und Bankier John Law die Lizenz zum Gelddrucken in Frankreich. John Law kam auf die Idee, dass nicht nur die meist begrenzten Vorräte an Edelmetallen, sondern auch Grundvermögen – mit dessen in der Zukunft liegenden Ertragsaussichten – zur Deckung des Notenumlaufs herangezogen werden kann. Zusätzlich verfiel er auf eine weitaus gewagtere Konstruktion: Der Staat könnte jederzeit bloß bedruckte Zettel in Umlauf bringen und einfach behaupten, die dafür erforderliche Deckung bestünde in den zukünftigen Steuerleistungen seiner Bürger. Die Gelddeckung war damit die Steuerschuld bzw. die Steuerzahlung der Zukunft. Durch diese Idee wurde John Law zum „Vater" der sogenannten Fiatwährung. Dieser Ausdruck stammt von einem lateinischen Bibelzitat ab: „fiat lux" – „es werde Licht" („fiat" bedeutet „es werde", „lux" hingegen „Licht").

Im Mai 1716 gründete John Law die erste Bank Frankreichs, die Banque Royale, die mit 6 Mio. Livres als Grundkapital ausgestattet war.[5] Dieses Grundkapital bestand überwiegend aus privaten Schuldscheinen und Staatsanleihen; an Münzen besaß die Bank lediglich 350.000 Livres an Bargeld. Personen konnten bei dieser Bank Geld einzahlen, ausleihen und auf Konten überweisen. Die Möglichkeit, durch den Ankauf von Staats-

---

[5] Es werde Geld! http://www.heise.de/tp/artikel/37/37798/1.html (Abruf: 02.01.2016).

anleihen, also Schuldscheinen des Staates, neues Geld „aus Luft" zu schöpfen und auf den Konten der Bankkunden in Umlauf zu bringen, sorgte zudem für die Belebung der Wirtschaft und damit für einen merklichen Aufschwung in Frankreich.

Die Scheine wurden zum offiziellen Zahlungsmittel und zur Begleichung von Steuerschulden akzeptiert. Die Münzen, welche die Bank von den Sparern erhielt, investierte sie in Landvermögen, das zusätzlich als Deckung verwendet werden sollte. Um weitere Landreserven zugänglich zu machen, gründete John Law schließlich die Mississippi-Gesellschaft,[6] welche in der Neuen Welt das Land zwischen den Appalachen und den Rocky Mountains in Louisiana erschließen sollte. Die neu gegründete Gesellschaft sollte eine große Zahl Aktien ausgeben, um die Expeditionen dorthin zu finanzieren. Die Aktienspekulation und das Ausmaß des ungedeckten Papiergeldes erreichten im Jahr 1719 ein ungeahntes Ausmaß. Weniger als ein Zehntel des Papiergeldes war durch solide Werte gedeckt. Dieses System endete 1720 in einem Fiasko.

Beobachtbar ist, das historisch zumeist die Herrschenden – ob jetzt der Adel, der Klerus oder demokratisch gewählte Regierungen – Emittenten der Zahlungsmittel waren. Sie sorgen seit jeher dafür, dass dem Geld buchstäblich ihr Stempel aufgedrückt wird, um ihren monetären Hoheitsanspruch geltend zu machen und den Bürgern den engen Zusammenhang zwischen Geld und Macht vor Augen zu halten.

5.2.2 Gold- und Dollarbindung

Als Ende des 19. Jahrhunderts Silber für die Münzprägung knapp geworden war, einigte man sich auf der von Napoleon, dem III., einberufenen Internationalen Währungskonferenz 1867 darauf, als wertbeständigen Währungsstandard Gold zu wählen. Das hieß, dass jede Banknote zu einem festen Wechselkurs in Gold eingetauscht werden konnte. Dieser Beschluss sollte auch eine Garantie für ein international stabiles Zahlungssystem sein. Es durfte immer nur so viel Papiergeld gedruckt werden, wie Goldreserven vorhanden waren.

Die Vorteile des Goldstandards sind bei strikter Einhaltung der Goldparität eine Vermeidung jeglicher Inflation. Der offensichtliche Nachteil ist, dass bei Vergrößerung der gesamtwirtschaftlichen Gütermenge nicht mit einer Ausweitung der Geldmenge reagiert werden kann. Dies führt zwangsläufig zur Deflation.

Während der Weltwirtschaftskrise der 30er Jahre band die Goldpreisbindung des Dollars der Federal Reserve[7] im ungünstigsten Augenblick die Hände, denn sie hinderte die Zentralbank daran, unbegrenzt Geld zu schöpfen, um die Abneigung der in Schockstarre verharrenden Geschäftsbanken gegen die Vergabe von Krediten auszugleichen. Diese Beschränkung verschärfte den Abschwung. Am 4. April 1933 ließ Präsident Roosevelt

---

[6] https://de.wikipedia.org/wiki/John_Law (Abruf: 15.10.2015).
[7] Das Federal Reserve System oft auch Federal Reserve oder kurz Fed (auch FED, obwohl es sich nicht um ein Akronym handelt) genannt, ist das Zentralbank-System der Vereinigten Staaten, das allgemein auch US-Notenbank genannt wird, https://de.wikipedia.org/wiki/Federal_Reserve_System, (Abruf: 21.02.2016).

den Bürgern der USA mit der Executive Order 6102 den Besitz von Gold verbieten und konfiszierte es.

Vom 1. bis zum 22. Juli 1944 fand in New Hampshire, USA, die Konferenz von Bretton Woods[8] statt. Diese endete mit einem Abkommen der 44 Teilnehmerstaaten: Der goldgedeckte US-Dollar sollte die neue Leitwährung werden, die anderen Währungen sollten jeweils fixe Wechselkurse zum Dollar einhalten, um so Devisenspekulationen zu bremsen und wieder Stabilität zu schaffen. Alle Zentralbanken waren den anderen Zentralbanken gegenüber verpflichtet, die Währung gegen Gold zu einem festen Kurs von 35 US-Dollar pro Feinunze einzutauschen. Zur Aufrechterhaltung dieser Regeln wurden damals auch die Institutionen Weltbank und Internationaler Währungsfonds (IWF) gegründet. Wirtschaftliche Turbulenzen, wie die Große Depression, sollten nie wieder zu einer Katastrophe wie dem Zweiten Weltkrieg beitragen.

Bereits Ende der 50er Jahre hatten sich im Ausland hohe Dollarbestände angesammelt, die nicht mehr durch die US-Goldbestände gedeckt werden konnten. In den 60er Jahren bereitete dann der flexible Goldpreis massive Probleme, sodass 1971 von Richard Nixon mit den berühmten Worten „*I am now a Keynesian in economics*"[9] das Bretton-Woods-Abkommen aufgekündigt wurde. Es erfolgte der Übergang zu flexiblen Wechselkursen. Argumentiert wurde diese Aufhebung auch damit, dass die Geldpolitik nicht mehr in das Zwangskorsett von Goldproduktion und Golderwerb eingepresst werden soll.

Die Folgen waren und sind weitreichend: Jeder Staat konnte jetzt selbst über das Ausmaß der Geldmenge auf seinem Binnenmarkt entscheiden. Gleichzeitig konnten die Banken ihr Kreditgeschäft nun auf die Weltwirtschaft ausweiten, womit der Boden für die Globalisierung der Finanzen, ja, sogar der Weltwirtschaft bereitet war, dadurch entstanden in der Folge multinationale Bankriesen.

5.2.3 Schaffung von Buchgeld (auch Giralgeld)

Bereits 1876 hatte die neugegründete Reichsbank im Deutschen Reich den bargeldlosen Zahlungsverkehr eingeführt:[10] Eingehende Schecks und Überweisungen wurden in der Bank gesammelt. Da alle Kreditinstitute ein Konto bei der Reichsbank hatten, trafen sich die Boten der verschiedenen Kreditinstitute regelmäßig und verrechneten die Beträge untereinander. Die Beträge wurden damals in Kontenbüchern niedergeschrieben. Daher stammt auch die Bezeichnung Buchgeld. Heutzutage wird das Buchgeld elektronisch gespeichert und verwaltet. In den entwickelten Wirtschaften wird mit Bargeld nur mehr ein kleiner Teil der Verbindlichkeiten bezahlt. Der größte Teil des Finanzsystems besteht aus Buchgeld.

---

[8] https://de.wikipedia.org/wiki/Bretton-Woods-System (Abruf: 15.10.2015).
[9] http://www.ontheissues.org/Celeb/Richard_Nixon_Budget_+_Economy.htm, Richard Nixon on Budget & Economy (Abruf: 02.01.2016).
[10] Deutsche Währungsgeschichte, https://de.wikipedia.org/wiki/Deutsche_W%C3%A4hrungsgeschichte (Abruf: 02.01.2016).

Wobei Buchgeld auf zwei unterschiedliche Arten entstehen kann:[11]

- durch Einzahlung von Bargeld auf ein Bankkonto und
- durch Ausgabe eines Kredites, bei Gutschrift des Kredites auf dem Konto des Bankkunden (Sichteinlagen).

Buchgeld entsteht dabei ausschließlich bei den Geschäftsbanken und macht inzwischen einen Großteil der im Umlauf befindlichen Geldmenge aus.

Beispielsweise waren von einer US-Dollar-Gesamtgeldmenge 2010 (M2: Bargeld, Sichteinlagen, Sparguthaben) von ungefähr 10,9 Bio. US-Dollar nur 2,7 Bio. US-Dollar Zentralbankgeld,[12] die Gesamtgeldmenge der Eurozone betrug 2010 ungefähr 12,3 Bio. Euro, wovon weniger als 1 Bio. Euro Zentralbankgeld darstellte.[13]

Die Buchgeldschöpfung ist nur dadurch beschränkt, dass die Geschäftsbanken einen bestimmten Prozentbetrag der Kreditbeträge, die sie gewähren, als Guthaben bereithalten müssen (Mindestreservehaltung).

In der modernen Geldverfassung findet die Geldschöpfung durch die Zentralbank (Zentralbankgeld) oder das Bankensystem (Giralgeld) statt. Die Verwendung gesetzlicher Zahlungsmittel bietet dem Schuldner die Gewähr nicht in Verzug zu geraten.[14]

Eine Fiatwährung ist jedes gesetzliche Zahlungsmittel, dass durch zentrale Behörden ausgegeben wird, und dass die Menschen bereit sind, im Austausch für Waren und Dienstleistungen zu akzeptieren. Es ist Geld, bei dem seitens des Emittenten keinerlei Einlöseverpflichtung gegenüber einer anderen Währung (oder in einen Rohstoff, z. B. in Gold oder Silber) besteht. Die Akzeptanz ist einzig und allein durch gesetzliche Vorschriften geregelt und basiert alleine auf Vertrauen zu Zentralbanken bzw. Regierungen.

Heutiges Zentralbankgeld, wie beispielsweise Euro oder US-Dollar, ist Fiatwährung.

Im Gegensatz dazu versteht man unter *virtuellen* Währungen nicht gesetzlich reguliertes, digitales Geld, das ausgegeben und in der Regel von seinen Entwicklern gesteuert wird. Verwendet und akzeptiert wird es von den Mitgliedern von virtuellen Gemeinschaften (vgl. Abschn. 5.6.2).[15]

---

[11] https://de.wikipedia.org/wiki/Buchgeld (Abruf: 15.10.2015).
[12] Definition von Zentralbankgeld: Die Zentralbankgeldmenge besteht nach allgemeiner Festlegung aus den Zahlungsmitteln, die die Zentralbank geschaffen hat. Hierzu gehören Noten und Sichtguthaben (Bankguthaben, über die jederzeit verfügt werden kann, entnommen von http://www.wirtschaftslexikon24.com/d/zentralbankgeldmenge-zbgm/zentralbankgeldmenge-zbgm.htm, letzter Abruf: 28.07.2015).
[13] Michael Schemmann, Deutschlands Geld-Illusion: Monetative Reform oder Bankpleiten. Eigenverlag, 2013, S. 95.
[14] Springer Gabler Verlag (Hrsg.), Gabler Wirtschaftslexikon, Stichwort: Geld, online im Internet: http://wirtschaftslexikon.gabler.de/Archiv/1597/geld-v8.html (Abruf: 09.09.2015).
[15] Virtual Currency Schemes, October 2012, European Central Bank, Eurosystem (online).

5.3 Die historische Entwicklung der Geldtheorien

> Der Streit um den Geldbegriff zählt nicht gerade zu den erfreulichen Abschnitten der Geschichte unserer Wissenschaft. (L. von Mises)

Auf keinem Gebiet der Volkswirtschaftslehre zeigen sich die grundverschiedenen Auffassungen der verschiedenen volkswirtschaftlichen Paradigmen ausgeprägter als auf dem Gebiet der Geldtheorie und -politik. Während die Theorien der Klassik und Neoklassik grundsätzlich davon ausgehen, dass Geld, bezogen auf die realwirtschaftlichen Vorgänge, zumindest längerfristig neutral ist, gehen Keynesianer davon aus, dass ökonomische Prozesse gerade durch Geld initiiert und gesteuert werden, sodass die Vorstellung von der Neutralität des Geldes ein adäquates Begreifen der Strukturen und Prozessabläufe in *Geldökonomien* nicht nur erschwert, sondern definitiv verhindert.[16]

5.3.1 Metallismus vs. Chartalismus

Obwohl bei Platon keine ausgearbeitete Geldtheorie nachzuweisen ist, lassen seine geldpolitischen Richtlinien – z. B. seine Abneigung gegen den Gebrauch von Gold und Silber oder seine Idee einer heimischen Währung, die im Ausland wertlos wäre – erkennen, dass er davon ausging, dass der Wert des Geldes von seiner stofflichen Substanz unabhängig sei. Aristoteles hingegen vertrat genau die entgegengesetzte Theorie.

Diese unterschiedlichen philosophische Sicht auf die Natur des Geld, die offensichtlich auch Aristoteles und Platon schon teilten, wird heute unterteilt in Metallismus und den Chartalismus.[17]

Die metallistische Denkschule betrachtet das Geld lediglich als Wirtschaftsgut, als gegebenes Gut, das seinen eigenen inhärenten Wert besitzt. Die Anhänger dieser Theorie glauben, dass Gemeinschaften bestimmte Güter zu allgemein anerkannten Werteinheiten für den wirtschaftlichen Austausch bestimmen, um den mühsamen Tauschhandel zu überwinden.

Metallisten halten fest,

- dass Geld als Tauschware generell akzeptiert werden muss und
- alle Güter, die als Tauschware generell akzeptiert werden, Geld genannt werden sollten.

---

[16] Michael Heine, Hansjörg Herr, Das Eurosystem: Eine paradigmenorientierte Darstellung und kritische Würdigung der europäischen Geldpolitik, Auftragsstudie der GUE/NGL-Fraktion des Europäischen Parlaments, Februar 2001.

[17] Georg Friedrich Knapp (* 7. März 1842 in Gießen; † 20. Februar 1926), Professor der Nationalökonomie und Rektor an der Universität Straßburg und Autor des Buches „Staatliche Theorie des Geldes" (erschienen 1905), gilt als Begründer des Chartalismus.

Geld ist demnach eine *Kreatur des Marktes*: ein knappes Gut, welches die Transaktionskosten des Tauschhandels überwinden hilft.[18] Diese *metallistische* Sichtweise beruht auf der Vorstellung, dass eine Währung ein greifbares Material sein oder zumindest durch ein solches Material besichert sein sollte. Diese Vorstellung von einer Währung dient auch häufig als Kritik an der expansiven Geldpolitik der Zentralbanken. Sie wird vor allem von Anhängern des Goldes und Befürwortern des Hartgelds in der sogenannten Österreichischen Schule verfochten, einer Gruppe von Volkswirten, deren Theorien in der Finanzkrise 2008 eine Renaissance erlebten und häufig auch im Zusammenhang mit dem Bitcoin-System genannt werden.

Dabei wird einerseits aber die offensichtliche Fähigkeit des Geldes außer Acht gelassen, die positive Entwicklung von Zivilisationen voranzutreiben.

Und andererseits bleibt offen, wieso Geld heute zumindest in den entwickelten Ländern auch noch eine relativ stabile Kaufkraft hat, obwohl man zunehmend (und bald nur noch) digital bezahlt und die Golddeckung längst aufgehoben wurde.

Bei der zweiten Denkschule handelt es sich um die Chartalisten. Die Chartalisten nannten sich lange Anti-Metallisten, weil sie sich der metallistischen Betrachtung widersetzten, jedoch keine eigene positive Theorie von der Natur von Geld hatten. Doch wenn sich der Wert des Geldes nicht durch seinen Güterwert bestimmt, weshalb sind Produzenten sonst bereit, ihre Produkte gegen Geld zu tauschen?

Die Lösung der Chartalisten ist, dass der Wert des Geldes

- einerseits aufgrund seiner sozialen Akzeptanz und – andererseits –
- durch den Staat und seine Gesetze zustande kommt.

Der Finanzhistoriker Felix Martin bezeichnet in seinem Buch *Geld, die wahre Geschichte*[19] Geld als soziale Technologie und weist in seinem Buch nach, das die heutige metallistische Sicht auf das Geld, die erst rund 200 Jahre alt ist, Mitschuld an der Finanzkrise 2008 ist. Ursprünglich war Geld nichts anderes als ein greifbares Symbol für ein Schuldverhältnis zwischen verschiedenen Parteien und ein universelles Maß für wirtschaftliche Werte. Als solches war es letztlich ein Mittel, um wirtschaftliche Vorgänge zu organisieren – ein Mittel, das immer wieder von der Gesellschaft verhandelt werden kann und muss. In seiner Alternativgeschichte des Geldes zeigt Felix Martin, welche fatalen Folgen es hatte, als sich im 18. Jahrhundert die moderne Auffassung vom Geld als Wirtschaftsgut durchsetzte. Nach Felix Martin ist Geld das System von Kreditkonten und ihrer Verrechnung, welches die Währung lediglich repräsentiert. Was auch immer Menschen akzeptieren, um gegenseitig ihre Schulden zu tilgen, wird Geld.

Daher wird die Bedeutung von Märkten und Knappheit von Chartalisten kleiner gewichtet, die Wichtigkeit von integrierten Gesellschaften und staatlicher Hoheit viel höher. Fortgeschrittene Gesellschaften entwickelten immer schon Zahlungssysteme, mit denen

---

[18] Moderne Monetäre Makroökonomie. Zugegriffen: 15. Oktober 2015. http://tracksofthoughts.blogspot.co.at/2010/03/theoriengeschichte-des-geldes.html (Abruf: 09.09.2015).
[19] Felix Martin, Geld, die wahre Geschichte. Deutsche Verlags-Anstalt; 2. Edition (29. April 2014).

gesellschaftliche Schulden getilgt werden konnten. Der Staat ist hier vor allem entscheidend, weil er von seinen Bürgern Steuern verlangt. Die Währung, mit der die Steuerschuld beglichen werden soll, wird dabei vom Staat vorgeschrieben, weshalb diese Währung zum allgemeinen Standard wird.

Wenn der Staat Schweizer Franken akzeptiert, so wird die soziale Akzeptanz institutionalisiert, wodurch der Schweizer Franken zur „harten" Währung wird. Aus der Sicht der Chartalisten kann der Staat „auf Knopfdruck" Geld herstellen, da er in der Position ist, Geld auszugeben, bevor es mit Steuereinnahmen verdient wurde.

Innerhalb des Privatsektors wird Staatsgeld deshalb als Nettovermögen betrachtet, ohne korrespondierende Schuld. Dieses Geld des Staates wird sodann in den Geschäftsbanken als Reserve hinterlegt, welche sodann Kredite vergeben können.

Diese Gruppe geht von unausgesprochenen, die ganze Gesellschaft umfassenden Vereinbarungen aus, die den unablässigen monetären Austausch sowie Aufnahme und Tilgung von Krediten ermöglichen. Die Währung ist für die Chartalisten lediglich der Gutschein oder das Symbol, das im Mittelpunkt dieses komplexen Systems steht. Diese Vorstellung vom Geld ist natürlich attraktiv für Ökonomen, die glauben, dass die Politik die Wirtschaft gestalten sollte bzw. muss, um die Gesellschaft zu verbessern.

5.4 Entwicklung der Geldtheorien

Die Geschichte der Geldtheorie zeigt am besten die Entwicklung der Bedeutung, die der Geldpolitik auf die wirtschaftlichen Parameter der Volkswirtschaften über die letzten Jahrzehnte zugemessen wurde:[20]

5.4.1 Klassische Geldtheorie

Die Phase der klassischen Geldtheorie währte von etwa 1800 bis 1936. Das wesentliche Merkmal der klassischen Geldtheorie war die Annahme, dass der güterwirtschaftliche (reale) und der geldwirtschaftliche (monetäre) Sektor der Volkswirtschaft voneinander unabhängig waren (klassische Dichotomie von realem und monetärem Sektor). Geld hatte nach Auffassung der Klassiker lediglich die Aufgabe, den Tausch von Gütern und Dienstleistungen zu vereinfachen (Tauschmittelfunktion des Geldes entspricht der metallistischen Sichtweise). Folglich bestand die Geldpolitik damals auch im Wesentlichen darin, Banknoten auszugeben und die Umtauschbarkeit der Banknoten in Gold (oder Silber) zu gewährleisten.

Die klassische Quantitätstheorie des Geldes war ein Resultat dieser Sichtweise. Sie besagt, dass sich eine Veränderung der umlaufenden Geldmenge direkt proportional auf das gesamtwirtschaftliche Preisniveau auswirkt, während das reale gesamtwirtschaftliche Einkommen (der um Preisveränderungen bereinigte Wert aller produzierten Güter und

---

[20] https://de.wikipedia.org/wiki/Geldtheorie (Abruf: 11.09.2015).

Dienstleistungen) vollkommen unabhängig von Höhe und Veränderung der umlaufenden Geldmenge ist (Dichotomie des Geldes).

5.4.2 Keynesianische Geldtheorie

Der britische Ökonom John Maynard Keynes (1883–1946) unternahm 1936 mit der Veröffentlichung der *Allgemeinen Theorie der Beschäftigung, des Zinses und des Geldes*[21] den Versuch, die in der Weltwirtschaftskrise der 1930er Jahre in einem bis dahin unvorstellbarem Ausmaß zu beobachtende Arbeitslosigkeit zu erklären. Keynes wollte mit dieser Theorie seine Kollegen von der Notwendigkeit einer grundlegend neuen makroökonomischen Wirtschaftstheorie überzeugen, als deren Konsequenz der Staat im Gegensatz zur Laissez-faire-Marktwirtschaft eine entscheidende wirtschaftspolitische Rolle spielen sollte. Seine Ideen legten den Grundstein des heutigen Keynesianismus und wurden seither von Ökonomen dieser Schule weiterentwickelt. Keynes bezeichnete den Goldstandard 1923 als barbarisches Relikt[22] und befürchtete, dass die Rückkehr zum Goldstandard zu den Vorkriegsparitäten in allen Ländern Konjunktur und Arbeitsplätze gefährde, wovor er immer wieder warnte.

5.4.3 Neoklassische Geldtheorie

Der wichtigste Vertreter der Weiterentwicklung der Keynesianischen Geldtheorie ist John Richard Hicks (1904–1989). Die neoklassische Geldtheorie erweiterte die klassische Sichtweise durch zusätzliche Berücksichtigung der Wertaufbewahrungsfunktion. Die Formalisierung bildete die Grundlage für die keynesianische orientierte Geld- und Fiskalpolitik der 50er und 60er Jahre. Der Metallismus stellte zwar damals noch immer das Fundament der neoklassischen Geldtheorie dar, jedoch definierten die Neoklassiker Geld seit dem berühmten Satz von Hicks (money is what money does) nur noch anhand seiner Funktionen: 1. Wertaufbewahrungsmittel, 2. Zahlungsmittel und 3. Wertmaßstab.

5.4.4 Monetarismus

Der Begriff Monetarismus steht für eine wirtschaftstheoretische und wirtschaftspolitische Konzeption, die in den 60er und 70er Jahren vor allem von Milton Friedman (1912–2006) als Gegenentwurf zum nachfrageorientierten Keynesianismus[23] entwickelt wurde. Mone-

---

[21] https://de.wikipedia.org/wiki/Allgemeine_Theorie_der_Besch%C3%A4ftigung,_des_Zinses_und_des_Geldes (Abruf: 11.09.2015).
[22] John Maynard Keynes: The Return to the Gold Standard In: Essays in Persuasion. W. W. Norton & Company, 1991, S. 208.
[23] https://de.wikipedia.org/wiki/Monetarismus (Abruf: 15.10.2015).

taristen sehen in der Regulierung der Geldmenge die wichtigste Stellgröße zur Steuerung des Wirtschaftsablaufes: *Money matters*. Als das Hauptwerk von Milton Friedman wird das 1963 erschienene *A Monetary History of the United States 1867–1960,* das er mit der Ökonomin Anna Schwartz verfasste, angesehen. Darin beschrieb Friedman die großen Auswirkungen der Geldmengenänderung auf Konjunkturzyklen und bestritt damit die keynesianischen Erklärung der Weltwirtschaftskrise. Diese ist nach Friedman nicht auf die Instabilität des privaten Sektors, sondern auf die Geldmengenreduktion des Federal Reserve-Systems zurückzuführen. Eine zu starke Ausdehnung der Geldmenge ende in einer Inflation, eine zu starke Bremsung des Geldmengenwachstums in einer Deflation. Kurzfristige Eingriffe des Staates zur punktuellen Steuerung der Wirtschaft werden abgelehnt. Der Monetarismus geht von einer relativ stabilen Geldnachfrage aus. Konjunkturelle Schwankungen seien weitgehend vermeidbar, wenn die Zentralbank auf eine gleichmäßige Geldmengenausweitung in Höhe der durchschnittlichen langfristigen Wachstumsrate des realen Bruttoinlandsprodukts hinwirkt (Geldmengen-Regel nach Friedman). Der Monetarismus schreibt deshalb den Zentralbanken die Hauptverantwortung für die Preisniveaustabilität zu. Die Zentralbanken, so fordert der Monetarismus, sollen die Expansion der Geldmenge dem langfristigen realen Wirtschaftswachstum anpassen und sich strikt an selbstgesteckte Geldmengenziele halten (Regelbindung).

5.4.5 Neuklassische Geldtheorie

Die neue klassische Makroökonomie, deren bedeutendste Vertreter Robert E. Lucas, Thomas Sargent und Neil Wallace sind, beruht auf dem Konzept der rationalen Erwartungen. Bei rationaler Erwartungsbildung fließen alle verfügbaren Informationen in die Erwartungsbildung ein. Deshalb wird postuliert, dass systematische wirtschaftspolitische Maßnahmen vorhergesehen werden und keine Wirkungen auf die reale gesamtwirtschaftliche Entwicklung hätten. Systematische Geldpolitik, die in vorhersehbarer Weise auf gesamtwirtschaftliche Schwankungen reagiert, hat im Modellrahmen der Neuklassiker keine realwirtschaftlichen Wirkungen (Politik-Ineffektivität), sondern beeinflusst lediglich die Inflationsrate. Realwirtschaftliche Effekte kann die Geldpolitik demnach nur durch überraschend ausdehnende (expansive) oder einschränkende (restriktive) Maßnahmen erzielen.

Die Neuklassiker haben rationale Erwartungen und die mikroökonomische Fundierung in die Makroökonomie eingeführt. Die inhaltlichen Aussagen über die Wirksamkeit der Geldpolitik ließen sich jedoch nicht aufrechterhalten, insbesondere weil die tatsächlichen Märkte nicht so flexibel und vollkommen sind, wie es in der Neuklassik unterstellt wurde.

5.4.6 Neukeynesianische Geldtheorie

Die Geldtheorie des Neukeynesianismus[24] verbindet die methodischen Fortschritte des Monetarismus und der Neuklassik mit der Analyse der in der Realität zu beobachtenden Unvollkommenheiten auf diversen Märkten. Man spricht daher auch von einer *Neuen Neoklassischen Synthese*. Für die Geldtheorie bedeutsame Marktunvollkommenheiten sind insbesondere langsame Preisanpassung (rigide Preise), unvollkommener Wettbewerb auf Gütermärkten und asymmetrische Informationen auf Finanzmärkten. Diese Unvollkommenheiten haben einen großen Einfluss auf die gesamtwirtschaftliche Entwicklung:

- Unvollkommenheiten führen im Allgemeinen dazu, dass das Marktergebnis nicht effizient ist. Dies bedeutet, dass es Raum für wohlfahrtssteigernde wirtschaftspolitische Maßnahmen gibt und dass die Geldpolitik nicht wirkungslos ist.
- Unvollkommenheiten verändern die Effekte ökonomischer Schocks auf die gesamtwirtschaftliche Entwicklung. Preisrigidität führt z. B. dazu, dass monetäre Schocks realwirtschaftliche Konsequenzen haben und die klassische Dichotomie von monetärem und realem Sektor nicht gegeben ist.
- Unvollkommenheiten können eine Quelle zusätzlicher Schocks sein. Asymmetrische Information und die damit verbundenen Probleme wirken sich z. B. auf das realwirtschaftliche Gleichgewicht aus.

Die Neukeynesianische Geldtheorie bildet in methodischer Hinsicht die Grundlage für die moderne kurz- bis mittelfristige geldtheoretische Analyse. Sie hat auch die praktische Geldpolitik vieler Zentralbanken nachhaltig beeinflusst. Insbesondere liefert sie eine Erklärung des geldpolitischen Transmissionsprozesses, das heißt der Übertragung geldpolitischer Maßnahmen auf die Gesamtwirtschaft.

5.5 Bedeutung dieser Entwicklungen für die Kryptowährungen

Sowohl die philosophische Spaltung zwischen den Metallisten und den Chartalisten als auch die verschiedenen geldpolitischen Ansätze sind von großer Bedeutung für die Debatte über die Einordnung und die Zukunft der Kryptotransaktionssysteme im momentanen Finanzsystem.

Das Phänomen und das Konzept der Kryptowährungen fasziniert viele Anhänger metallistischer Konzepte, eine von Libertären und Anarchokapitalisten[25] geführte Gruppe, die nicht damit einverstanden ist, das die Geldschöpfung in der ausschließlichen Verantwortung staatlicher Behörden liegt. Sie ignorieren dabei die immaterielle Natur des digitalen Geldes und sehen die Kryptowährungen als knappe Ressource, die, analog zu

---

[24] https://de.wikipedia.org/wiki/Geldtheorie (Abruf: 15.10.2015).
[25] http://tracksofthoughts.blogspot.co.at/2010/03/theoriengeschichte-des-geldes.html (Abruf: 11.09.2015).

5.5 Bedeutung dieser Entwicklungen für die Kryptowährungen

Gold, geschürft und gehortet werden muss und dessen mathematisch nachweisbar endliches Angebot die Gewähr dafür ist, dass der Wert dieser Kryptowährungen steigen wird.

Viele andere Anhänger der Kryptowährungen, Technologiefreaks, aber auch Unternehmer, die massive Mängel in dem derzeit bestehenden Finanzsystem sehen, sind jedoch de facto Chartalisten. Sie machen sich weniger Gedanken über die Attraktivität des digitalen Gelds als Wertspeicher, sondern konzentrieren sich auf die Kapazität des zugrunde liegenden Computernetzes, jene Vertrauensregeln neu zu definieren, deren sich die Gesellschaft bedient, um Transaktionen des Geschäftsverkehrs durchzuführen. Sie betrachten das Geld als soziales System und als System zur Begleichung und Aufzeichnung von Schulden.

5.5.1 Vertrauen als Grundelement auch für moderne Geldsysteme

> Weil bei Bitcoin die Zentralbank durch Mathematik ersetzt wird, gibt es dort niemanden, den man unter Druck setzen könnte, und auch nicht mehr diese Geneigtheit, Regierungen über das Drucken von Geld zu finanzieren. (Mike Hearn)

Vertrauen in Papiergeld beruhte ursprünglich darauf, dass es von jedermann jederzeit in Münzgeld umgetauscht werden konnte. Dieses Vertrauen war durch ursprünglich ausreichende Bestände an Münzgeld in den Schatzkammern der Herrscher begründet. Die verbale Zusicherung des Umtauschs in Münzgeld wurde auf der Banknote meist in Textform bekräftigt. Im Laufe der Jahrhunderte entkoppelten sich Material und Wert der Münzen immer weiter. Diese Entkoppelung begann mit der Aufhebung der Bindung des US-Dollars an Gold 1971 und erreicht ihren Höhepunkt mit der auf die Mindestreservehaltung beschränkten Schaffung des Buchgeldes durch die Geschäftsbanken.

Moderne Geldverfassungen in den entwickelten Ländern zeichnen sich momentan durchgängig durch folgende Charakteristiken aus:[26]

- Das Monopol der Geldproduktion ist zentralisiert.
- Diese zentralen Behörden (meist Zentralbanken) sind durch keine Deckungsvorschriften an irgendwelche Substanzwerte gebunden.

Doch allzu oft wurde dieses Vertrauen inzwischen zerstört. In einer für den Internationalen Währungsfonds (IMF – International Monetary Fund) zusammengestellten Datenbank wurden zwischen 1970 und 2007 124 Bankenkrisen, 326 Währungskrisen und 64 Staatsverschuldungskrisen auf nationaler Ebene gezählt.[27]

---

[26] Springer Gabler Verlag (Hrsg.), Gabler Wirtschaftslexikon, Stichwort: Geld, online: http://wirtschaftslexikon.gabler.de/Archiv/1597/geld-v8.html (Abruf: 20.09.2015).
[27] Größere Finanzkrisen seit 1970, veröffentlicht auf dem Blog für politische Bildung am 25. 9. 2010 http://www.bpb.de/nachschlagen/zahlen-und-fakten/globalisierung/52625/finanzkrisen-seit-1970 (letzter Abruf: 21.08.2015).

Die weitaus meisten Finanzkrisen in den 70er und 80er Jahren haben in den ökonomisch sich entwickelnden Staaten stattgefunden, oft als Währungskrisen, in deren Verlauf feste Wechselkurse zusammenbrachen und in der Folge massive Kapitalabflüsse stattfanden. Aber auch in den ökonomisch entwickelten Staaten gab es bereits vor der großen Finanzkrise 2008 krisenhafte Ereignisse mit erheblichen Folgen, so etwa in den 90er Jahren in Schweden, Norwegen und Japan.

Bei einigen Krisen kam es zu Kreditausfallraten von mehr als 75 % (Benin 1988, Kirgisien 1995, Nigeria 1991), zur Reduzierung der Steuereinnahmen um mehr als die Hälfte (Argentinien 1980, Indonesien 1997) und zu Wachstumsverlusten (im Vergleich zum Vorkrisenniveau) von mehr als 90 % (Chile 1981, Kamerun 1987, Niger 1983, Thailand 1997). Nicht selten dehnte sich eine Krise regional aus – so z. B. in Lateinamerika in den 70er und 80er Jahren oder bei der Asienkrise 1997/1998.[28]

In den Jahren vor der globalen Finanzkrise 2008 gab es vergleichsweise wenige Krisen. Ein maßgeblicher Grund dafür war das der Monetarismus (vgl. Abschn. 5.4.4) massiven Einfluss gewann. Man also davon ausging, dass mit der Kontrolle der Geldmenge jeglicher Goldstandard überflüssig ist, Inflation eingedämmt werden kann und Wirtschaftswachstum erreicht werden konnte.

Dieses übermäßige Vertrauen in die Funktionsweise der Finanzmärkte resultierte in einer weltweiten Liberalisierung der Finanzmärkte:

Den Anfang machte US-Präsident Ronald Reagan, der 1982 die regionalen Sparkassen von staatlichen Vorschriften befreite und Banken erstmals erlaubte, Darlehen mit variablen Zinsen zu vergeben.[29]

Bill Clinton deregulierte die US-Bankenlandschaft weiter. 1994 hob er die Beschränkungen, die US-Banken bei ihrer regionalen Expansion hatten, auf. Fünf Jahre später wurde auch die gesetzliche Trennung zwischen Geschäfts- und Investment-Banken, die nach der großen Depression in den 30er Jahren eingeführt worden war, abgeschafft. Unter George W. Bush gestattete die US-Wertpapieraufsicht im Jahr 2004 Investmentbanken zudem, ihre Geschäfte unbegrenzt auf Kredit zu finanzieren. Parallel dazu kam es zu einer Liberalisierung des internationalen Kapitalverkehrs – erwähnt sei die Aufhebung aller Kapitalverkehrskontrollen im Kernbereich der Europäischen Union im Jahr 1990.[30]

---

[28] http://www.bpb.de/nachschlagen/zahlen-und-fakten/globalisierung/52625/finanzkrisen-seit-1970 (Abruf: 11.09.2015).
[29] Für ein solidarisches Europa, Für ein Europa der Arbeitnehmerinnen & Arbeitnehmer, Positionspapier und Diskussionsbeiträge zu Europa ver.di Bezirk Berlin https://gotthardkrupp.files.wordpress.com/2012/08/diskussionspapier-fr-ein-soziales-europa.pdf, S. 26 (Abruf: 11.09.2015).
[30] Politik und Gesellschaft Online, International Politics and Society 1/1998, Wolfgang Filc, Mehr Wirtschaftswachstum durch gestaltete Finanzmärkte, Nationaler Verhaltenskodex und internationale Kooperation, http://www.fes.de/ipg/artfilc.html (Abruf: 02.01.2016).

5.5 Bedeutung dieser Entwicklungen für die Kryptowährungen

Diese Deregulierung seit Beginn der 80er Jahre weist zusammenfassend folgende charakteristischen Elemente auf:[31]

1. Globalisierung: Der Regulierungsabbau an Finanzmärkten sowie Fortschritte in den Kommunikationstechnologien haben ebenso wie der Rückgang des Einflusses außermarktmäßiger Institutionen auf Finanzvorgänge einen Internationalisierungsprozess ausgelöst. Diese Globalisierung der Finanzmärkte erlaubt eine bessere Allokation des Kapitals im internationalen Rahmen, senkt die Kosten von Finanzdienstleistungen und bietet neue Möglichkeiten für die Absicherung von Risiken. Dabei expandierten die zwischenstaatlichen Finanztransaktionen weitaus stärker als der internationale Leistungsaustausch. In Deutschland haben sich von 1960 bis 1990 Importe und Exporte von Waren und Dienstleistungen zusammengenommen vervierzehnfacht, während Kapitalimporte und Kapitalexporte des privaten Sektors um den Faktor 30 gestiegen sind.
2. Ausdünnung der Bankenaufsicht: Das rapide Wachstum der Finanzierung an internationalen Märkten ging zulasten der nationalen monetären Märkte: Die Finanzierung in Offshore-Finanzzentren expandiert seit Mitte der 70er Jahre mit einer durchschnittlichen Jahresrate von 18 v. H., an nationalen Finanzmärkten mit 10 v. H. Die daraus resultierenden Probleme sind vor allem, dass sich internationale Finanzmärkte der Kontrolle von Zentralbanken und nationalen Bankenaufsichtsbehörden entziehen.
3. Zunehmende Spekulation: Es kommt zu einer Entkoppelung der Entwicklung der Realwirtschaft von der Entwicklung auf den Finanzmärkten und zu einer massiven Umverteilung des gesellschaftlichen Reichtums von den Löhnen zu den Kapitaleinkünften.
4. Ausdünnung der Risikokontrolle: An internationalen Finanzmärkten nimmt das Gewicht der Wertpapierfinanzierung zulasten von Bankkrediten zu. Banken ziehen sich dabei aus der Funktion des Sammelns und Weiterleitens von Mitteln zurück und beschränken sich auf die Vermittlung von Gläubiger-Schuldner-Beziehungen zwischen Nichtbanken. Dadurch entfallen Bonitätsprüfungen.
5. Erhöhte Volatilität: Die Entwicklung von Finanzmarktpreisen ist viel weniger berechenbar geworden. Die Volatilitäten von Zinsen, Wertpapierkursen und Wechselkursen steigen.
6. Finanzderivate: Seit Mitte der 80er Jahre entstehen vermehrt neue Finanzinnovationen, in denen vor allem mit Gütern, Wertpapieren und Devisen der Zukunft gehandelt wird. Insbesondere Finanzderivate verbinden verschiedene Segmente der Finanzmärkte, national wie international. Zudem wurde durch neue Handelstechniken und gesunkene Transaktionskosten der Zugang von Nichtbanken zu Devisenmärkten erleichtert und verbilligt. Das lädt zu Wetten gegen Währungen ein. Das Volumen der ausstehenden Kontrakte in Finanzderivaten allein an den außerbörslichen Märkten betrug Anfang 1995 rund 40 Bio. US-Dollar.

---

[31] Für ein solidarisches Europa, Für ein Europa der Arbeitnehmerinnen & Arbeitnehmer, Positionspapier und Diskussionsbeiträge zu Europa ver.di Bezirk Berlin https://gotthardkrupp.files.wordpress.com/2012/08/diskussionspapier-fr-ein-soziales-europa.pdf, S. 27 (Abruf: 11.09.2015).

All diese Entwicklungen resultierten in der globalen Finanzkrise 2008 – der größten Finanzkrise seit 1929, mit geschätzten globalen Kreditverlusten von 1,3 Bio. US-Dollar (das sind rund 2 % vom Welt-Bruttoinlandsprodukt, Verluste bei Kredit- und Wertpapiergeschäften in den USA allein 3,6 Bio. US-Dollar, Einbrüche bei DAX 40 %, Dow-Jones 36 % und Eurostoxx 43 %)[32]. Die Finanzkrise hat dazu geführt, dass die intermediäre Funktion der Geld- und Finanzinstitute erheblich beeinträchtigt wurde.

Bis zum Ausbruch der Finanzkrise 2008 waren Notenbanken und viele Makroökonomen überzeugt, dass der Entwicklung des Kreditvolumens in einer Volkswirtschaft keine weitere Bedeutung zukommt. Spätestens seit der Finanzkrise 2008 ist jedoch offensichtlich, dass ein Boom bei Krediten historisch der verlässlichste Einzelindikator für Finanzkrisen ist. In der Amtszeit von Alan Greenspan als Fed-Chef zwischen 1987 und 2006 wuchs die Geldmenge (M3) in den USA um knapp 300 % auf über 10 Bio. US-Dollar.

Wie skeptisch Nakamoto Satoshi den Fiatwährungen gegenüberstand und wie sehr der Schöpfer des Bitcoin-Protokolls die gängigen Vertrauenskonzepte des traditionellen Finanzsystems hinterfragte, wird bei genauerem Studium der Hinterlassenschaften von Nakamoto Satoshi offensichtlich.

In seinem Profil[33] auf dem P2P-Foundation-Forum gab Nakamoto Satoshi als Geburtsdatum den 5. April an, den Tag an dem Präsident Roosevelt im Jahre 1933 den Bürgern der USA mit der Executive Order 6102[34] den Besitz von Gold verbieten ließ, dieses konfiszierte und die US-Bürger damit in die Akzeptanz der von der privatwirtschaftlichen Zentralbank geforderten, beliebig vermehrbaren Fiatwährung zwang. Zusätzlich hat Nakamoto in den ersten von ihm „geschöpften" Block des Bitcoin-Systems (Genesis Block) als Zeitstempel, die Schlagzeile der Londoner Times desselben Tages *Chancellor on brink of second bailout for banks* (Schatzkanzler kurz vor dem zweiten Bailout für die Banken) im Script dokumentiert.

Viele Bitcoin-Enthusiasten sehen in der Veröffentlichung des White Papers vom Nakamoto Satoshi Ende Oktober 2008 (mitten in der Finanzkrise 2008) keinen Zufall und im anschließenden Erfolg des Transaktionssystems vor allem den massiven Vertrauensverlust in das Finanzsystem durch all diese Geschehnisse bestätigt.

Bei Kryptotransaktionssystemen wird das Vertrauen in die zentralen Instanzen sowohl als Aufsichtsorgan als auch als finanz- und geldpolitischer Regulator durch das Vertrauen in einen Computeralgorithmus und damit in die unumstößlichen Gesetze der Mathematik ersetzt. Vor allem aber hat Nakamoto im Bitcoin-Code die Geldmenge auf 21 Mio. bitcoins beschränkt, womit das größte Übel der Fiatwährungen (unendliche Geldschöpfung)

---

[32] Die globale Finanzkrise: Die Ursprünge, Prof. Michael C. Burda, Ph. D. Humboldt-Universität zu Berlin, Vortrag, FU Berlin, 27. Januar 2008 (Abruf: 02.01.2016).
[33] http://p2pfoundation.ning.com/forum/topics/Bitcoin-open-source?commentId=2003008%3AComment%3A55276. (Abruf: 02.01.2016).
[34] https://en.wikipedia.org/wiki/Executive_Order_6102 (letzter Zugriff: 02.01.2016).

verhindert werden soll. Sollte die Mehrheit der Nutzer des Bitcoin-Zahlungssystem entscheiden, diese Geldeinheiten zu erhöhen, so wird es sich um einen Mehrheitsbeschluss der Nutzer handeln und nicht um die einsame Entscheidung einer zentralen Autorität.

5.6 Komplementärwährungen

> Eigentlich ist es gut, dass die Menschen unser Banken- und Währungssystem nicht verstehen. Würden sie es nämlich, so hätten wir eine Revolution vor morgen früh. (Henry Ford)

Auch in der analogen Welt wurde in den letzten Jahrzehnten immer wieder nach alternativen Wertspeichern und Zahlungssystemen gesucht. Dementsprechend gab und gibt es eine hohe Anzahl komplementärer Zahlungs- und Abwicklungssysteme, die zum Teil auf die offiziellen Währungen aufsetzen oder auch ihre eigenen abgeschlossenen Währungsräume bilden.

5.6.1 Alternativwährungen

> Change occurs when there is a confluence of both changing values and economic necessity, not before. (John Naisbitt)

Viele Konzepte oder real ausgeführte Experimente im Bereich der Komplementärwährungen beziehen sich auf den Ökonomen und Sozialreformer Silvio Gesell, der Anfang des letzten Jahrhunderts das *Freigeld* oder *Schwundgeld* als wirksames Mittel zur Stabilisierung regionaler Wirtschaftsräume propagierte.[35] Durch einen eingebauten Wertverlust sollte die Umlaufgeschwindigkeit des Geldes erhöht und die lokale Wirtschaft angekurbelt werden. Der Bezug von *leistungslosem* Einkommen über Zinsen und die Neigung zur Geldhortung sollten dadurch erstickt werden. Die meisten praktischen Versuche, solche Systeme zu installieren – der berühmteste fand 1932/1933 in Wörgl/Tirol statt und konnte tatsächlich die Folgen der Weltwirtschaftskrise lokal abfedern – waren jedoch nicht nachhaltig.

Auch Bernard Lietaer schlägt in seinem bekannten Buch *The Future Money*[36] aus dem Jahr 2002 als Lösung für die – seiner Meinung nach – vor allem durch das bestehende Finanzsystem bedingten globalen ökonomischen, sozialen und ökologischen Krisen ebenfalls die Einführung von Komplementärwährungen vor.

---

[35] Virtuelle Währungen – Pop-up Money, http://www.zukunftsinstitut.de/artikel/virtuelle-waehrungen-pop-up-money/ (Abruf: 02.01.2016).
[36] The Future of Money: Creating New Wealth, Work and a Wiser World, von Bernard Lietaer, Century (17. Januar 2002).

In einem Interview der taz am 4. Juni 2012 hat Bernhard Lietaer[37] seine Lösungsvariante für die Griechenlandkrise diskutiert

▶ taz: Herr Lietaer, was denken Sie über die Eurokrise, kommt sie für Sie überraschend?

Bernhard Lietaer: Ich fürchte, sie war absehbar. Denn der Euro wurde zwar technisch gut vorbereitet, doch man hat sich nie wirklich Gedanken über die Governance, also eine gemeinsame Wirtschafts- und Finanzpolitik, gemacht. Das hat man 30 Jahre schleifen lassen. Das lässt sich nicht mal eben mitten in einer Krise improvisieren.

▶ Das Hauptproblem ist derzeit Griechenland. Müssen die Griechen raus aus dem Euro?

Aber nein, warum denn? Es wäre sogar eine große Dummheit, den Euro ausgerechnet jetzt zu verlassen! Schließlich ist Griechenland schon seit einiger Zeit zahlungsunfähig. Der Ernstfall hat längst stattgefunden, spätestens mit dem Schuldenschnitt im Frühjahr, trotzdem hat Griechenland immer noch den Euro. Außerdem wollen ihn 80 % der Griechen behalten. Nein, was das Land jetzt braucht, ist eine zweite Währung!

▶ Denken Sie an den „Geuro", den der Chefvolkswirt der Deutschen Bank, Thomas Mayer, vorgeschlagen hat? Also eine Art Parallelwährung?

Ja, genau. Mayers Ansatz ist richtig, denn er hat als erster Bankier erkannt, dass es nicht mehr ausreicht, an den Symptomen herumzukurieren. Wir brauchen einen neuen systemischen Ansatz.

▶ Wie könnte der aussehen?

So ähnlich wie Mayers Geuro, aber mit einem entscheidenden Unterschied: Mit der Parallelwährung müssen auch Steuern eingetrieben und bezahlt werden. Denn nur die Steuern verleihen einer Währung ihren Wert.

▶ Seit dem Beginn der Eurokrise diskutieren Experten wieder mehr über die Einführung von Parallelwährungen. Bisher stand meist die Spaltung in einen harten „Nord-Euro" und einen weicheren „Süd-Euro" für die Krisenländer zur Debatte. Im Mai schlug der Chefvolkswirt der Deutschen Bank, Thomas Mayer, vor, Griechenland solle Schuldscheine ausgeben und so eine Parallelwährung namens „Geuro" schaffen. Allerdings ließ Mayer offen, wie und in welchen Bereichen der „Geuro" eingesetzt werden soll. Sie schlagen vor, kommunale Dienstleistungen vom Euro abzukoppeln und durch eine Parallelwährung namens Civic zu finanzieren. Im Gegensatz zum „Geuro" und den meisten anderen Währungen soll

---

[37] Das Land braucht eine Zweitwährung, http://www.taz.de/!5092364/ (Abruf: 15.10.2015).

5.6 Komplementärwährungen

der Civic nicht durch Schulden, sondern durch die Nachfrage der Bürger nach zivilen Diensten begründet werden. Wie kann man sich das praktisch vorstellen?

Nun, nennen wir die neue Währung Civic, das klingt besser als Geuro und deutet an, worum es mir geht – nämlich um Bürgerengagement. Die griechischen Städte und Gemeinden könnten das Recht erhalten, eine nur in Civic bezahlbare Abgabe einzuziehen, also eine Art kommunale Steuer. Um diese neue Währung zu erhalten, müssten die Bürger sich überlegen, was sie an sinnvollen Arbeiten für die Gemeinde tun können. Neue Bäume pflanzen, arbeitslosen Jugendlichen helfen, Fahrräder reparieren – alles ist möglich. Vereine und andere Nichtregierungsorganisationen könnten nützliche Jobs vorschlagen und die Leute dafür in Civic bezahlen. So würde eine soziale Parallelwirtschaft in Gang kommen, die nachfrageorientiert und demokratisch strukturiert wäre.

▶ Klingt gut, aber was wird dann aus dem Euro?

Der Euro bleibt weiter die Währung für die Zentralregierung und die kommerzielle Wirtschaft. Das griechische Budget würde jedoch um all jene Dinge entlastet, die mit dem Civic erledigt werden. Warum sollte man die Hilfe für alte Menschen auf Rhodos für ein Problem der Zentralregierung in Athen opfern? Das ist die entscheidende Frage, der Civic würde sie lösen.

▶ Und was passiert mit den Schulden, die in Euro angehäuft wurden? Kann Griechenland sie jemals zurückzahlen, oder wird man gezwungen sein, Konkurs anzumelden?

Mit einer Zweitwährungsstrategie wäre Griechenland in einer wesentlich besseren Position, um die Euro-Schulden zurückzuzahlen. Das Land könnte sogar die drohende Zahlungsunfähigkeit vermeiden. Der Grund dafür ist, dass die Zentralregierung weiter Steuern in Euro eintreiben würde. Jene Unternehmen, die im internationalen Handel tätig sind, würden weiter Steuern auf ihre Gewinne in Euro zahlen. Andererseits müsste die Zentralregierung einen Großteil des Budgets nicht mehr in Euro finanzieren.

▶ Aber nicht den gesamten Etat?

Es handelt sich um jenen Teil, der derzeit Probleme bereitet: Bildung, öffentliche Verwaltung und alle sozialen Hilfsleistungen. Die harten Kürzungen in diesen Bereichen führen dazu, dass das von Brüssel verordnete Sparprogramm zurückgewiesen wird. Mit dem Civic können die Städte und Regionen diese Programme in Eigenregie übernehmen, statt sie einzustellen, wie es derzeit geschieht. Außerdem könnten sie stärker an die wahrhaft demokratischen Wünsche der Bürger angepasst werden. Außerdem würde der Civic ein keynesianisches Konjunkturprogramm darstellen: Er schafft neue Nachfrage an der Basis – und das ganz ohne Schulden für die Zentralregierung oder die Gemeinden.

▶ Derweil geht die Krise immer weiter, nun hat auch Spanien Probleme ...

Ja, denn Griechenland ist letztlich nur Indikator für ein weit größeres, systemisches Problem. Das gesamte auf Schulden basierte Währungssystem ist auf Dauer zum Scheitern verurteilt. Und das gilt nicht nur für den Euro. Wir haben in den letzten 40 Jahren auf der Welt laut Statistik des Internationalen Währungsfonds schon 425 Wirtschaftskrisen gehabt, darunter 72 Schuldenkrisen. Diesmal trifft es Europa, doch auch die USA sind nicht immun. Wie lange wird der Dollar noch bestehen? Ich stelle mir schon lange diese Frage. Wir müssen endlich die System-Probleme angehen, oder wir werden uns eine blutige Nase holen.

▶ Wie könnte denn eine systemische Lösung aussehen?

Wir brauchen ein neues monetäres Ökosystem, mit kleinen und großen Währungen. Wir brauchen lokale, nationale, europäische und weltweite Zahlungsmittel. Bisher haben wir eine Monokultur. Sobald ein kleines Problem auftaucht, geht alles kaputt, wie wir derzeit am Euro sehen. Es wird daher höchste Zeit, dass die Verantwortlichen über eine systemische Lösung nachdenken.

In der Vergangenheit wurden komplementäre, ergänzende Währungssysteme vor allem – zusätzlich zur staatlichen offiziellen Währung – eingeführt um eine regional abgegrenzte Wirtschaft zu verbessern.

Interessanterweise haben diese Komplementärwährungen meist gemeinsam, dass die drei Grundfunktionen des Geldes – Tauschen, Werte vergleichen und Werte speichern – auf die ersten beiden Funktionen beschränkt sind. Die Funktion des Geldes als Wertspeicher wird bewusst negativ sanktioniert. Durch die dadurch bewirkte Erhöhung der Geldumlaufgeschwindigkeit wird die regionale Wirtschaft am Laufen gehalten.

Nach den Ausführungen im Buch von Christine Koller und Markus Seidl *Geld von gestern: Wie Alternativwährungen und die Shared Economy unser Leben verändern werden*, gibt es zwei Ausprägungen von komplementärem sozialem Geld:[38]

- Währungssysteme, die auf Verrechnungseinheiten basieren: Mit diesen zahlt man innerhalb eines klar abgegrenzten Systems wie mit regulärem Geld. Der Umtausch in die offizielle Währung ist oft eingeschränkt, mit Gebühren verbunden oder ganz unmöglich. Alle bis dato aufgetretenen komplementären Währungssysteme besitzen einen ausgeprägten lokalen bzw. regionalen Fokus. Sie funktionieren insbesondere in Gemeinschaften mit einer überschaubaren Anzahl an Mitgliedern, die ein ähnliches Wertesystem und soziokulturelles Grundverständnis haben. Bewusst soll die soziale Gemeinschaft gestärkt werden. Mit dem Ziel, diese intakt zu erhalten und sich nicht

---

[38] Geld von gestern: Wie Alternativwährungen und die Shared Economy unser Leben verändern werden, Christine Koller, Markus Seidel, FinanzBuchVerlag 2014, Position 1613.

dem Auf und Ab der globalen und oft als feindlich wahrgenommenen Finanzmärkte auszusetzen. Diese alternativen Geldformen sind „rostend". Das heißt, sie verlieren stetig an Kaufkraft. Die Geschwindigkeit des jeweils durch den Negativzins verankerten Kaufkraftverlusts variiert dabei erheblich: Der Chiemgauer zum Beispiel verliert 8 % an Wert pro Jahr, bei anderen alternativen Währungssystemen gibt es grundsätzlich einfach nur keinerlei Sparzinsen auf die Guthaben. Das „Rosten" erfolgt durch die Inflation. Die Funktion der Wertaufbewahrung eines Geldsystems wird bewusst außer Kraft gesetzt. Dadurch soll das Ziel der Umlaufsicherung erreicht werden, den Güter- und Dienstleistungsaustausch innerhalb der Gemeinschaft zu beschleunigen, die Nachfrage zu stimulieren, zu fördern und Arbeitsplätze zu sichern.
- Weiters gibt es zeitbasierte Geldformen, die auf der Annahme fußen, dass die Zeit der Mitglieder der Gemeinschaft, unabhängig von Schicht und Status, immer gleich viel wert ist. Die Idee hierbei ist, dass man für eine Stunde Arbeit, die man für ein Mitglied der Gemeinschaft leistet, auch eine Stunde Arbeit zurückerhält, aber erst, wenn man diese später benötigt, und zwar unabhängig davon, wie viel diese Arbeit im regulären Währungssystem in der Regel wert ist oder war.

Beispiele für erfolgreiche Versuche von Komplementärwährungen sind:

Der oberbayrische Chiemgauer – auch als das deutsche Regiogeld bezeichnet[39]
Chiemgauer können gegen Euro bei Ausgabe- und Rücktauschstellen oder über die sogenannte Regiocard erworben werden. 1 Chiemgauer entspricht 1 Euro. Um den Umlauf zu beschleunigen, verliert die regionale Alternativwährung permanent an Wert, jedes Quartal um 2 %. Weitere 3 % gehen an Vereine und soziale Einrichtungen, immer dann, wenn ein Chiemgauer in Euro zurückgetauscht wird.

Die belgische Regionalwährung RES
4000 Geschäfte und 40.000 Konsumenten in Belgien und Katalonien gehören diesem System an. Der monatliche Umsatz betrug im Sommer 2015 rund 2,5 Mio. RES, das sind umgerechnet 2,5 Mio. Euro. Auch der Zweck dieser Initiative ist die regionale Förderung der lokalen Wirtschaft.[40]

Das Wörgl-Experiment – auch das Wunder von Wörgl genannt
In der Weltwirtschaftskrise in den 30er Jahren schaffte es der Tiroler Ort Wörgl in die weltweite Presse mit seinem Freigeld-Experiment. In den 14 Monaten des Experiments sank die Arbeitslosenquote in Wörgl von 21 auf 15 % ab, während sie im übrigen Land weiter anstieg. Der Einnahmenrückstand der Gemeinde verringerte sich um 34 %, der Abgabenrückstand konnte um über 60 % abgebaut werden. Weiters konnte eine Zunahme

---
[39] http://www.chiemgauer.info/ (Abruf: 15.10.2015).
[40] Geld war gestern, Wie Bitcoin, Regionalgeld, Zeitbanken und Sharing Economy unser Leben verändern werden, Christine Koller, Markus Seidel, FinanzBuchVerlag 2014.

des Ertrages an Gemeindesteuern um 34 % und eine Zunahme der Investitionsausgaben der Gemeinde von etwa 220 % verzeichnet werden.[41]

Das Interesse an dem Wörgl-Experiment stieg derart an, dass über 100 weitere Gemeinden im Umkreis von Wörgl dem Beispiel folgen wollten. Auch im Ausland und in Übersee fand die Aktion starke Beachtung und Nachahmer. Aus Frankreich reiste der Finanzminister und spätere Ministerpräsident Édouard Daladier nach Wörgl und in den USA schlug der Wirtschaftswissenschaftler Irving Fisher der amerikanischen Regierung – wenn auch vergeblich – vor, ein Wörgl-ähnliches Geld mit dem Namen Stamp Scrip zur Überwindung der Wirtschaftskrise einzuführen.[42]

Allerdings erhob die Österreichische Nationalbank gegen die Wörgler Freigeld-Aktion vor Gericht erfolgreich Einspruch. Das Experiment von Wörgl und alle weiteren Planungen wurden verboten. Nach Androhung von Armeeeinsatz beendete Wörgl das Experiment im September 1933.[43]

Der Schweizer WIR-Franken[44]

Der Schweizer WIR-Franken ist das momentan erfolgreichste, nachhaltigste und größte komplementäre Währungssystem auf nationaler Basis. Auf 4,01 Mrd. Schweizer Franken belief sich die Bilanzsumme der WIR Bank 2012. Seit rund 79 Jahren arbeitet das WIR Netzwerk als weltweit einziges Komplementärsystem auf nationaler Ebene. Entstanden aus der Selbsthilfe-Initiative der Wirtschaftsring-Genossenschaft, gegründet 1934 von dem Schweizer Werner Zimmermann: Beim WIR-Geld handelt es sich um eine Komplementärwährung, deren Wert an den des Schweizer Franken gebunden war und ist: 1 WIR – 1 CHF. WIR-Geld ist reines Giralgeld resp. Buchgeld – physisch gibt es WIR-Geld nicht, weder in Form von Scheinen noch von Münzen. Damit es schnell wieder ausgegeben wurde, gab und gibt bei der WIR Bank auf Guthaben keine Zinsen. Anfangs wurde auf Guthaben nicht nur kein Zins bezahlt, sondern eine Rückhaltegebühr verlangt. Diese soll zusätzlicher Anreiz sein, das Geld schnell wieder in Umlauf zu bringen. Die WIR Bank verbietet den Rücktausch von WIR-Franken in Schweizer Franken. Bankkunden sind kleinere und mittlere Unternehmen (KMU) und deren Mitarbeiter. Jeder WIR-Teilnehmer verpflichtet sich, einen bestimmten WIR-Anteil für jedes Geschäft, das er tätigt, anzunehmen. Das Minimum trägt 30 %.

All diese Komplementärsysteme spielen, gemessen an der gesamten regulären Geldmenge, die sich im Umlauf befindet, eine untergeordnete Rolle. Sie hatten und haben vor allem Experimentcharakter. Bei allen fehlt bis dato der Beweis, dass bei den kurzfristig erfolgreichen Projekten, wie dem Schwundgeld von Wörgl, diese Erfolgsgeschichte über einen längeren Zeitraum in ähnlicher Form weitergegangen wäre. Verliert das Geld nämlich seine Funktion als Wertaufbewahrungsmittel, besteht immer das Risiko, dass es

---

[41] https://de.wikipedia.org/wiki/W%C3%B6rgl (Abruf: 02.01.2016).
[42] Das Wunder von Wörgl, http://www.zeit.de/2010/52/Woergl (Abruf: 15.10.2015).
[43] Wörgl (Wörgler Geldexperimente), http://www.coinstatt.de/lexikon/item/112-w%C3%B6rgl-w%C3%B6rgler-geldexperimente (Abruf: 02.01.2016).
[44] https://de.wikipedia.org/wiki/WIR_Bank (Abruf: 15.10.2015).

generell die notwendige Akzeptanz in der Bevölkerung verliert und unkontrolliert alternative Geldformen außerhalb des regulären Geldsystems entstehen, die einen Wert bewahren oder sogar steigern können. So existiert das systemimmanente Risiko, dass sich das alternative Geld, das in der Krise erschaffen wird, quasi auf lange Sicht selbst zerstört.

5.6.2 Zentralisierte virtuelle/digitale Währungen

> Wäre Al Capone noch am Leben, würde er sein Geld auch auf diese Weise verstecken. (Richard Weber; Fahndungschef der US-amerikanischen Steuerbehörde [z. T. Liberty Reserve])

Historisch war und ist der bargeldlose Zahlungsverkehr in den USA von Schecks und Kreditkarten beherrscht. Instrumente, wie e-banking usw., gab und gibt es in den Vereinigten Staaten nur eingeschränkt.

Die sich in den 90er Jahren mit dem Aufkommen des Onlinehandels sich im Netz entwickelnden Zahlungssysteme (bereits 2003 gab es über 50 verschiedene) hatten bzw. haben den Nachteil, dass sie alle auf den gewachsenen Strukturen des Finanzsystems aufbauen. Was dazu führte, dass sogar spezielle Onlinebezahldienste, wie PayPal, den entsprechenden Aufsichtsbehörden unterliegen und somit höhere Transaktionskosten und/oder auch längere Transaktionszeiten mit sich bringen.

Auch enden Finanzsysteme vieler Staaten an den Grenzen der jeweiligen Länder und entsprechen damit ganz offensichtlich nicht den Bedürfnissen der globalen Netzwerkökonomie, die keine Landesgrenzen kennt.

Beispiele für populäre virtuelle Währungsgemeinschaften sind Online-Communitys und Computerspiele. Massively Multiplayer Online Games, wie Second Life, Entropia Universe[45] oder World of Warcraft, verfügen über eigene In-Game-Währungen, die für den Warentausch mit virtuellen Gütern eingesetzt werden und außerhalb des Spiels über eigene Tauschbörsen in reales Geld konvertiert werden können. Zu Hochzeiten von Second Life[46] verdienten manche Spieler mit dem Verkauf virtueller Häuser und Grundstücke ein reales Monatsgehalt. In asiatischen Internet-Sweatshops spielten Teenager die World-of-Warcraft-Avatare reicher Amerikaner hoch und wurden dafür mit „Gold", der virtuellen Währung des Spiels, entlohnt. Bereits 2005 schätzte die New York Times, dass allein in China 100.000 Spieler hauptberuflich vom „Gold Farming" bzw. vom Verkauf virtueller Güter, wie Schwerter oder Kleidung, in Online-Rollenspielen leben – bei einem Durchschnittsgehalt von 145 US-Dollar. Mit Gold Farming und den ökonomischen Folgen beschäftigen sich auch die Science-Fiction-Romane *For The Win* von Cory Doctorow und *Reamde* von Neal Stephenson.[47]

---

[45] http://www.entropiauniverse.com/ (Abruf: 15.10.2015).
[46] http://secondlife.com/ (Abruf: 15.10.2015).
[47] Virtuelle Währungen Pop-up-Money, https://www.zukunftsinstitut.de/artikel/virtuelle-waehrungen-pop-up-money/ (Abruf: 15.10.2015).

Bei solchen Ökonomien handelt es sich um eigene Währungsräume, die durchaus mit den Volkswirtschaften kleiner Staaten vergleichbar sind. Für 2007 taxierte der Autor Julian Dibbell[48] das „Bruttosozialprodukt" aller virtuellen Parallelwährungen zusammengenommen auf knapp 30 Mrd. Euro, was etwa der Größenordnung von Sri Lanka entspricht. Die australische Marktforscherin Mandy Salomon warnte in ihrem Artikel *Why Virtual-World Economies Matter* 2010, dass Parallelwährungen in virtuellen Welten das Potenzial haben, nationale Geldmärkte zu destabilisieren. 2009 verbot Peking den Umgang mit virtuellen Währungen außerhalb der jeweiligen Spielwelt. Grund dafür war, dass die Netzwährung QQ des Internet-Portals Tencent auch in Relation zum gesamten Geldverkehr einen wesentlichen Anteil ausmachte. Ein weiteres Beispiel ist die virtuelle Welt Second Life, in der der Linden-Dollar als Zahlungsmittel eingesetzt wird.

Ein gutes Beispiel einer Corporate Currency sind die Facebook Credits. Facebook weist über 890 Mio. tägliche Nutzer[49] auf. Seit Juli 2011 sind die Facebook Credits Zahlungsmittel für alle Transaktionen innerhalb der Facebook-Apps & Spiele[50]. Bislang werden sie hauptsächlich zum Kauf virtueller Güter eingesetzt und verbleiben damit im Facebook-Kosmos. Mit dem Trend zum Social Commerce soll sich Facebook zunehmend zur Handelsplattform entwickeln. Dann können mit den Facebook Credits auch reale Güter, wie Turnschuhe und Smartphones gekauft werden. Weitere bekannte Corporate Currencies sind Nintendo® Points und Microsoft® Points.

Je nach deren Interaktion mit traditionellem Real Money und der Realwirtschaft können solche Währungen grundsätzlich in drei Typen eingeteilt werden:[51]

Typ 1 Geschlossene digitale Währungssysteme: Die Nutzer zahlen normalerweise eine Subskriptionsgebühr und verdienen dann virtuelles Geld im Spiel. Das virtuelle Geld kann nur innerhalb dieser virtuellen Community ausgegeben werden.

Typ 2 Eindimensionale virtuelle Währungssysteme: Die virtuelle Währung wird mit realem Geld zu spezifischen Wechselkursen gekauft und wird in der Folge verwendet, um virtuelle Güter und Dienstleistungen zu kaufen oder auch, um Waren und Dienstleistungen zu kaufen. Die virtuelle Währung kann jedoch nicht rückgetauscht werden in gesetzliche Zahlungsmittel.

Typ 3 Zweidimensionale Währungen: Die virtuelle Währung kann wie jede gesetzliche Währung gekauft, verkauft und verwendet werden, um einerseits virtuelle Güter und Dienstleistungen, aber auch reale Waren und Dienstleistungen zu kaufen.

---

[48] Play Money: Or, How I Quit My Day Job and Made Millions Trading Virtual Loot Paperback – September 11, 2007, Basic Books; Reprint edition (11. September 2007).
[49] Börsenbericht: Die ersten offiziellen Facebook-Nutzerzahlen im Jahr 2015, http://allfacebook.de/zahlen_fakten/facebook-nutzerzahlen-2015 (Abruf: 18.09.2015).
[50] http://www.webopedia.com/TERM/F/facebook_credits.html (Abruf: 15.10.2016).
[51] EZB Studie aus Oktober 2012: Virtual currency Schemes, S. 5.

Weltweit hatte das Ausmaß der Transaktionen mit solchem digitalen/virtuellen Zahlungsmitteln bis zum Phänomen Bitcoin nie 100.000 pro Tag überschritten, im Vergleich dazu finden etwa 295 Mio. herkömmliche Finanztransaktionen (d. h. Überweisungen, Lastschriften, E-Geldüberweisungen, Schecks etc.) pro Tag allein in Europa statt.

Für den Betreiber der virtuellen Communities ermöglichen diese virtuellen Währungen einen hohen Grad an Flexibilität hinsichtlich Geschäftsmodell und -strategie. Die Nutzung digitaler Währungen in einem geschlossenen Ökosystem führt meist zu einer Erhöhung des Umsatzes mit virtuellen Gütern und Dienstleistungen. Die Vereinfachung der Transaktionen und die Vermeidung der Offenlegung der persönlichen Bankdaten erhöhen ganz offensichtlich den Konsum.

All diese virtuellen/digitalen Währungen weisen folgende Gemeinsamkeiten auf: Zunächst ist ihre Verwendung jeweils auf eine spezielle virtuelle Welt beschränkt. Obwohl sich teilweise sogar Sekundärmärkte für diese digitalen Währungen entwickelt haben, sind der Zweck und der Nutzen doch eingeschränkt auf die spezielle virtuelle Welt. Zweitens hat jeder dieser digitalen Währungen eine zentrale Ausgabe/Verwaltungsstelle, die meist sowohl den Betrieb der digitalen Welt als auch die Geldmenge kontrolliert. Meist ist dies – simpel gesprochen – der Spiele-Entwickler, der die Ausgabe, die Speicherung und die Einlösung der Währung im Spiel übernommen hat und auch die Transaktionen aufzeichnet, verfolgt und überprüft. Weiters finden alle Transaktionen in diesen virtuellen Welten realtime statt und außerhalb der gängigen Finanzsysteme.

Das Bitcoin-System ist im Gegensatz nicht beschränkt auf eine bestimmte virtuelle Welt und es gibt auch keine zentrale Autorität.

Als virtuelle Währungen des Typs 3 sind auch die ersten Ansätze der Kryptowährungen wie DigiCash, e-gold einzustufen aber auch WebMoney und Liberty Reserve[52] (herausgegeben von Liberty Reserve S.A).

5.7 Trend zur bargeldlosen Gesellschaft

Geld ist geprägte Freiheit. (Fjodor Dostojewski)

Grundsätzlich sind sowohl in Österreich als auch Deutschland Banknoten das einzige unbeschränkte gesetzliche Zahlungsmittel, mit dem Forderungen beglichen werden können. Faktisch haben sich bei vielen Unternehmen mittlerweile Lastschrifteinzug oder die Kredit- oder EC-Karte durchgesetzt. Auch können weder Steuern noch Rundfunk- und Fernsehgebühren bar bezahlt werden.

---

[52] Liberty Reserve S.A. ist ein Unternehmen für virtuelle Währungen mit einem kontobasierenden Internet-Bezahlungssystem, bei dem man die Währungen US-Dollar als „Liberty Dollar", Euro in „Liberty Euro" sowie Gold als „LR-Gold" aufbewahren sowie Zahlungen an andere Benutzer senden und empfangen kann. Einmal abgeschlossene Zahlungen sind unwiderruflich. Liberty Reserve hat seinen Sitz in San José, Costa Rica. Im Mai 2013 wurde der Betrieb durch Strafverfolgungsbehörden eingestellt, https://de.wikipedia.org/wiki/Liberty_Reserve (Abruf: 18.09.2015).

In Deutschland ist das Bargeld jedoch nach wie vor ein sehr beliebtes Zahlungsmittel. Nach einer Bundesbank-Studie wurden 2014 noch 79 % aller täglichen Einkäufe bar bezahlt. 2008 waren es 83 %[53]. Dies obwohl, laut derselben Bundesbank-Studie inzwischen fast jeder – 97 % – mindestens eine EC-Karte in der Geld-Börse hat.

In den skandinavischen Ländern, wie Schweden und Dänemark, ist die Situation anders: In Dänemark wurden im Jahre 1990 noch 80 % aller Zahlungen im Einzelhandel mit Bargeld oder Scheck abgewickelt, 2014 wurden nur mehr 25 % aller Zahlungen mit Bargeld durchgeführt. Im Frühjahr 2015 wurde in einem Regierungsentwurf in Dänemark der Vorschlag aufgenommen, das Tankstellen, Restaurants und kleine Läden (mit der Ausnahme von Geschäften für Nahrungsmittel) vom kommenden Jahr an, vom Zwang zu befreien sind, Bargeld anzunehmen[54]. Ziel dieser Initiative war vor allem die Belebung der Konjunktur. In Dänemark besitzt nahezu jeder Erwachsene eine Bankkarte; auch nimmt in sämtlichen skandinavischen Ländern das Zahlen per Smartphone sehr stark zu.

Auch in den USA hat sich der prominente amerikanische Chefvolkswirt des Internationalen Währungsfonds (IWF) Kenneth Rogoff[55] dafür ausgesprochen, das Bargeld abzuschaffen. Seine Beweggründe sind neben einer besseren Bekämpfbarkeit von Steuerflucht und Drogenkriminalität vor allem geldpolitischer Natur[56]: Notenbanken könnten in einer bargeldlosen Welt vereinfacht über Negativzinsen Anreize für eine stärkere Kreditvergabe setzen, was Konjunktur und Inflation begünstigen würde. Aber solche Strafzinsen wirken nur bis zu einem gewissen Grad. Denn solange es Bargeld gibt, besteht immer noch eine Auswegmöglichkeit: Der Einzelne kann im Zweifelsfall sein Konto abräumen oder Sparbuch auflösen und sein Geld zu Hause horten. In einer Welt ohne Bargeld gibt es diesen Ausweg nicht. *„Papiergeld ist das entscheidende Hindernis, die Zentralbank-Zinsen weiter zu senken"*, sagte Rogoff, *„Seine Beseitigung wäre eine sehr einfache und elegante Lösung für dieses Problem"*.

Nach Rogoffs Angaben hat die amerikanische Zentralbank auf dem Höhepunkt der Finanzkrise zeitweise erwogen, Negativzinsen von 4 oder 5 % einzuführen. Auch der frühere amerikanische Finanzminister und Harvard-Ökonom Larry Summers fordert reale Negativzinsen[57], andernfalls werde die westliche Welt in eine dauerhafte Wirtschaftskrise

---

[53] http://wirtschaftsblatt.at/home/nachrichten/europa/4921151/Pro-Contra-Der-Streit-um-das-Bargeld (Abruf: 30.03.2016).
[54] Ein Schlag gegen das Bargeld, http://www.faz.net/aktuell/finanzen/meine-finanzen/geld-ausgeben/daenemark-zentralbank-willl-notendruck-stoppen-13582761.html (Abruf: 15.10.2015).
[55] Kenneth Saul „Ken" Rogoff (* 22. März 1953 in Rochester (New York)) ist ein US-amerikanischer Ökonom. Seit 1999 ist er Professor an der Harvard University. Von 2001 bis 2003 war er Chefökonom des Internationalen Währungsfonds (IWF). Er wurde außerdem als Schachspieler bekannt, der den Titel eines Großmeisters trägt. https://de.wikipedia.org/wiki/Kenneth_S._Rogoff, (Abruf: 28.02.2016).
[56] http://www.faz.net/aktuell/finanzen/meine-finanzen/geld-ausgeben/nachrichten/oekonom-rogoff-will-bargeld-abschaffen-13274912.html (Abruf: 18.09.2015).
[57] Larry Summers will Bargeld abschaffen, damit Staat und Banken besseren Zugriff haben, http://www.tagesspiegel.de/weltspiegel/us-oekonom-larry-summers-will-bargeld-abschaffen-damit-staat-und-banken-besseren-zugriff-haben/9326548.html (Abruf: 28. 02. 2016).

5.7 Trend zur bargeldlosen Gesellschaft

("säkulare Stagnation") fallen. Auch Summers hat zur technischen Umsetzung die Abschaffung von Bargeld angeregt.

Weitere Initiativen zu diesem Thema gibt es in folgenden Ländern[58]:

- Die französische Regierung hat im Kampf gegen den Terror kürzlich strengere Kontrollen des Bargeldverkehrs angekündigt. So soll ab Herbst 2016 die Obergrenze für Barzahlungen von 3000 auf 1000 Euro gesenkt werden.[59]
- In Griechenland wurde angesichts der Krise im Sommer 2015 ebenfalls eine drastische Einschränkung im Bargeldverkehr diskutiert, Rechnungen über 70 Euro sollen nur noch mit Scheck oder Kreditkarte gezahlt werden dürfen.[60]
- JPMorgan Chase will in den Schließfächern und Tresoren ihrer Kunden kein Bargeld mehr akzeptieren.
- Die italienische Regierung erklärte Bargeldtransaktionen über 1000 Euro für illegal.
- Die Schweizer Regierung überlegt Barzahlungen über 100.000 Schweizer Franken zu verbieten.
- Russland verbietet Bargeldtransaktionen, die 10.000 US-Dollar übersteigen.
- Spanien hat Bargeldtransaktionen über 2500 Euro verboten.
- Mexiko hat ebenfalls Bargeldzahlungen über 200.000 Pesos für illegal erklärt.

Im Februar 2016 wurde bekannt, dass die Europäische Zentralbank (EZB), die EU-Kommission und die europäische Polizeibehörde Europol derzeit prüfen, wie stark Scheine mit hohem Nennwert (v. a. der 500-Euro-Schein) für kriminelle Zwecke und zur Terrorfinanzierung verwendet werden. Seit der Einführung der Banknoten der Gemeinschaftswährung hat die Verbreitung des 500-Euro-Scheins stärker zugenommen als die anderer Scheine. Laut einem Bericht der europäischen Polizeibehörde Europol machen 500-Euro-Scheine etwa ein Drittel des Banknotenumlaufs aus, obwohl sie normalerweise kaum für Zahlungen im Alltag verwendet werden[61]. Viele interpretieren die geplante Abschaffung des 500-Euro-Scheins nun ebenfalls als nächsten massiven Schritt in Richtung Bargeldverbot im Sinne geldpolitischer Maßnahmen.

Die Diskussion des Bargeldverbots wird teilweise sehr emotional geführt. Die Gegner des Bargeldverbotes weisen auf die Bedeutung des Bargeldes zum Schutz der Privatsphäre hin und auf die Eigenverantwortung zur Aufrechterhaltung der Zahlungsfähigkeit (auch ohne Banken, die dem Bürger das Geld jederzeit entziehen kann). Fakt ist jedoch, dass das Bargeldverbot aus geldpolitischen Notwendigkeiten die nächste logische und unausweichliche Maßnahme der Europäischen Zentralbank sein wird.

---

[58] http://www.internationalman.com/articles/the-war-on-cash-transparently-totalitarian (Abruf: 18.09.2015).
[59] http://www.faz.net/aktuell/finanzen/meine-finanzen/geld-ausgeben/daenemark-zentralbank-willl-notendruck-stoppen-13582761.htm (Abruf: 18.09.2015).
[60] http://deutsche-wirtschafts-nachrichten.de/2015/05/02/zentralbanken-diskutieren-bargeld-verbot-um-globale-bank-flucht-zu-stoppen/ (Abruf: 10.09.2015).
[61] 500-Euro-Schein vor dem Ende?, http://www.handelsblatt.com/politik/konjunktur/ezb-vorbereitungen-500-euro-schein-vor-dem-ende/12924220.html (Abruf: 28. 02. 2016).

Innovationsbedarf bei den Finanzsystemen 6

> You never change things by fighting the existing reality. To change something, build a new model that makes the existing model obsolete. (Richard Buckminster Fuller)[1]

Es ist und bleibt unbestritten, dass ein funktionierendes Finanzsystem von entscheidender Bedeutung für die Entwicklung und das Wachstum einer Volkswirtschaft ist. Es ist empirisch gut belegt, dass die Verfügbarkeit finanzieller Ressourcen für private Kreditnehmer positive Auswirkungen auf das durchschnittliche reale Pro-Kopf-Einkommen eines Landes hat. Die Verfügbarkeit finanzieller Mittel fördert die Investitionstätigkeit und den technologischen Fortschritt. Neben der bloßen Verfügbarkeit finanzieller Mittel ist allerdings auch die Effizienz des Finanzsystems von Bedeutung.

Heute, während der Zugang zu Informationen immer schneller und freier wird, wird Geld immer noch langsam bewegt. Mit einem Tastaturklick kann jemand in Chicago eine E-Mail an eine Person in Jakarta zu senden. Will jedoch dieselbe Person in Chicago 0,01 US-Dollar an dieselbe Person in Jakarta senden, kann es Tage oder Wochen dauern und Kosten zwischen 0,50 und 50 US-Dollar verursachen.

Insbesondere im elektronischen Handel wird jedoch ein geeignetes Angebot verschiedener Zahlungsmethoden immer mehr zum Erfolgsfaktor. Onlinekaufvorgänge werden immer noch häufig abgebrochen, wenn kein geeignetes Zahlungsverfahren zur Verfügung steht.

Die Auswahl des geeigneten Zahlungsverfahrens[2] hat sich dabei

- an der Eignung für das vorliegende Zahlungsszenario,
- an den Anforderungen des Zahlungspflichtigen sowie
- den Anforderungen des Zahlungsempfängers zu orientieren.

---

[1] https://de.wikipedia.org/wiki/Richard_Buckminster_Fuller (Abruf: 04.01.2016).
[2] https://de.wikipedia.org/wiki/Zahlungsverfahren (Abruf: 06.02. 2016).

Ursachen für die Diskrepanz zwischen den bestehenden Finanzsystemen und den neuen Anforderungen sind vielfältig:

Trotz der technologischen Innovationen basiert vor allem die Backend Infrastruktur der momentan weltweit verwendeten Finanzsysteme und der darauf aufsetzenden bargeldlosen Konsumentenzahlungssysteme noch immer auf Technologien aus den 60er und 70er Jahren.

Der Betrieb einer zum Teil veraltete Hard- und Softwareumgebung vieler Banken sowohl in den USA als auch in Europa geht mit Ineffizienz und hohen Administrationskosten einher.

Beispielsweise datiert das in den USA verwendete ACH System – Automated Clearing House – (Clearingsystem der US-Banken/Zahlungsverkehrssystem zwischen den Banken) aus den 70er Jahren. Dadurch dauern auch die Transaktionen bis zu mehreren Tagen.

Zusätzlich ist die Bankenlandschaft geprägt von hohen regulatorischen Anforderungen verbunden mit einer hohen Risikoawareness und daraus resultierend hohen Verwaltungsaufwendungen.

Die aus diesen Gegebenheiten resultierenden langen Transaktionsdauern, hohen Transaktionskosten verbunden mit fehlender Transparenz gehen nicht konform mit den neuen globalen und digitalen Geschäftsmodellen. Hier stellen vor allem grenzüberschreitende Liefer- und Leistungsbeziehungen aber auch die sofortige Verfügbarkeit der digitalen Inhalte bzw. die monatlichen Abrechnungsmodelle von Klein- und Kleinstbeträgen (entsprechend der Software as a Service [SAAS]-Geschäftsmodelle) ein Problem dar.

7 Bitcoin als Zahlungsmittel

Darüber hinaus hat Bitcoin jedoch noch zusätzliche Vorteile: So wie im 19. Jahrhundert der Goldstandard eine Welle der Globalisierung losgelöst hat, kann der Bitcoin die Globalisierung von Handel und Dienstleistung auf eine neue Stufe heben. Der Bitcoin macht das Internet zur Währungsunion. (Bitcoinblog.de)

Die Bitcoin-Architektur ermöglicht

- das erste global verfügbare Zahlungsnetzwerk,
- das für jede Währung genutzt werden kann,
- das weder im Eigentum von Finanzdienstleistern steht noch von Finanzdienstleistern betrieben wird.

Dieses neue elektronische und weltweit verfügbare Zahlungssystem

- bringt Datensicherheit aufgrund der angewandten Verschlüsselungsmethodik und
- ein dezentrales und fälschungssicheres Erfassungssystem mit sich.

Die Bitcoin-Technologie verteilt die Transaktionsverantwortlichkeiten über ein dezentrales Computer-Netzwerk, wodurch die Notwendigkeit der Involvierung teurer Finanzinstitute und Zahlungsdienstleister zur Authentifizierung und Überprüfung wegfällt und damit die Transaktionskosten und die Transaktionsdauer vermindert werden können.

7.1 Globalität des Bitcoin-Netzwerks

Das Bitcoin-Zahlungsnetzwerk ist ein globales und standardisiertes Zahlungssystem, das weder nationale Landesgrenzen noch national unterschiedliche Regularien kennt. Das einzige Erfordernis ist verfügbares Internet.

7.1.1 Unbanked People

> I think we will know when Bitcoin has reached prime time when it is transferring more value each day than Western Union or Money Gram. (Roger Ver, November 2013)

Gemäß dem Global Findex 2014 verfügten Ende 2014 ungefähr 2 Mrd. Menschen oder 38 % der erwachsenen Bevölkerung auf der Welt über kein Bankkonto.[1] Die Gründe dafür sind vielfältig, aber der Hauptgrund dürfte vor allem in der Unwirtschaftlichkeit einer Kontenführung für die Finanzinstitute liegen. Grund ist aber sicher auch der unterentwickelte Rechtsrahmen für Eigentum und Identitätserfassung in den ökonomisch noch nicht entwickelten Ländern. Es gibt weder eine Erfassung des Grundeigentums noch ein Unternehmensregister, welches vergleichbar mit europäischen Erfassungssystemen wäre. Ohne formellen Identitäts- und Vermögensnachweis kann jedoch kein Kreditrating erfolgen, keine Pfandbestellung und damit auch keine Kreditvergabe durchgeführt werden. Damit fehlt den Armen der Welt die Grundlage für die Teilnahme am globalen Bankensystem. Zahlreiche Studien zeigen jedoch den direkten Zusammenhang zwischen Armut, mangelnder Ausbildung und dem Zugang zum globalen Finanzsystem.

In Kanada, Großbritannien, Deutschland und Australien haben zwischen 96 und 99 % der über 15-Jährigen ein Bankkonto. In den Vereinigten Staaten von Amerika hingegen liegt dieser Anteil bei nur 88 %. Berücksichtigt man die Kategorie der Einwohner mit eingeschränkten Zugang zu Bankdienstleistungen, also jene, die möglicherweise ein Bankkonto haben, aber auch auf nicht traditionelle Geldquellen, wie Kurzzeitkredite, zurückgreifen, so liegt der Anteil der Amerikaner, die keinen ausreichenden Zugang zum Finanzsystem haben, bei mehr als 30 %. Während in China 64 % der Bevölkerung ein Bankkonto haben, sind es in Argentinien nur rund 33 %, womit dieses Land noch hinter Indien liegt (35 %). Auf den Philippinen, wo Geldsendungen aus dem Ausland so große volkswirtschaftliche Bedeutung haben, dass heimkehrende Auslandsarbeiter am Flughaben Manila von Finanzkontrollen befreit sind, haben nur 27 % der Einwohner ein Bankkonto.[2] In Pakistan liegt der Anteil bei 10 %.

7.1.2 Länder mit dysfunktionalen Finanzsystemen

Verliert eine Bevölkerung, aus welchem Grund auch immer, das Vertrauen in die staatliche Einrichtung, die für die Aufrechterhaltung des Finanzsystems des Landes zuständig ist, hat diese Dysfunktionalität meist direkte Auswirkungen auf die Einkommens- und Vermögenssituation des Landes. Ein gutes Beispiel für so eine gescheiterte Beziehung ist Argentinien. Die Tatsache, dass es diesem Land seit einem Jahrhundert nicht gelingt, das Problem des mangelnden Vertrauens zu lösen, erklärt, warum Argentinien, das zu

---
[1] http://www.worldbank.org/en/programs/globalfindex (letzter Abruf: 31.07.2015).
[2] THE GLOBAL FINDEX DATABASE 2014, http://www.worldbank.org/en/programs/globalfindex (Abruf: 04.01.2016).

Beginn des 20. Jahrhunderts das siebtreichste Land der Welt war, immer wieder in Währungskrisen gerät und mittlerweile nicht einmal mehr zu den 80 wohlhabendsten Ländern zählt. Die Liste der Probleme, die immer wieder mit den momentanen Währungssystemen in solchen Ländern in Zusammenhang gebracht wird, ist lang. Sie reicht vom Dilemma der kaum beherrschbaren Geldmengensteuerung und den schleichenden Umverteilungsprozessen durch Inflation bis zur überproportionalen Zunahme der Verschuldung von Unternehmen/Staat bis hin zu der systemimmanent steigenden Arbeitslosigkeit und ökologischem Raubbau. Länder wie Argentinien, Bolivien, Chile und Mexiko weisen jährliche Inflationsraten von 20 bis 50 % (auch genannt Hyperinflation)[3] aus. Das mangelnde Vertrauen der Bevölkerung in die Politik/das Geldwesen in diesen Ländern und Angst vor den unbeständigen wirtschaftlichen Entwicklungen in diesen Ländern führt zu einer Flucht aus der eigenen Währung in fremde Währungen (meist US-Dollar). Die Regierungen versuchen häufig mittels Kapitalverkehrskontrollen das Geldwesen zu beherrschen: Der Zugang zu Fremdwährungen wird meist beschränkt, der Wechselkurs zwischen der lokalen Währung und ausländischen Währungen (z. B. dem US-Dollar) passiert auf dem offiziellen Umtauschkurs, der viel höher ist als der Kurs auf dem Schwarzmarkt. Empfangen beispielsweise Argentinier Zahlungen aus dem Ausland auf dem regulierten Bankenweg, bedeutet das nicht nur Papierkrieg und Wartezeit, die Fremdwährung wird auch mit dem offiziellen – also niedrigen – Kurs in Pesos umgerechnet.[4]

Mittels alternativer Zahlungsmittel wie bitcoins fallen logistische Beschränkungen weg und können die strikten Begrenzungen rund um Fremdwährungen vermieden werden.

Ecuador musste infolge einer Hyperinflation 2000 seine eigene Währung, den Sucre, aufgeben und den US-Dollar übernehmen, weil sich dieser zwischenzeitlich auf den Märkten als verlässlicheres Zahlungsmittel etabliert hatte. Seit Anfang März 2015 ist Ecuador das erste Land weltweit, in der mit einer staatseigenen digitalen Währung, dem Dinero Electrónico, bezahlt werden kann.[5] Bereits im Juli 2014 verabschiedete das Parlament von Ecuador ein Gesetz, das der Zentralbank erlaubt, digitales Geld zu schaffen. Im Dezember 2014 wurden die ersten digitalen Konten angelegt. Damit war das digitale Geld offiziell im Umlauf. Doch auch wenn der Dinero Electrónico allein von der ecuadorianischen Zentralbank verwaltet wird, so hat er selbst keinen Wert. Um als Zahlungsmittel zu funktionieren, braucht es für die Nutzung des Dinero Electrónico weiterhin einen *realen* Gegenwert – den US-Dollar.

---

[3] How 9 Countries Saw Inflation Evolve Into Hyperinflation, http://www.businessinsider.com/worst-hyperinflation-episodes-in-history-2013-9?IR=T (Abruf: 09.04.2016).
[4] Cryptocurrency: Wie virtuelles Geld unsere Gesellschaft verändert, Michael Casey, Paul Vigna, Econ (6. Februar 2015).
[5] Ecuador startet digitale Staatswährung, https://coinspondent.de/2015/03/02/ecuador-erste-digitale-staatswaehrung/ (Abruf: 16.10.2015).

7.1.3 Auswirkung der Digitalisierung

Gleichzeitig nimmt jedoch der Ausbau der Informations- und Telekommunikationsinfrastruktur in den sich entwickelnden Ländern rapide zu. Die Verbreitung von Mobilfunknetzen ist in all diesen Ländern gigantisch. In der von der Weltbank zusammen mit der Afrikanischen Entwicklungsbank gemeinsam erstellten Studie *The Transformational Use of Information and Communication Technologies in Africa* aus dem Jahr 2013 wird festgehalten, dass bereits mehr als 650 Mio. Menschen in Afrika ein Mobiltelefon nutzen.[6] Die sogenannte Durchdringung ist in Afrika zwar noch nicht auf dem gleichen Niveau wie in den USA oder Europa, aber auch in afrikanischen Ländern haben inzwischen zwei Drittel der erwachsenen Bevölkerung Zugang zu Informationstechnologie. Zum Vergleich dazu hat nur jeder vierte Afrikaner 2013[7] ein Bankkonto. Beeindruckend dabei ist vor allem das schnelle Wachstum des Mobilfunkmarktes. Afrikanische Länder sind zu mobilen Nationen geworden, große Teile des wirtschaftlichen und des gesellschaftlichen Lebens basieren inzwischen auf dem Mobiltelefon.[8] In manchen Ländern haben laut dem Bericht mehr Menschen Zugang zum Mobilfunknetz als zu sauberem Wasser oder Strom. Mobiltelefone ermöglichen in vielen Regionen den Zugang zum Handel, zu Informationen, zu Bildung und zur Politik.

Laut einem Bericht der Weltbank sind Unternehmen aus der Informationstechnologiebranche im Durchschnitt für 7 % des Bruttoinlandsproduktes in diesen Ländern verantwortlich. Das ist mehr als in anderen Regionen der Welt.[9]

Welche Formen und Ausmaße das annehmen kann, lässt sich in Kenia studieren, wo die Mobilfunkfirma Safaricom mit Vodafone 2007 das System mPesa eingeführt hat. Die *Airtime* genannten Prepaid-Gesprächsguthaben lassen sich per SMS von einem Handy zum anderen transferieren und erfüllen damit die Funktion einer Ersatzwährung. Ende 2014 nutzen bereits mehr als 70 % der Bevölkerung von Kenia mPesa.[10]

Ursprünglich war mPesa als Mikrofinanzierungsinstrument zur Vereinfachung der Tilgungen der Zahlungen statt Bargeld und zur Kostenreduktion gedacht. Bereits vor Jahren erkannten Mikrofinanzierer, dass sie diese Telefone nutzen konnten, um Kredite zu vergeben und die Ratenzahlungen zu kassieren. Mittlerweile wird rund 25 % des kenianischen Bruttoinlandsproduktes über das System abgewickelt[11]. Wer einen mPesa-Vertrag unter-

---
[6] Afrikas mobiles Wirtschaftswunder, von Kai Biermann, 8. März 2013, veröffentlicht auf http://www.zeit.de/digital/internet/2013-03/afrika-mobilfunk-wirtschaft (letzter Abruf: 31.07.2015).
[7] Keine Bank in Sicht, http://www.econoafrica.com/wirtschaft-politik/400-millionen-menschen-ohne-bankkonto/ (Abruf: 09.04.2016).
[8] Afrikas mobiles Wirtschaftswunder, http://www.zeit.de/digital/internet/2013-03/afrika-mobilfunk-wirtschaft (Abruf: 04.01.2016).
[9] Afrikas mobiles Wirtschaftswunder, http://www.zeit.de/digital/internet/2013-03/afrika-mobilfunk-wirtschaft (Abruf: 04.01.2016).
[10] Virtuelle Währungen, Pop-up Money, https://www.zukunftsinstitut.de/artikel/virtuelle-waehrungen-pop-up-money/ (Abruf: 04.01.2016).
[11] http://www.economist.com/blogs/economist-explains/2013/05/economist-explains-18 (Abruf: 09.04.2016).

schreibt, erhält eine elektronische Geldbörse auf das Telefon. Mithilfe von einem der mehr als 15.000 Safaricom-Agenten in Kenia kann man Geld einzahlen. Der Benutzer kann nun Geld an andere mPesa-Kontoinhaber schicken, Telefonguthaben kaufen oder Rechnungen bezahlen. Er kann auch bei einem Agenten Geld abheben. Solange er einen entsprechend Betrag auf dem Konto hat, wird der Agent das Geld auszahlen. Monatlich wird ein Volumen von 200 Mio. Euro über mPesa überwiesen, auch Löhne und Gehälter werden bereits ausgezahlt.[12]

Vom Erfolg ermutigt, hat Vodafone das System bereits in andere afrikanische Länder und nach Afghanistan ausgedehnt. Im April 2015 startete Vodafone mPesa in Rumänien.[13]

EasyPaisa, ein dem mPesa sehr ähnliches System, hat einen Anteil von 50 % Marktdurchdringung in Pakistan[14]. Im Jahr 2009 ins Leben gerufen, bietet es Handy-Wallet-Konten für registrierte Nutzer der Telenor (norwegischer Telefonbetreiber) in Pakistan. EasyPaisa bieten OTC (over-the-counter)-Transferdienstleistungen und Rechnungszahlungen, indem Kunden Geld, ohne ein Mobile Wallet Konto, überweisen. EasyPaisa ist die drittgrößte Mobilfunkgeldbereitstellung in der Welt und hat 7,4 Mio. Unique User. Benutzer können Rechnungen bezahlen, Geld überweisen, Sendezeit zukaufen und erhalten staatliche Leistungen mittels EasyPaisa übermittelt. In manchen abgeschnittenen Landstrichen hat die plötzliche Existenz einer funktionierenden Bezahlinfrastruktur einen bescheidenen Wirtschaftsboom ausgelöst.

Nokia hat im Sommer dieses Jahres seinen lange angekündigten Bezahldienst Nokia Money für Entwicklungs- und Schwellenländer testweise in Indien gestartet.

Die Vorteile der Globalisierung und Digitalisierung sind offensichtlich: Zwischen 1990 und 2008 schrumpfte der Anteil der Weltbevölkerung, die von weniger als 1,25 US-Dollar am Tag leben mussten von 47 auf 24 % bzw. von über 2 auf unter 1,4 Mrd. Menschen.[15] Damit wurde das Millennium-Entwicklungsziel der Vereinten Nationen für die Verringerung der Armut sogar übertroffen.

7.1.4 Grenzüberschreitende Geldanweisungen

Die Weltbank schätzt, dass das Volumen der grenzüberschreitenden Geldanweisungen an die Entwicklungsländer 2014 rund 436 Mrd. US-Dollar[16] betragen hat.

---

[12] Virtuelle Währungen Pop up Money, https://www.zukunftsinstitut.de/artikel/virtuelle-waehrungen-pop-up-money/ (Abruf: 04.01.2016).
[13] mPesa – Afrikas Handy-Bezahlsystem startet in Europa, http://wirtschaftsblatt.at/home/life/techzone/1596467/MPesa-Afrikas-HandyBezahlsystem-startet-in-Europa (Abruf: 16.10.2015).
[14] Easypaisa: Mobile Money Innovation in Pakistan, http://www.gsma.com/mobilefordevelopment/programme/mobile-money/easypaisa-mobile-money-innovation-in-pakistan/ (Abruf: 09.04.2016).
[15] Millenniums-Entwicklungsziele Bericht 2012, http://www.un.org/depts/german/millennium/mdg_report%202012_german.pdf (Abruf: 16.10.2015).
[16] http://www.worldbank.org/en/news/press-release/2015/04/13/remittances-growth-to-slow-sharply-in-2015-as-europe-and-russia-stay-weak-pick-up-expected-next-year (Abruf: 16.10.2015).

Bedingt dadurch, dass die Diaspora[17] auf über 250 Mio. Menschen 2015 steigen soll, soll auch das Wachstum dieser Überweisungen in einem entsprechenden Ausmaß steigen. Grundsätzlich steigert die internationale Migration das Welteinkommen. Dadurch, dass die Arbeitnehmer in ihren Gastländern produktiver eingesetzt werden können als in ihren Heimatländern führt Migration zu einem Anstieg der Gesamtleistung.

Diese Auslandsüberweisungen – die etwa dreimal so hoch sind wie die gesamten jährlichen Entwicklungshilfegelder – liefern einen hohen Beitrag zur Linderung der Armut, führen zu höheren Gesundheits- und Bildungsausgaben und einen verbesserten Zugang zu Informations- und Kommunikationstechnologien.

Zusätzlich schätzt die Weltbank, dass weitere 200 Mrd. US-Dollar durch nicht erfasste Kanäle in diese Länder fließen.

Abhängig vom Empfängerland liegen die Transaktionsgebühren bei Nutzung der momentanen Bargeldtransferunternehmen, wie Western Union oder MoneyGram, zwischen 8 und 12 % des Überweisungsbetrags. Rechnet man die Wechselkursverluste hinzu, so können die Transaktionskosten bis zu 30 % der Geldsendungen ansteigen. Wobei die Höhe der Gebühren korreliert mit der Nichtexistenz von Finanzdienstleistungsinstituten, je geringer die Bankdichte, desto höher die Transaktionskosten. Die Forderung der G8- und G20-Staaten auf Reduktion dieser Kosten auf 5 % würde enorme Einsparungen bringen. Hinzuzufügen ist, dass besonders die Überweisung von eher niedrigen US-Dollar- oder Euro-Beträgen – bei denen es sich aber für die armen Familien in den afrikanischen oder asiatischen Heimatländern um beträchtliche Beträge handeln kann – mit überproportional hohen Kosten verbunden ist oder gar nicht möglich ist.

Nur 2 % des Gesamtüberweisungsvolumens wurde bis dato mittels mobiler Technologielösungen durchgeführt.[18]

Die fünf wichtigsten Gastländer sind dabei die Vereinigten Staaten, Saudi-Arabien, Deutschland, Russland und die Vereinigten Arabischen Emirate (UAE).

Die betragsmäßig wesentlichsten Empfängerländer dieser Auslandsüberweisungen waren 2013 Indien (70 Mrd. US-Dollar), China (60 Mrd. US-Dollar), die Philippinen (25 Mrd. US-Dollar) und Mexiko (22 Mrd. US-Dollar). Weitere große Empfängerländer sind Nigeria, Ägypten, Bangladesch, Pakistan, Vietnam und die Ukraine.

---

[17] Der Begriff **Diaspora** ([di'aspora], griechisch διασπορά *diaspora* ‚Verstreutheit') bezeichnet seit dem späten 19. Jahrhundert hauptsächlich religiöse oder ethnische Gruppen, die ihre traditionelle Heimat verlassen haben und unter Andersdenkenden lebend über weite Teile der Welt verstreut sind, https://de.wikipedia.org/wiki/Diaspora (Abruf: 05.03.2016).

[18] Remittances growth to slow sharply in 2015, as Europe and Russia stay weak; pick up expected next year, veröffentlicht auf http://www.worldbank.org/en/news/press-release/2015/04/13/remittances-growth-to-slow-sharply-in-2015-as-europe-and-russia-stay-weak-pick-up-expected-next-year (Abruf: 31.07.2015).

7.1.5 Bedeutung des Bitcoin-Netzwerks für diese Ländern

The unexpected tragedy of our financial system is that the less money you have, the more expensive it is to send money around. (Joyce Kim, executive director of the Stellar Development Foundation)

Die Nutzung des Bitcoin-Zahlungssystems in diesen Ländern könnte folgende Vorteile mit sich bringen:

- Belebung des nationalen und internationalen Wohlstandes durch Inkludierung der bis dato Unbanked People in den Welthandel.
- Reduzierung der Schwarzmarktaktivitäten und Stabilisierung der Wirtschaftssysteme.
- Massive Reduktion der Transaktionskosten und Transaktionszeit für die Geldsendungen aus Industrieländern in Entwicklungsländern.

Die informelle Weltwirtschaft der Entwicklungs- und Schwellenländer nimmt ständig zu. Die Internationale Arbeitsorganisation schätzt den Anteil der Menschen, die in der informellen Wirtschaft beschäftigt sind, in manchen Ländern auf weit über 50 %. Besonders groß ist der Anteil z. B. in Nepal (73,3 %), Mali (71,0 %), Tansania (67 %), Indien (55,7 %) und Peru (53,8 %).[19] Würde es sich bei diesen Schattenwirtschaften um eine nationale Volkswirtschaft handeln, so würde diese den zweiten Rang nach jener der Vereinigten Staaten einnehmen. Diese sich entwickelnden Märkte sind auch von einem sehr hohen Anteil an selbstständigen Erwerbstätigen geprägt.

Dementsprechend könnte die globale Wirtschaft sehr von der Möglichkeit profitieren, diese Wirtschaftstreibenden in ein Zahlungsnetzwerk – unter Ausschluss der Mittelsmänner und ohne Kontrolle einer zentralen Institution – aufzunehmen und ihnen zu ermöglichen, Vermögenswerte und Informationen auszutauschen. Eine Funktion, die das Bitcoin-Transaktionssystem erfüllen könnte.

Ein dezentrales Transaktionsnetzwerk könnte durch die eindeutige Authentifizierung von Informationen die Bevölkerung dieser Länder auch von der Korruption der Verwaltungsstellen in diesen Ländern befreien. Die Blockchain als dezentrales öffentliches Hauptbuch könnte erstmals eine kostengünstige und zuverlässige digitalisierte Erfassung der Eigentumsrechte ebenso wie der Identitäten der Unternehmen ermöglichen und damit entsprechende Dokumentation bereitstellen, ohne die Beteiligung zentraler – und häufig auch korrumpierbarer – Regierungsbehörden.

7.1.5.1 Bitcoin-Startups

In den letzten Jahren haben sich der Thematik Unbanked People und Reduzierung der Transaktionskosten bei den Auslandsüberweisungen (Remittances) mehrere Bitcoin-Startups angenommen. Beispiele dafür sind:

---

[19] Die öffentliche Armut der Entwicklungsländer, http://www.younicef.de/fileadmin/Medien/PDF/oeffentliche_armut_01.pdf (Abruf: 16.10.2015).

Coins-ph

Die Bitcoin-Plattform Coins.ph,[20] beheimatet in Manila auf den Philippinen, wurde 2014 eröffnet. Schon bei Eröffnung der Plattform wurde als wichtiger Kooperationspartner MetroDeal, der größte Onlinehändler der Philippinen, genannt. Coins.ph begann ursprünglich als Bitcoin-Zahlungsanbieter und als Bitcoin-Börse und entwickelte sich im Laufe der Zeit durch Kooperationen mit den landesweit größten Finanzinstituten und Banken, einschließlich China Bank, HSBC, RCBC, Maybank und vieler anderer zu einer umfassenden Bitcoin-Servicestelle.

Seit 17. Dezember 2014 gibt es auch eine Partnerschaft der Coins.ph mit der Security Bank, die es Coins.ph-Benutzern ermöglicht, Bargeld an 450 Geldautomaten in Manila abzuheben. Die Partnerschaft bedeutet auch, dass Coins.ph-Nutzer bitcoins bei diesen Geldautomaten erwerben können.

Seit Dezember 2014 können Coins.ph-Nutzer auch ihre Strom- und Wasserkosten, ebenso wie ihre Versicherungen und Studiengebühren und ihre täglichen Lebensmitteleinkäufe mittels eines Coins.ph-Wallets bezahlen. Inzwischen ist Coins.ph auch aktiv in das Geschäft mit den Remittances eingestiegen.

BitSpark

Ende 2014 gegründet, konzentrierte sich das in Hongkong ansässige Bitcoin-Startup von Beginn an auf die Auslandsüberweisungen der philippinischen Gastarbeiter nach Philippinen.[21] Die Kosten für den Service betragen weniger als 1 % der Transaktionssumme und sind damit um vieles günstiger als die Transaktionskosten, die bei Western Union und ähnlichen Anbietern zu zahlen sind.

BitSpark nimmt dabei Hongkong-Dollar an einem Bitspark Stand im World-Wide House (ein Ort, wo die meisten Wanderarbeiter ihre Zeit während der Wochenenden verbringen) entgegen und überweist den Betrag an die angegebene Empfängeradresse. Im Januar 2015 erweiterte BitSpark seine Dienstleistungen bereits nach Indonesien, dabei kooperiert BitSpark mit ArtaBit, einem indonesischen Bitcoin-Zahlungslösungsanbieter, damit die Empfänger ihre Indonesischen Rupiah von einer Bank oder einem Postamt abholen können.

7.2 Transaktionskostenthematik

In den entwickelten Ländern stellt sich das Thema der anfallenden Transaktionskosten im Zusammenhang mit dem Zahlungsverkehr anders dar.

---

[20] https://coins.ph/ (Abruf: 16.10.2015).
[21] https://bitspark.io/ (Abruf: 16.10.2015).

7.2 Transaktionskostenthematik

Money Transfer Service	Time	Need CC or Bank Account?	Approx. Fees	FX/ Margin	Developing World Challenge
CASE STUDY: KENYA					
Western Union (from U.S.)	Minutes	No	7 %	3 %	High fees
Western Union (from U.K.)	Minutes	No	5 %	1 %	High fees
PayPal to Equity Bank	5-8 Days	Yes	4.5 %	2.5 %	Time, fees, banking
SKRILL to M-PESA	5-7 Days	Yes	1 %	4.5 %	Time, fees, banking
SWIFT Bank Wire (Citibank)	5-7 Days	Yes	$50 flat	4 %	Time, fees, banking
Bitcoin via BitPesa	Minutes	No	3% *	0.2 – 0.5 %	Awareness

* Decreases with traction

Abb. 7.1 Aufstellung der Transaktionskosten nach Zahlungsart. (Quelle: Pantera Capital)

7.2.1 Aus Sicht des Konsumenten

Bei den Konsumenten in den entwickelten Ländern ist die Nutzung von EC-Bankomat und Kreditkartenzahlungen beim Point of Sale[22] inzwischen sehr populär. Mittels Nutzung dieser Zahlungsmittel erleben die Konsumenten den elektronischen Zahlungsverkehr als bequeme Alternative zu geringfügigen Kosten zur Barzahlung im täglichen Geschäftsverkehr.

Der bei jeder Kreditkartenzahlung in Gang gesetzte intensive Prüf- und Verrechnungsprozess (bei dem bis zu 6 oder 7 unterschiedliche Finanzinstitute involviert sind und dessen Abwicklung bis zu drei Tagen dauern kann) innerhalb des Finanzsystems ist für den Konsumenten nicht offensichtlich.

Lediglich bei Nutzung der Kredit-/Debitkarte im Ausland erhöhen sich die Kosten für den Konsumenten um die Kosten der Währungsumrechnung. Diese Transaktionskosten werden dem Konsumenten meist direkt in Rechnung gestellt und können sich auf bis zu 10 % des Transaktionsbetrages belaufen (vgl. Abb. 7.1).

Ursache all dieser Transaktionskosten ist, dass es bis dato nicht möglich war, ohne Involvierung von Mittelsmännern/Finanzinstituten das Double Spending-Problem beim Transfer von digitalen Werten zu lösen, also sicherzustellen, dass das Verfügungsrecht über die transferierten Finanzmittel einwandfrei beim anweisenden Konsumenten liegt.

Wenn man die durchschnittliche den Händlern belastete Gebühr in Höhe von 2 % für Kredit- und Debitkartentransaktionen auf das von VISA und MasterCard im Jahr 2013 abgewickelte weltweite Kreditkartenzahlungsvolumen von rund 11 Bio. US-Dollar hoch-

---

[22] Springer Gabler Verlag (Hrsg.), Gabler Wirtschaftslexikon, Stichwort: Point of Sale (PoS), online im Internet: http://wirtschaftslexikon.gabler.de/Archiv/54807/point-of-sale-pos-v7.html, Definition: Point of Purchase (POP); Ort des Einkaufs (aus Sicht des Konsumenten) bzw. Ort des Verkaufs (aus Sicht des Händlers). Der POS ist also der Ort des Warenangebots (meist Laden bzw. innerbetrieblicher Standort einer Ware im Regal, in einer Verkaufsgondel), an dem die Kunden unmittelbaren Kontakt mit der Ware haben und die deshalb, zur Förderung von Impulskäufen, gezielt mittels Maßnahmen der Verkaufsförderung, angesprochen werden können. Durch zunehmende Verbreitung des Electronic Business wird der POS immer häufiger nach Hause (im privaten Bereich) bzw. an den Arbeitsplatz (im geschäftlichen Bereich) verlagert (Abruf: 04.01.2016).

rechnet – das sind etwa 87 % des gesamten Weltmarktes – dann haben diese Transaktionen den Handel in diesem einen Jahr etwa 250 Mrd. US-Dollar gekostet.

Der Konsument in den entwickelten Wirtschaftsländern, dem die Kreditkarte als (mehr oder weniger kostenloses) Service von seinem kreditkartenausgebenden Finanzinstitut als Zusatzleistung zu seinem Girokonto zur Verfügung gestellt wird, hat nur geringfügige Zusatzkosten durch die Kreditkarte.

Zusätzlich zu den elektronischen Kartenzahlungen stehen in den entwickelten Ländern zunehmend auch noch zahlreiche andere Onlinepaymentmethoden wie PayPal, Sofortüberweisung usw. zur Verfügung. Auch nehmen die mobilen Zahlungsmethoden mittels Handy usw. immer mehr zu. Da ein Erfolgskriterium all dieser Zahlungsmethoden die Benutzerfreundlichkeit ist, sind diese meist einfach bedienbar und weisen kurze Transaktionszeiten (wenige Sekunden) beim Point of Sale auf. Alle diese Methoden setzen jedoch auf das herkömmliche Finanzsystem auf.

Im Bitcoin-Transaktionssystem trägt grundsätzlich der Auslöser der bitcoin-Überweisung die etwaigen anfallenden Transaktionskosten, es findet keine Überwälzung auf den Empfänger statt.

Vom Standpunkt der Transaktionskosten und der kurzen Transaktionsdauer beim Point of Sale hat ein Konsument in den entwickelten Ländern für seine täglichen Onlinetransaktionen somit keinerlei offensichtlichen Anreiz auf ein neues Bitcoin – ganz offensichtlich mit höherer Komplexität verbundenes – Zahlungssystem umzusteigen.

7.2.2 Aus Sicht eines Unternehmers

Die Kosten für die Involvierung von bis zu 6 oder 7 unterschiedlichen Finanzinstituten und den tagelangen Verrechnungsprozess bei Kreditkartenzahlungen werden von den Banken an die Händler durch Gebührenabzüge zwischen 1 bis 3 % des Kaufpreises weiterbelastet.

Sollte es aufgrund von betrügerischen Aktivitäten bei Kreditkartenzahlungen zu Rückbuchungen kommen (was sehr häufig der der Fall ist), steigen die Abzüge beim Händler überproportional.

Dies alles vor dem Hintergrund, dass die Banken – speziell nach der Finanzkrise 2008 – die Zahlungsabwicklung zu einem ihrer wichtigsten Ertragsposten gemacht haben.

Bei der Akzeptanz von bitcoin-Zahlungen können die Transaktionskosten für den einzelnen Händler massiv reduziert werden. Will man zusätzlich auch das Wechselkursrisiko ausschalten, können Unternehmen inzwischen zahlreiche Dienstleistern der Bitcoin-Ökosphäre (Bitpay, GoCoin …) nutzen, die einerseits die Transaktionszeit für die Konsumenten massiv reduzieren (erhöhte Benutzerfreundlichkeit) und andererseits das Wechselkursrisiko für den Unternehmer übernehmen. Die von diesen Dienstleistern in Rechnung gestellten monatlichen Servicegebühren (zwischen 1 und 2 % des Umsatzes) kosten die Einzelhändler sehr viel weniger als die bei Kreditkartentransaktionen anfallenden Gebühren.

7.2 Transaktionskostenthematik

Für die Einzelhändler ist offensichtlich, dass die Nutzung des Bitcoin-Transaktionssystems für sie im Vergleich zu den herkömmlichen elektronischen Zahlungssystemen folgende Vorteile bringt:

- geringere Transaktionskosten,
- kürzere Transaktionsdauer,
- Irreversibilität der Transaktion.

Die Zahl der Unternehmen, die bitcoins als Zahlungsmittel in ihren Onlineshops akzeptieren, steigt bereits seit 2013 ständig.

Im grenzüberschreitenden Handel der Unternehmen (B2B) – einem Bereich, der ganz offensichtlich aufgrund der höheren Transaktionsbeträge und komplexeren Transaktionen Bedarf nach neuen Abwicklungssystemen hat – wird erst begonnen, über den Einsatz dezentraler Transaktionssysteme nachzudenken. Vorauszuschicken ist dabei, dass durch die zunehmende Globalisierung der internationale Warenverkehr stetig ansteigt. Grenzüberschreitende Zahlungen sind unerlässlich zur Durchführung internationaler Transaktionen, die Abwicklung dieser Zahlungsvorgänge ist jedoch speziell im täglichen Geschäftsverkehr seit Jahren unverändert ein sehr komplexer Prozess und erfordert die Nutzung lokaler Banken, die auf die Zusammenarbeit mit international tätigen Korrespondenzbanken zurückgreifen müssen.

Diese Geschäftstransaktionen erfordern die Erfassung, Speicherung und Verwaltung sensibler Informationen und oft auch Identitätsvalidierungen der involvierten Parteien. Meist wird die Ware auch nicht ausgeliefert, bevor nicht der Zahlungseingang verzeichnet ist. All diese Anforderungen kosten Geld und es dauert meist mehrere Tage, wenn nicht Wochen, bis der Kaufpreis/der Überweisungsbetrag den Bestimmungsort erreicht. Der dabei zur Anwendung kommende elektronische Zahlungsprozess ist intransparent und erlaubt meist weder die Prognose der genauen Höhe der anfallenden Transaktionskosten noch die Transaktionsdauer, was eine Hemmschwelle für die betroffenen Klein- und Mittelunternehmer darstellt (vgl. Abb. 7.2).

Die Vorteile der Nutzung des Bitcoin-Transaktionssystems sind für diese B2B-Zahlungen offensichtlich:

- Das Bitcoin-Zahlungssystem kennt keine Ländergrenzen und
- die angewandte Systematik und Funktionsweise ist global einheitlich sowie
- unbeeindruckt von nationalen Regularien.

Vor allem aber bietet das Bitcoin-Transaktionssystem mit seiner Programmierbarkeit die Möglichkeit, auf die besonderen Erfordernisse der verschiedenen Liefer- und Zahlungskonditionen einzugehen, mit Anwendungen wie beispielsweise den Multi-Signatur-Funktionen. Ein Unternehmer kann so ihren Angestellten über die Multi-Signatur-Funktion Zugriff auf digitale Werte geben und gleichzeitig Ausgaben nur zulassen, wenn drei

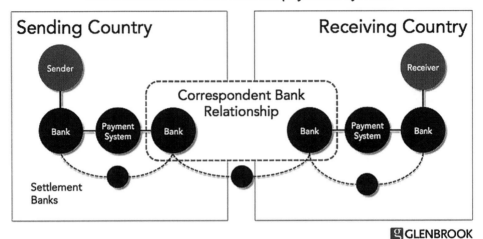

Abb. 7.2 Ablauf einer B2B-Auslandsüberweisung. (Quelle: Pantera Capital)

von fünf Nutzern die Transaktion signieren. Wobei der Auslöser (*Trigger*) für die Freigabe eines vorgesehenen bitcoin-Betrags der Eintritt bestimmter Bedingungen oder auch der Empfang bestimmter Zahlungen sein kann.

7.3 Digitale Geschäftsmodelle und Mikrozahlungen

Ein Bereich, indem Transaktionskosten jedoch auch für Konsumenten in den entwickelten Ländern usw. ein Thema ist, sind Klein- und Kleinstzahlungen. Der Transfer von einstelligen US-Dollar- oder Euro-Beträgen ist mit den herkömmlichen elektronischen Zahlungssystemen und auch mit der momentan wohl populärsten Onlinezahlungsmöglichkeit PayPal entweder nicht möglich oder resultiert in überproportional hohen Transaktionskosten.

Das Thema der Kleinstbetragszahlungen gewinnt andererseits durch das Aufkommen neuer digitaler Geschäftsmodelle an Bedeutung.

Bei diesen Geschäftsmodellen (vor allem der Content-Industrie)

- werden digitale Güter wie Nachrichten, Bücher, Musik-Downloads mit sehr geringen Kosten über das Internet verteilt.
- wobei die Abrechnung erfolgt dabei vermehrt in Form von monatlicher Kleinbetragsrechnungen, z. B. Clouddienstleister, Abozahlungen.

7.3 Digitale Geschäftsmodelle und Mikrozahlungen

Eine praktische Attraktivität des bitcoins ist hier die Leichtigkeit, mit der die Münzen sowohl geteilt auf zehn Stellen (1 BTC = 100,000,000 Satoshi) als auch wieder rekombiniert werden können. Es ist im Wesentlichen jede Stückelung möglich. Diese nicht mögliche unendliche Teilbarkeit war bis dato ein Nachteil der bestehenden elektronischen Zahlungssysteme. Bitcoin ist dadurch theoretisch perfekt für Mikrotransaktionen, wobei eine weitere Eigenschaft des Bitcoin-Zahlungssystems in diesem Bereich sehr wichtig ist: die Irreversibilität dieser Zahlungen. Sobald Bitcoin-Transaktionen bestätigt und damit in der Blockchain erfasst sind, sind sie irreversibel.

Diese Irreversibilität spielt speziell bei den digitalen Geschäftsmodellen eine wichtige Rolle:

- Die Lieferung von digitalen Inhalten (Bücher, Movies usw.), findet regelmäßig sofort statt (Download) und ist praktisch irreversibel.
- Durch Nutzung des Bitcoin-Zahlungssystems können die hohen Aufwendungen, die durch Kreditkartenbetrug entstehen – und vor allem bei digitalen Geschäftsmodellen zu unverhältnismäßig hohen Kosten führen – vermieden werden.
- Die Rückerstattung eines transferierten BTC kann nur mittels einer neuen Transaktion vorgenommen werden, sehr ähnlich einer Bargeldtransaktion.
- Papierschecks können eine oder zwei Woche(n) später platzen, Kreditkartentransaktionen können bis zu 60 oder 180 Tage später angefochten werden. Bitcoin-Transaktionen sind vollkommen irreversibel nach ein oder zwei Stunden.

Das ganze Thema Mikropayment wird in den nächsten Jahren hoffentlich neu geschrieben. Denn auch Bezahlsysteme für Apps und In-App-Einkäufe sollten sich an Open-Source-Prinzipien orientieren und nicht Unternehmen wie Google, Apple® und Microsoft® überlassen werden.

Limitationen des Bitcoin-Systems

8

> Bitcoin offers a sweeping vista of opportunity to reimagine how the financial system can and should work in the Internet era. (Marc Andreessen, General Partner at Andreessen Horowitz)

Die Vorteile der Nutzung des Bitcoin-Transaktionssystems als Ersatz für die momentan genutzten elektronischen Zahlungsverkehrssysteme sind offensichtlich, und doch gibt es immer noch viel Diskussion über Sinnhaftigkeit und Nutzbarkeit des Systems. Die Gründe dafür sind vielfältig und sollen das Thema der nächsten Ausführungen sein.

Bei der Diskussion der Limitationen des Bitcoin-Systems ist die relative Neuheit des Systems zu berücksichtigen, bei vielen der im Folgenden im Detail diskutierten Limitationen handelt es sich um Anfangsschwierigkeiten, an deren Lösung intensiv gearbeitet wird.

8.1 Komplexität

Als einer der Hauptgründe der langsamen Akzeptanz des Bitcoins in der Öffentlichkeit wird immer wieder die hohe Komplexität des Systems angeführt. Als Gegenargument ist hier vorweg anzumerken, dass bis dato das Abrechnungs- und Ablaufsystem, das hinter den Kreditkartenunternehmen VISA und Master Card steht und stand und mehrere verschiedene Finanzinstitute bzw. Finanzdienstleister involviert, nicht weniger, sondern eher noch komplexer ist. Durch das den Finanzinstituten und den Aufsichtsbehörden entgegengebrachte Vertrauen hat die Bevölkerung nie diese Systeme hinterfragt bzw. das Bedürfnis gesehen, diese Systeme zu verstehen. Diese naive Haltung hat sich jedoch durch die Finanzkrise 2008 inzwischen teilweise relativiert.

Richtig ist jedoch auch, dass die Eigenverantwortung des einzelnen Nutzers im Bitcoin-System höher ist und insofern eine persönliche Risikoabwägung wohl eine eingehende Befassung mit dem System verlangt.

8.2 Sicherheit

Bei Nutzung von Software Wallets, ob für Desktop-Computer oder mobile Geräte, hat der Nutzer das Risiko, sein Wallet mit den geheimen Schlüsseln durch Datenverlust oder Diebstahl zu verlieren, was zu einem unwiderruflichen Verlust seiner bitcoins führt. Grundsätzlich liegt die Verantwortung für die sichere Aufbewahrung der bitcoins ebenso wie die alleinige Kontrolle über die bitcoins beim Inhaber des geheimen Schlüssels.

Bei Nutzung von Web Wallets liegen die privaten Schlüssel auf Webservern der Onlineanbieter. Diese Onlineanbieter haben Zugang zu den privaten Schlüsseln. Der durch diese Onlineanbieter ermöglichte unkomplizierte und schnelle Zugriff auf die bitcoins bringt damit eine Erhöhung des Sicherheitsrisikos mit sich: Einerseits besteht das Risiko der mangelnden Vertrauenswürdigkeit des Betreibers der Website und andererseits steigt die Gefahr des Datendiebstahls durch Hacker. Von Jahr zu Jahr steigt die Anzahl der Hacker-Angriffe auf Unternehmen: Waren es 2013 noch 26 %, liegt die Zahl aktuell bei etwa 40 %. Das zeigt die neue e-Crime-Studie von KPMG,[1] für die Mitarbeiter aus Führungspositionen aus 500 deutschen Unternehmen befragt wurden. Hauptziel der Hacker sind lt. dieser Studie vor allem Finanzdienstleister und in den letzten Jahren auch vermehrt zentralisierte Dienstleister im Bitcoin-Transaktionssystem.

Da es keine Instrumentarien wie Einlagensicherung usw. gibt bzw. herkömmliche Absicherungsstrategien wie der Abschuss von Versicherungsverträgen erst im Stehen sind, liegt das Risiko eines Verlustes auch bei Nutzung eines Dienstleisters aus der Bitcoin-Ökosphäre meist noch beim Nutzer.

Mangelndes Vertrauen in die Sicherheit von Wallet-Diensten ist nach einer langen Reihe von aktuellen Schlüssel-Diebstählen und Betrugsversuchen einer der wichtigsten Gründe dafür, dass das Wachstum der Bitcoin-Nutzung zu stagnieren scheint.

Einer der ersten großen Bitcoin-Hackerangriffe (Hacks) ereignete sich bei der Mt. Gox Börse im Juni 2011, als der Börse 2000 BTC im Wert von 47.000 US-Dollar[2] (entsprach damals fast 8 % der gesamten bis dahin geminten bitcoins) entwendet wurden. In weniger als einer Stunde war der Markt überschwemmt mit bitcoins mit dem Ergebnis, dass der Wert eines BTC von 17,50 auf 0,01 US-Dollar einbrach. Ebenfalls im Juni 2011 wurde das Wallet MyBitcoin gehackt und 79.000 BTC im Wert von 1,1 Mio. US-Dollar wechselten unbefugt ihren Eigentümer, im Frühjahr 2012 wurde dieses Wallet noch zweimal gehackt, wobei dann nochmals 78.000 BTC im Wert von 400.000 US-Dollar entwendet wurden.[3]

---

[1] Studie: e-Crime – Computerkriminalität in der deutschen Wirtschaft 2015, https://www.kpmg.at/publikationen/publikationen-details/2636-studie-e-crime-computerkriminalitaet-in-der-deutschen-wirtschaft-2015.html (Abruf: 16.10.2015).

[2] The Inside Story of Mt. Gox, Bitcoin's $460 Mio. Disaster, http://www.wired.com/2014/03/Bitcoin-exchange/ (Abruf: 16.10.2015).

[3] A history of Bitcoin hacks http://www.theguardian.com/technology/2014/mar/18/history-of-Bitcoin-hacks-alternative-currency (Abruf: 16.10.2015).

8.2 Sicherheit

Im März 2014 musste das Wallet Flexcoin schließen, nachdem Hacker 896 BTC mit einem Wert von rund 560.000 US-Dollar von einer Hot Wallet gehackt hatten. Die slowenische Bitcoin-Börse Bitstamp wurde im Januar 2015 von Hackern angegriffen, die Cyber-Kriminellen erbeuteten rund 19.000 BTC mit dem damaligen Wert von 3 Mio. Euro[4].

Anfang 2014 gab der damalige Besitzer von Mt. Gox, der damals weltweit größten Bitcoin-Börse, Marc Karpeles,[5] bekannt, dass sein Unternehmen von den für die Kunden gehaltenen bitcoins, 744.408 BTC mit einem Gesamtwert von etwa 220 und 370 Mio. Euro durch einen Hackerangriff verloren hatte. Als Folge meldete das Unternehmen am 28. Februar 2014 bei einem japanischen Bezirksgericht Insolvenz an. Die Nutzer verfügten bei Mt. Gox über zwei Konten: ein bitcoin-Konto und ein Konto der dem Nutzerprofil zugeordneten Währung. Auf Letzteres kann beispielsweise durch Banküberweisungen, auf ersteres durch einen Transfer an eine zugeordnete Bitcoin-Adresse Geld überwiesen werden. Die bitcoins wurden zentral von Mt. Gox verwaltet. Über die Weboberfläche konnte der Nutzer Kauf- oder Verkaufsangebote erstellen. Beim Kauf konnte optional ein Höchstpreis angegeben werden, beim Verkauf ein Mindestpreis. Die Plattform ermittelte für gestellte Orders den Marktpreis und führte die Transaktionen automatisch zusammen.

Im Frühjahr 2015 sendete Huobi,[6] eine große chinesische Bitcoin-Börse, irrtümlich 920 bitcoins und 8100 Litecoins an falsche Adressaten. Aufgrund der Irreversibilität konnten diese Transaktionen nicht mehr rückgängig gemacht werden und Huobi war auf den Goodwill der neuen Bitcoin-Inhaber angewiesen.

Einer Studie zufolge waren von 40 ursprünglich gegründeten Bitcoin-Börsen Mitte 2013 18 bzw. 45 % schon wieder geschlossen und sind teilweise mit den Kundengeldern verschwunden. Von den verbleibenden 22 sind bis dato nochmals fünf Bitcoin-Börsen auf ähnliche Weise mitsamt den verwalteten Bitcoin-Beständen verschwunden.

Für Hacker sind bitcoins vor allem aus den Gründen der Unumkehrbarkeit der Transaktionen und der Pseudoanonymität in Verbindung mit Mixingmöglichkeiten (dazu mehr im Abschn. 12.2.3) der Transaktionen interessant. Bei den herkömmlichen Erpressungen ergaben sich durch die Notwendigkeit der haptischen Übergabe des verlangten Geldes Strafverfolgungsmöglichkeiten für die Ermittlungsbehörden, die mit der digitalen Übertragung der bitcoins nicht mehr möglich sind. Insofern ist die Kryptowährung eine ideale Erpresserwährung.

Insgesamt sind durch Betrugsfälle, Diebstahl oder sonstige Fehlbuchungen mindestens 15 % der bis dato ausgegebenen bitcoins nicht mehr bei ihrem rechtmäßigen Besitzer.

---

[4] Bitcoin im Wert von 5 Mio. Dollar gestohlen, http://www.faz.net/aktuell/finanzen/devisen-rohstoffe/bitcoin-im-wert-von-5-millionen-dollar-gestohlen-13356366.html (Abruf: 09.04.2016).
[5] Mtgox.com meldet Insolvenz, http://www.netzstreit.net/2014/02/28/mtgox-com-meldet-insolvenz/ (Abruf: 16.10.2015).
[6] Huobi Accidentally Sends 920 BTC and 8100 LTC to Wrong Account, https://www.cryptocoinsnews.com/huobi-accidentally-sends-920-btc-8100-ltc-wrong-account/ (Abruf: 10.06.2015).

Die Bitcoin-Ökosphäre hat auf diese Problematik mit der Entwicklung verschiedener Soft- und Hardwarelösungen reagiert, die immer mehr an Popularität gewinnen:

- *Verschlüsselung*: Die Wallets werden durch Verschlüsselung mit frei zugänglichen Verschlüsselungswerkzeugen abgesichert. Dass der Verschlüsselung zugrunde liegende Passwort muss, um einen wirksamen Schutz zu garantieren, stark gewählt werden.
- Die *Zwei-Faktor-Authentifizierung (kurz 2FA)* dient dem Identitätsnachweis eines Nutzers mittels der Kombination zweier verschiedener und insbesondere unabhängiger Komponenten (Faktoren). Das kann typischerweise etwas sein, was er weiß, etwas, was er besitzt, oder etwas, was untrennbar zu ihm gehört. Aus dem Alltag ist dies z. B. von Geldautomaten bekannt. Erst die Kombination aus Bankkarte und PIN ermöglicht die Transaktion. Die Zwei-Faktor-Authentifizierung ist somit ein Spezialfall der Multi-Faktor-Authentifizierung.
- *Aufteilen des Private Keys:* Ergänzend zur Verschlüsselung kann der private Schlüssel in mehrere Teile zerlegt werden.
- *Sicherungskopie der Wallets:* Ein Wallet kann auch auf mehreren Medien gesichert werden, um das Risiko des Datenverlusts auf einem dieser Medien zu reduzieren.
- *Hot/Cold Wallets*: Eine weitere Absicherungsmethode ist die Nutzung eines Wallets für den täglichen Bedarf, auch Hot Wallet genannt, und einer Cold Wallet. Die Hot Wallet – mit dem täglichen Bedarf an bitcoins – bleibt dabei auf dem Computer des Nutzers, damit die Nutzbarkeit im täglichen Umgang erhalten bleibt. Die Cold Wallet wird separat davon gesichert und befindet sich auf einem nicht an das Internet angeschlossene Gerät.

Bei den seit dem Frühjahr 2014 populären *Hardware Wallets* handelt es sich um kleine Single-Purpose-Computer von der Größe eines kleinen mp3-Players, auf denen die geheimen/privaten Schlüssel gespeichert werden und in der Folge Transaktionen damit signiert werden können. Es ist nicht möglich, bitcoins zu transferieren, ohne dass vorher eine Bestätigung durch das (per USB) an den Computer angeschlossenen Geräts erfolgt ist. Sollte das Hardware Wallet verlorengegangen oder zerstört worden sein, kann auf das damit verwaltete Guthaben jederzeit wieder mithilfe eines Backups und eines andern Gerätes (oder Clients) zugegriffen werden.

Gängige *Hardware-Wallets* sind das Trezor[7] (funktioniert mit einem Mikrocontroller) und das deutlich günstigere Ledger Wallet[8] (beruht auf einer Smartcard).

Prinzipiell funktionieren sie ähnlich wie man das von einer Bank bei den TAN-Listen kennt. Bei beiden Geräten braucht man einen speziellen Code, um Zahlungen freizugeben. Beim *Trezor* wird dieser Code auf einem Minidisplay am Gerät angezeigt.

Inzwischen ist das Ausmaß der gebotenen Sicherheit für die Wallets ein Qualitätsmerkmal der verschiedenen Bitcoin-Dienstleister und beeinflusst auch die Höhe der verlangten

---

[7] https://www.Bitcointrezor.com/ (Abruf: 16.10.2015).
[8] https://www.ledgerwallet.com/ (Abruf: 16.10.2015).

Gebühren dieser Dienstleister. So sorgen die ersten Bitcoin-Unternehmen Xapo, Coinbase, BitGo, Gemini bereits für Versicherungsschutz der bei ihnen gespeicherten bitcoins. itBit, ein Unternehmen der Bitcoin-Ökosphäre, mit einer Lizenz des New York State Department of Financial Services (NYDFS), bietet sogar Einlagenschutz nach der FDIC (FDIC insured accounts).[9]

Auch ein großer Teil des in Bitcoin-Unternehmen investierten Venture-Capital-Geldes adressiert das Thema Sicherheit. So haben Coinbase and Xapo gemeinsam mehr als 200 Mio. US-Dollar Venture-Capital[10] in den letzten Monaten erhalten. Entsprechend verwalten diese Unternehmen auch mehrere Millionen an bitcoins – Schätzungen gehen dabei von 25 bis 30 % der gesamten geminten Geldmenge aus.[11]

Die aufwendigen Maßnahmen von Xapo, Startup von Wences Casares[12] zur Sicherung der privaten Schlüssel seiner Kunden sind vielleicht einzigartig: Die Speicherung erfolgt auf nicht ans Internet angeschlossenen Servern. Diese Server befinden sich, bewacht von bewaffnetem Personal, über die ganze Welt verteilt in unterirdischen Tresoren.

8.3 Skalierbarkeit des Systems

Das Peer-to-Peer-Bitcoin-System stößt momentan (Anfang 2016) mehrfach an seine Grenze: Einerseits nimmt die Zahl der Full-Nodes ständig ab und andererseits nimmt die Dauer der benötigten Bestätigungszeit für die Transaktionen ständig zu.

Die Zahl der Full-Nodes stagniert bzw. steigt nur langsam, Grund ist vor allem die steigende Größe der Blockchain. Im dezentralen Bitcoin-Netzwerk speichert jeder (volle) Knoten die ganze Datenbank mit allen Transaktionen. Erst wenn eine Transaktion in einen Block aufgenommen wurde, dessen Korrektheit in der Folge auch von den anderen Minern

---

[9] ItBit Nets $25 Mio., Launches NYDFS-Approved Bitcoin Exchange, http://www.coindesk.com/itbit-25-million-series-a/ (Abruf: 21.09.2015).

[10] Bitcoin „vault" Xapo offers solution to theft and a tiny nest egg upon signup, https://gigaom.com/2014/03/13/Bitcoin-vault-xapo-offers-solution-to-theft-and-a-tiny-nest-egg-upon-signup/ (Abruf: 16.10.2015).

[11] Too Many Bitcoins: Making Sense of Exaggerated Inventory Claims, http://www.coindesk.com/many-Bitcoins-making-sense-exaggerated-inventory-claims/ (Abruf: 21.09.2015).

[12] Wences Casares is a technology entrepreneur and advocate of the Bitcoin revolution, [1] with global business experience specializing in technology and financial ventures. Casares has said he believes that Bitcoin will be bigger than the internet. He is also founder and CEO of Xapo, a Bitcoin wallet and vault startup based in Palo Alto, California. [3] Xapo is said to be the largest custodian of Bitcoin in the world. [1] In July 2014, Xapo raised $20 million, bringing its total backing to $40 million. [4] Notably, Casares has since been sued for fraud by LifeLock, who acquired Lemon, a digital wallet company led by eventual Xapo founder Wences Casares. [5] Identity theft security firm LifeLock has pulled the Lemon Wallet app from availability and taken the unusual step of deleting all data stored by current users after it deemed the app non-compliant with security standards. „We have determined that certain aspects of the mobile app may not be fully compliant with payment card industry (PCI) security standards," said LifeLock CEO and Chairman Todd Davis, https://en.wikipedia.org/wiki/Wences_Casares (Abruf: 16.10.2015).

durch Aufnahme in der Blockchain bestätigt wurde, gilt eine Transaktion als bestätigt. Die Blockchain ist inzwischen über 60 GB und benötigt mehrere Tage um vollständig runtergeladen zu werden. Immer weniger Nodes laden daher den Bitcoin Core auf ihre Rechner. Eine niedrige oder sogar abnehmende Anzahl der Full-Nodes wiederspricht jedoch dem angestrebten und wohl wichtigsten Merkmal des Bitcoin-Systems: der Dezentralität des Systems.

Gleichzeitig steht einer steigenden Anzahl der täglich durchgeführten Bitcoin-Transaktionen das Problem der eingeschränkten Blockgröße gegenüber. Waren die Blöcke im Jahr 2013 nur rund 125 Kbyte groß, betrug die mittlere Größe im Jahr 2015 schon 425 Kbyte[13]. Derzeit ist eine maximale Blockgröße von 1 Megabyte im Bitcoin-Algorithmus vorgesehen, was die Anzahl der Transaktionen auf drei bis sieben je Sekunde (die genaue Zahl hängt davon ab, wie groß eine Transaktion ist, beispielsweise wie viele Empfänger sie hat) begrenzt. Im Vergleich dazu wickelt VISA bis zu 47.000 Transaktionen in der Sekunde ab.[14]

Dieses Skalierungsproblem führt bereits jetzt dazu, dass von den Minern vorrangig Transaktionen, bei denen Transaktionsgebühren bezahlt werden, verarbeitet werden. Transaktionen, bei denen keine oder sehr geringe Transaktionsgebühren vorgesehen sind, müssen länger auf eine Transaktionsbestätigung warten bzw. werden gar nicht durchgeführt.

Eine Änderung der Blockgröße im Bitcoin-Protokoll ist möglich, erfordert jedoch eine Konsensbildung im Netzwerk, da um die Integrität des Systems aufrechtzuerhalten, alle Full-Nodes ein Update des neuen Bitcoin Core durchführen müssen, um nicht einen Fork der Blockchain entstehen zu lassen.

Eine Änderung der Blockgröße würde jedoch durch die damit einhergehende Vergrößerung der Blockchain (wie oben dargelegt) in einer Reduzierung der Full-Nodes und auch in einer Reduzierung der Miner enden – was wiederum die Dezentralität des Systems in Gefahr bringen würde. Größere Blöcke bedeuten, dass die Knoten mehr Daten empfangen, speichern, versenden und validieren, dass ihre CPUs mehr rechnen, ihre Festplatte mehr schreiben und ihre Internetverbindung mehr Traffik durchlassen müssen. Und wenn die Anforderungen an die einzelnen Knoten steigen, wenn sie bessere Hardware und bessere Verbindungen brauchen, dann geben Knoten auf und die Dezentralität des Bitcoin-Netzwerkes ist gefährdet[15].

Die Konsensbildung zu diesem Thema geht mit einer intensiven Diskussion einher.

Die Debatte beschäftigt sich mit der grundsätzlichen Ausrichtung des Bitcoin-Zahlungssystems:

---

[13] Die Blockchain wächst wieder, http://www.golem.de/news/bitcoin-classic-die-blockchain-waechst-wieder-1601-118535.html (Abruf: 09.04.2016).
[14] last fall, Visa reached 47,000 tx per second at the Gaithersburg IBM testing facility.
[15] Dezentralität und die Frage, ob Bitcoin skalieren kann, http://bitcoinblog.de/2016/03/29/dezentralitaet-und-die-frage-ob-bitcoin-skalieren-kann/ (Abruf: 31.3.2016).

8.3 Skalierbarkeit des Systems

- Handelt es sich beim Bitcoin-Transaktionssystem vor allem um ein dezentrales und sicheres Zahlungsnetzwerk für besondere Zwecke und große Überweisungen oder
- soll bitcoin ein Zahlungsmittel für den täglichen Gebrauch für alle werden?

Zur Lösung des Skalierbarkeitsproblems schlug beispielsweise Gavin Andresen – einer der Core- Entwickler – eine Änderung der Blockgröße auf bis zu 20 Megabyte, beginnend mit dem 1. März 2016, unter Durchführung eines Hard Forks vor.

Alle bisher durchgeführten Änderungen des Bitcoin-Protokolls beseitigten Sicherheitslücken, diese Netzwerkänderungen wurden dementsprechend von allen Knoten/Nodes akzeptiert. Der von Gavin Andresen nun vorgeschlagenen Hard Fork soll allerdings erstmals ein funktionierendes System ändern.

Andererseits ist es bei dem momentan gegebenen Limit von drei bis sieben Transaktionen je Sekunde ausgeschlossen, dass das Bitcoin-Zahlungssystem jemals eine ernst zu nehmende Alternative zu den momentan genutzten elektronischen Zahlungsverkehrssystemen wird und die offensichtlichen und auch notwendigen Möglichkeiten (bei den Auslandsüberweisungen oder auch bei den Mikropayments) genutzt werden können. Ohne eine Vergrößerung der Blockgröße wird es nicht möglich sein, langfristig alle Händler, die den Bitcoin bereits jetzt akzeptieren, zu bedienen.

Mit der momentanen Blockgröße ist es auch ausgeschlossen, dass das Potenzial der Scripting-Möglichkeit des Bitcoin-Protokolls für Smart Contracts usw. genutzt wird, da auch davon die Blockgröße belastet wird.

Gegner des Vorschlags von Gavin Andresen sind jedoch einige der anderen Core-Entwickler, darunter etwa Gregory Maxwell, Pieter Wuille und Luke Dashjr, die ebenfalls gewichtige Argumente vorbringen.

Sie sehen 20-Megabyte-Blöcke auch nur

- als eine Zwischenlösung, die noch weit davon entfernt ist, an die Kapazität des VISA-Netzwerks heranzureichen,
- aber möglicherweise die Entwicklung von tatsächlich skalierbaren Lösungen verzögern würde, wie sie von Sidechains oder dem Lightning-Netzwerk (siehe auch Abschn. 9.2 und 9.3) erhofft werden.
- Größere Blöcke führen darüber hinaus dazu, dass der Bedarf an Festplattenspeicher und vor allem Bandbreite so groß sein wird, dass es für Normaluser über kurz oder lang unmöglich werden wird, einen Client zu benutzen[16].

---

[16] Von hungrigen Bitcoinern, einer gestressten Blockchain und weiteren Neuigkeiten, http://bitcoinblog.de/2015/06/08/von-hungrigen-bitcoinern-einer-gestressten-blockchain-und-weiteren-neuigkeiten/ (Abruf: am 31.03.2016).

Arvind Narayanan, Princeton University, fürchtet[17]

- dass eine Erhöhung auf 20 Megabyte die Miningkosten erhöhen würde,
- Wettbewerber aus dem Rennen wirft und damit
- das Mining noch mehr zentralisieren würde.

Nick Szabo wiederum fürchtet, dass Angreifer durch das Veröffentlichen von extragroßen Blöcken Schaden verursachen könnten.

Der Blog Bitcoinblog.de fasst in dem Beitrag *Dezentralität und die Frage, ob Bitcoin skalieren kann* **vom 29. März 2016 nochmals die verschiedenen Sichtweisen der Core-Entwickler zusammen**[18]**:**

Core meint, dass man dringend „off-chain" skalieren muss. Die Blockchain soll klein gehalten werden und das Limit soll einen Leidensdruck erzeugen, der dabei hilft, neue Methoden der Skalierung voranzubringen. Der große Hoffnungsträger ist das Lightning Network, das ein Netzwerk aus Payment-Channels werden soll, in denen mehrere Parteien mit Smart Contracts Payment Channel eröffnen und dann nicht länger Transaktionen in die Blockchain schreiben, sondern die Transaktion anpassen, die später den Channel schließen soll.

Die Vision von Core ist es, die Blockchain so klein zu halten, dass sie weiterhin (und idealerweise für immer) auf einen Home-PC passt. Diese kleine Blockchain wird dann nicht mehr zum echten Bezahlen benutzt, sondern ist ein Settlement Netzwerk. Transaktionen auf der Blockchain selbst sind teuer, da der Platz knapp ist. Banken benutzen die Blockchain, um ihre Verpflichtungen zu löschen, Privatleute, um alle 6 Monate einen Payment-Channel zu eröffnen. Das ist nicht ganz die Vision, die Satoshi mal hatte, aber es erhält den dezentralen Charakter des Bitcoins und legt zugleich die Weichen, um mehr oder weniger alle Transaktionen dieser Welt mit dem System abzuwickeln.

Classic hingegen meint, dass man sowohl off-chain als auch on-chain skalieren sollte. Die Blöcke sollen größer werden, zumindest so lange, bis off-chain-Lösungen wie Lightning in regem Gebrauch sind. Wenn dabei einige schwache Nodes rausfliegen, wenn man am Ende anstatt 8000 nur noch 3000 Knoten hat, ist dies in Kauf zu nehmen. Man kann, so Classic, sehr weit skalieren, ohne die Dezentralität zu verlieren.

Während die meisten Entwickler von Classic durchaus für off-chain-Lösungen wie Lightning oder Sidechains sind, vertreten manche Anhänger von on-chain-Skalierungen die Ansicht, dass man alle Zahlungen, die jemals anfallen, in die Blockchain pressen kann. Zum einen, weil Lightning weder entwickelt noch notwendig ist. Und zum anderen weil „big nodes", also Knoten, die nur noch in Datenzentren passen, nicht per se schlecht sind. Wenn genügend von ihnen da ist, ist das Netzwerk weiter dezentral, und da die User weiterhin die privaten Schlüssel für ihre Bitcoins behalten können, wären es gegenüber dem heutigen System ein großer Fortschritt.

Ebenfalls Probleme mit größeren Blöcken zeigt eine Analyse von Tradeblock über den Zusammenhang zwischen der Größe von Blöcken und der Dauer ihrer Verbreitung im Netzwerk. So benötigt ein Block mit 300 KB etwa sechs Sekunden, um 3000 Knoten zu erreichen, während ein Block mit 800 KB bereits 16 Sekunden braucht. Ein Block mit

---

[17] Rise of Powerful Mining Pools Forces Rethink of Bitcoin's Design.
[18] http://bitcoinblog.de/2016/03/29/dezentralitaet-und-die-frage-ob-bitcoin-skalieren-kann/ (Abruf: 03.04.2016).

8 Megabyte würde, so eine Hochrechnung von Tradeblock, demnach 137 Sekunden benötigen, um sich im ganzen Netzwerk auszubreiten. Für die Miner wären dies 137 Sekunden, in denen sie potenziell auf der falschen Blockchain minen würden[19].

Erschwert wird diese öffentliche Debatte noch um die Tatsache, dass es sich beim Bitcoin-Client zwar um ein dezentrales Peer-to-Peer-System handelt, aber es Fakt ist, das die Weiterentwicklung des ursprünglichen Bitcoin-Clients von den zwei zentralen Instanzen, der Bitcoin Foundation und dem MIT erfolgt. Auch wenn der Quelltext offenliegt, so kann doch nur der zentrale Entwicklerkreis Einfluss auf den System-Algorithmus nehmen.

Zum Zeitpunkt der Fertigstellung des Buches läuft die Diskussion noch weiter. Für den Fortschritt des Bitcoin-Transaktionssystems ist es extrem wichtig, dass auf der einen Seite das Skalierbarkeits-Problem (Scalability) gelöst wird, aber dies auf der anderen Seite durch eine sichere und nachhaltige Weise geschieht.[20]

8.4 Lange Bestätigungszeiten

Entsprechend des Bitcoin-Algorithmus dauert die Schaffung oder das Minen eines Blocks in etwa zehn Minuten, damit beträgt die Wartezeit auf die Bestätigung einer Transaktion durchschnittlich acht Minuten.[21] Um sicher zu sein, dass eine Transaktion endgültig irreversibel ist (empfehlenswert für große Transaktionen), muss man sogar noch länger warten. Denn erst wenn die Miner die Arbeit am nächsten Block begonnen haben, wurde die Transaktion in der Blockchain unwiderruflich bestätigt. Als Daumenregel gilt eine Transaktion als sicher, wenn sechs Bestätigungen aus dem Bitcoin-Netzwerk eingegangen sind, was bis zu einer Stunde dauern kann.

Diese langen Bestätigungszeiten sind ein offensichtlicher Nachteil gegenüber dem alltäglichen elektronischen Zahlungsverkehr (Kreditkarten bzw. PayPal), aber auch gegenüber den mobilen Zahlungsdienstleistern wie ApplePay usw.

Um im täglichen Onlinehandel dieses Problem zu adressieren, bieten Dienstleister (z. B. Bitpay) vermehrt die Abwicklung der Zahlungen an und übernehmen neben dem Wechselkursrisiko auch das Ausfallrisiko. Der Einzelhändler bekommt unmittelbar nach Durchführung der Transaktion je nach Wunsch die Fiatwährung oder bitcoins auf sein Konto gegengebucht.

Für die Zahlungsdienstleister bieten sich die Optionen einer On-chain-Transaktion oder eine Off-chain-Transaktion an.

---

[19] Stress, Kampf, Konsens, http://bitcoinblog.de/2015/06/26/stress-kampf-konsens/ (Abruf: 31.03.2016).
[20] Die Bitcoin News der Woche, verfasst von Christoph Bergmann, http://Bitcoinblog.de/2015/06/08/von-hungrigen-Bitcoinern-einer-gestressten-blockchain-und-weiteren-neuigkeiten/ (letzter Abruf: 05.08.2015).
[21] https://Bitcointalk.org/index.php?topic=110098.0 (Abruf: 16.10.2015).

Bei einer On-chain-Transaktion versuchen die Dienstleister, ihr Risiko zu minimieren, indem der Dienstleister zum Zeitpunkt der Durchführung das Netzwerk auf Double Spending-Aktivitäten hin überprüft: Transaktionen verbreiten sich mit rasanter Schnelligkeit im Netz. Die Knoten des Netzwerkes und die Miner akzeptieren nur die erste Version einer Transaktion, die sie erhalten, um sie in den Block einzufügen, den sie generieren. Ein Double Spending-Versuch müsste einen minimal schnelleren Start haben, schneller streuen und schneller die meisten Knoten erreichen. Da der Zahlungsdienstleister aber in Verbindung mit vielen Knoten steht, beobachtet er beim Zeitpunkt der Durchführung einer Transaktion das Netzwerk auf Double Spending-Angriffe. Wenn er einen Double Spend von einem der Knoten erhält, löst er einen Alarm aus, dass die Transaktion ungültig ist.

Die zweite Alternative sind die momentan häufig – vor allem im Kleinbetragsbereich – durchgeführten Off-chain-Transaktionen.

Diese Off-chain-Transaktionen finden außerhalb der Blockchain meist innerhalb eigener Rechnungskreise der Bitcoin-Unternehmen statt, sogenannten *Silos*. Erst wenn die bitcoins aus diesen *Silos* heraustransferiert werden, handelt es sich um On-chain-Transaktionen, die in der Blockchain erfasst werden.

Es gibt keine Aufzeichnungen über das Ausmaß der täglich durchgeführten Off-chain-Transaktionen, man geht aber davon aus, dass es sich um ein Vielfaches der On-chain-Transaktionen handelt.

So werden die Transaktionen von Bitcoin-Unternehmen wie ChangeTip, von zahlreichen Faucet- und Spieleseiten, also vor allem alles rund um Klein- und Kleinstbeträge, momentan nicht in der Blockchain abgebildet, sondern bedingt durch lange Bestätigungszeiten und hohe Transaktionskosten Off-chain entweder von den einzelnen Website-Betreibern selbst oder auch von bereits darauf spezialisierten Zahlungsdienstanbieter abgewickelt. Beispielsweise arbeitet Faucetbox, ein polnischer Mikropayment-Zahlungsdienstleister täglich mehrere Tausende bitcoin-Transfers für mehr als 4000 Faucet-Webseiten ab.

Bei den Mikropayments kommt noch dazu, dass im Bitcoin-Algorithmus

- zur Vermeidung von „Denial of Service"-Vorfälle durch Spam-Attacken ein Mindestbetrag, auch bezeichnet als *Dust Limit*, codiert ist,
- zusätzlich eine Transaktionsgebühr für Mikropayments vorgesehen ist, die dazu führt, dass die Transaktionsgebühr höher ist als der eigentliche bitcoin-Transfer und
- die langen Bestätigungszeiten in keiner Relation zum übertragenen Betrag stehen.

8.5 Transaktionskosten als Mining-Belohnung

Für jeden von ihm geminten Block erhält der Miner eine Belohnung in Form von gutgeschriebenen bitcoins (der Block-Reward). Der Block-Reward, der sich alle 210.000 Blöcke, also ungefähr alle vier Jahre, halbiert[22], stellt damit einerseits die Belohnung für

---

[22] https://en.bitcoin.it/wiki/Controlled_supply (Abruf: 09.04.2016).

8.5 Transaktionskosten als Mining-Belohnung

die Miner für die erbrachte Tätigkeit dar und repräsentiert gleichzeitig auch die Geldschöpfung bzw. steuert die Geldmenge in der Bitcoin-Ökonomie.

Wenn ein Miner einen Block findet, erhält er zusätzlich zum Block-Reward auch alle Transaktionsgebühren, die den mit diesem Block bestätigten Transaktionen beigefügt wurden.

Es gibt keine Instanz, welche die Höhe oder auch nur den Rahmen der Gebühren festlegt.

Häufig ist jedoch die Höhe der bei einer Bitcoin-Transaktion anfallenden Transaktionskosten abhängig von den Nutzungsbedingungen der verwendeten Wallet-Software. Einige Bitcoin-Wallets sehen keinerlei Transaktionsgebühren vor. Die Mitte 2015 von den meisten Bitcoin-Wallets standardmäßig vorangestellte Überweisungsgebühr beträgt 0,0001 Bitcoin, umgerechnet also ca. 5 Cent. Theoretisch ist die Transaktionshöhe im Bitcoin-System irrelevant, praktisch jedoch steht die Bestätigungszeit im System sehr wohl im Zusammenhang mit einer Gebühr, die vom Nutzer gezahlt wird. Diese Transaktionsgebühren bestimmen nach dem Angebot- und Nachfrageprinzip ob und wann eine Transaktion in einem Block verarbeitet wird. So kann eine Transaktion, die nur geringfügige Transaktionsgebühren vorsieht, eine Bestätigungsdauer bis zu zwölf Stunden haben. Dadurch, dass die Miner letztendlich entscheiden, welche Transaktionen sie wann in einen zu bestätigenden Block aufnehmen und etwaige Transaktionsgebühren von ihnen einkassiert werden, steigt die Wahrscheinlichkeit einer schnelleren Bearbeitung der Transaktion mit der Höhe der ausgewiesenen Transaktionsgebühr. Die Entscheidung, ob er die Transaktion beschleunigen will und welchen Betrag er dafür zu zahlen bereit ist, liegt jedoch beim Bezahlenden. Im Jänner 2016 stiegen die Transaktionsgebühren bereits überproportional durch die Kapazitätsprobleme bei den einzelnen Blocks.

Angesichts des beträchtlichen Ressourcenverbrauchs, der mit dem Bestätigen der Blocks (dem Minen) einhergeht, werden die Transaktionsgebühren nach Wegfall der Block-Rewards diesen Ressourcenverbrauch abdecken müssen.

Damit wird die momentan noch gängige Vorgangsweise der Bitcoin-Miner, auch (wenn auch nur mehr selten) Transaktionen ohne Gebühren zu bestätigen, nicht länger aufrechterhalten werden können.

Zusätzlich ist anzumerken, dass das Bitcoin-Netzwerk sich nur erweitern lässt, wenn seine Leistungsfähigkeit verbessert wird, sodass Knoten, die gegenwärtig auf ein Megabyte Daten pro zehnminütigen Block begrenzt sind, sehr viel größere Transaktionsblöcke hashen werden, ohne eine nennenswerte höhere Belohnung dafür zu erhalten. Dieses Thema könnte noch verschärft werden, wenn Transaktionen mitbestätigt werden ohne entsprechende Anhebung der Transaktionsgebühren.

Die Transaktionskostenthematik wird auch an Brisanz gewinnen, wenn mittels der Scripting-Funktionalität oder auch mit dem Aufkommen der Colored Coins, Metacoins usw. Transaktionen mit hohen Werten (Aktientransaktionen, Grundstücke) über die Bitcoin-Blockchain abgebildet werden und auch unter Berücksichtigung des Wertes der Block-Rewards disproportionale Belohnungen (Wert der Block-Rewards in Relation zum Wert der Transaktion) an die Miner vergeben werden. All das könnte nicht nur zu einer Transaktionskostenthematik, sondern auch zu einer Sicherheitsproblematik führen.

8.6 Hoher Ressourcenverbrauch

Die mit der Dezentralität des Netzwerks einhergehende Notwendigkeit eines Proof-of-Work-Konzepts zur Sicherstellung der Unangreifbarkeit der Blockchain und der Aufrechterhaltung der Notwendigkeit der Angriffsabwehr verlangt eine massive Menge an Rechenleistung. Im Sommer 2015 rechnete ein Journalist im Onlinemagazin *Motherboard* vor, dass eine einzige Bitcoin-Transaktion so viel Energie benötigt wie 1,7 US-Haushalte am Tag[23] verbrauchen.

Im März 2016 entsprach der Energieverbrauch des gesamten Mining-Netzwerkes lt. einer weiteren Berechnung täglich 350 KW bzw. dem Energieverbrauch von 280.000 US-Haushalten[24].

Beide Berechnungen basieren auf den Angaben des Blogs blockchain/Info[25] zur benötigten Hashrate und inkludiert nur die Energiekosten die für das Mining selbst benötigt werden. Vernachlässigt werden dabei einerseits die Energiekosten der Produktion der Hardware, die in manchen Miningfarmen ebenfalls beträchtlichen anfallenden Kosten des Betriebs unzähliger Klimageräte und auch die Energiekosten des sonstigen Bitcoin-Netzwerkes (Nodes, Dienstleister und Bankomaten usw.).

Eine retrograde Berechnung der Energiekosten müsste von der Belohnung an die Miner für den erbrachten Proof-of-Work ausgehen: das sind momentan 3600 BTC/Tag, multipliziert man diese Bitcoins mit dem Umrechnungsrechnungskurs 412 USD/BTC und rechnet diesen Aufwand um auf die momentan am Tag durchgeführten Transaktionen (283.000)[26] so ergeben sich Kosten von 5,24 US-Dollar pro Bitcoin-Transaktion. Zum Vergleich sei noch auf folgende Rechnung hingewiesen: Das VISA-Netzwerk verarbeitet momentan mehr als 80 Mrd. Transaktionen pro Jahr bzw. 2537 Transkationen pro Sekunde unter Nutzung zweier gespiegelter Rechenzentren.

Verbraucht das größere Rechenzentrum dabei Strom von rund 25.000 Privathaushalten, würde eine Verdoppelung dieses Energiebedarfs, umgelegt auf die im Jahr 2013 lt. Geschäftsbericht[27] des Unternehmens verarbeiteten 58,8 Mrd. Transaktionen bedeuten, das eine Bitcoin-Transaktion 5033 mal teurer als eine VISA-Transaktion[28] ist.

Rechnet man wiederum die oben angeführten täglichen 350 KW um auf rund 125 MW im Jahr und vergleicht diese mit der von einzelnen Kraftwerken produzierten Energie, dann beläuft sich der im Mining-Netzwerk verursachte Energieaufwand auf rd. 10 % der durchschnittlichen Energieproduktion eines Kraftwerkes: Der Drei-Schluchten-

---

[23] Bitcoin is unsustainable, http://motherboard.vice.com/read/bitcoin-is-unsustainable (Abruf: 31.03.2016).
[24] http://motherboard.vice.com/read/bitcoin-could-consume-as-much-electricity-as-denmark-by-2020 (Abruf: 31.03.2016).
[25] https://blockchain.info/de/charts/hash-rate (Abruf: 31.03.2016).
[26] https://blockchain.info/de/charts/market-price (Abruf: 09.04.2016).
[27] http://s1.q4cdn.com/050606653/files/doc_downloads/annual%20meeting/Visa%20Annual%20Report%202013%20final%20website.pdf (Abruf: 31.03.2016).
[28] http://motherboard.vice.com/read/bitcoin-is-unsustainable (Abruf: 31.03.2016).

Staudamm in China produziert im Jahr 10.000 MW, ein durchschnittlich großes Wasserkraftwerk produziert rund 1000 MW. Das größte Kernkraftwerk in der Welt, Kashiwazaki-Kariwa in Japan, produziert jährlich 7000 MW, ein durchschnittliches Kernkraftwerk rund 4000 MW und ein Kohlekraftwerk produziert durchschnittlich rund 2000 MW[29].

Umso höher der Kurs des Bitcoins, umso attraktiver das Mining und umso höher die Investitionen in Mining-Hardware und umso höher wiederum die Hashrate.

Hier ist jedoch anzumerken, dass auch das momentane Fiat-Finanzsystem massive Energiekosten zur Abwicklung und Aufrechterhaltung des Gelddruck- und verteilungssystems benötigt. Je größer das Finanzsystem, desto mehr Energie benötigen die Prozesse in diesem Finanzsystem.

Für die nahe Zukunft wird noch interessant werden wie sich das anstehende Halfing (momentan für den 6. Juli 2016 prognostiziert[30]) auswirken wird und ob die Erwartungen hinsichtlich der immer effizienteren Mininghardware eintreffen werden.

8.7 Aufbau industrieller Miningkapazitäten

Die Erfolgsfaktoren beim Bitcoin-Mining sind:[31]

- Ausmaß der Investitionen in die Mining-Hardware,
- eine hohe Mhps- bzw. Ghps-Leistung (Megahash bzw. Gigahash pro Sekunde),
- ein niedriger Stromverbrauch pro Mega- oder Gigahash bzw. erzeugtem Bitcoin,
- niedrige Stromkosten und
- die Entwicklung der Hashrate des gesamten Netzwerks.

Das ursprünglich im Whitepaper von Satoshi Nakamoto vorgesehene demokratische Konzept One CPU (Central Processing Unit) = One Vote ist bereits seit einigen Jahren nicht mehr anwendbar. 2010 haben sich die ersten Miner zu Pools zusammengeschlossen, um die Rechenleistung effizienter zu bündeln. In der Folge (bereits 2011) wurden Grafikkarten genutzt und auch hier haben die Miner begonnen sich in Pools zusammenzuschließen, wodurch einfache Grafikkarten und Hauptprozessoren nach und nach nicht mehr wirtschaftlich rentabel betrieben werden konnten. Seit etwa Juni 2013 werden ASIC – spezielle Computer, die ausschließlich SHA-256 hashen, genutzt. Die Leistung eines ASIC-Miners übersteigt die eines PC mit leistungsfähiger Grafikkarte FPGA (field progammable gate array) um das 50- bis 500-fache, während der Stromverbrauch pro bitcoin

---

[29] Seite 148, Bitcoin and Cryptocurrency Technologies, Arvind Narayanan, Joseph Bonneau, Edward Felten, Andrew Miller, Steven Goldfeder with a preface by Jeremy Clark Draft – Feb 9, 2016.
[30] http://www.bitcoinblockhalf.com/ (Abruf: 09.04.2016).
[31] Geld verdienen mit Bitcoin Mining: Die Chancen und die Risiken von Michael Alexander Beisecker, in computer, http://www.experto.de/computer/geld-verdienen-mit-Bitcoin-mining-die-chancen-und-die-risiken.html (letzter Abruf: 04.08.2015).

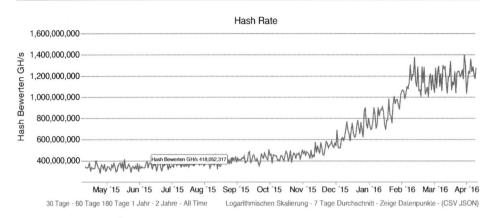

Abb. 8.1 Hashrateentwicklung. (Quelle: blockchain.info)

entsprechend weit unter der eines PC liegt.[32] Auch hier erfolgte in den letzten Jahren ein Konzentrationsprozess:

Grund für diese Spezialisierung ist

- einerseits der über die Jahre stark gestiegene Kurs des bitcoins,
- der steigende Schwierigkeitsgrad der zu lösenden Rechenaufgaben: Bedingt durch die stark steigende Rechnerleistung im Bitcoin-Miningnetzwerk steigt der Schwierigkeitsgrad der Rechenaufgaben proportional.

Die Hashrate ist definiert als die gesamte Rechenleistung im Bitcoin-Miningnetzwerk. Von ihr hängt ab, wie schwierig die zu berechnenden Hashes sind. Die Hashrateentwicklung der letzten Jahre ist in Abb. 8.1 dargestellt.

Zur Illustration: 408 Mio. Gigahashs entsprechen 408.006.675.000.000.000 Hash-Berechnungen je Sekunde.

Neben den Hardwarekosten sind insbesondere die Stromkosten der größte Kostenblock beim Mining. Die Energie- und Kühlkosten machen in etwa 98–99 % der Betriebskosten für große professionell geführt Miningpools aus. Die Hashrate steigt so schnell, dass der Betrieb von Mining-Hardware im Prinzip nach zwei bis drei Monaten nicht mehr rentabel ist, da die Anzahl der geschürften bitcoins dann deutlich unter den Stromkosten liegt.[33]

Inzwischen wird Mining professionell von Mining-Farmen betrieben, die ihren Standort abhängig vom Strompreis bestimmen. Interessant dafür sind die Länder Norwegen, Niederlande, Kanada aufgrund ihrer Wasserkraftwerke und des daraus resultierenden

---

[32] Geld verdienen mit Bitcoin Mining: Die Chancen und die Risiken, http://www.experto.de/computer/geld-verdienen-mit-Bitcoin-mining-die-chancen-und-die-risiken.html (Abruf: 16.10.2015).

[33] Ist Bitcoin-Mining noch profitabel in Deutschland? http://Bitcoinblog.de/2014/08/12/ist-Bitcoin-mining-noch-profitabel-in-deutschland/ (Abruf: 16.10.2015).

niedrigen Strompreises. In den letzten Jahren stieg auch die Attraktivität von China. Laut einiger Presseberichte erhalten in China kommerzielle Betreiber Strom für 3 Cent/kWh[34] – dieser Preis ergibt sich auf aufgrund subventionierter Kohlekraftwerke – ein Vergleich mit beispielsweise Dänemark mit Stromkosten von 41 Cent/kWh macht den Unterschied offensichtlich. Auch im Hinblick auf die weltweite Lieferkette bietet China eine Menge Vorteile: 90 % der ASIC-Chips werden in Taiwan (TSMC) hergestellt, der Rest wird aus Singapur (Global Foundries) bezogen, und die verbleibenden Teile (PCB, SMT, Macht, Ventilatoren, Integration) kommen großteils aus Shenzhen[35]. All diese Vorteile führen dazu, dass mehr als 70 % des gesamten Bitcoin-Minings in China stattfindet.[36]

Darüber hinaus müssen Miningpool-Betreiber in den USA und in Schweden sich mit einer Menge von Steuer- und Umweltauflagen auseinandersetzen, die zurzeit in China in der Art nicht gegeben sind.

In den Pools werden die Realisate des Pools, also die geminten bitcoins oder die Erträge aus den geminten bitcoins, nach den unterschiedlichsten Erlösvereinbarungen aufgeteilt.

Einige der großen Miningpools sind finanziert mit Venture-Capital, beispielsweise sammelte BitFury, (momentane Hashrate von 16 %), 60 Mio. US-Dollar ein; KnC, (Hashrate von 6 %), bekam 29 Mio. US-Dollar[37].

Bei den meisten dieser Hashing- oder Miningpools ist ein Identitätsnachweis (Know your Customer) für neue Mitglieder bzw. Miner nicht notwendig.

8.8 51-Prozent-Attacke

Wenn ein Miner-/Miningpool 51 % der Miner-Rechenleistung beherrscht, könnten folgende Effekte eintreten:

- Der Miner oder der Minerpool kann verhindern, dass bestimmte oder alle Transaktionen bestätigt werden, womit ein Double Spending möglich wird.
- Es kann die Blockchain geforkt werden.

Der Miner oder der Minerpool kann seine eigene Blockchain durchsetzen. Damit würde ein Miner bzw. ein Miningpool die Blockchain beherrschen und damit wäre das Konzept der Dezentralität komplett verfehlt.

Der Mining-Algorithmus und die ständig zunehmende Schwierigkeit der Rechenaufgaben (symbolisiert durch die Hashrate) sollen eine 51-Prozent-Attacke verhindern:

---

[34] Bitcoins: Made in China, https://bitcoinmagazine.com/articles/bitcoins-made-in-china-1399943910 (Abruf: 09.04.2016).
[35] Bitcoins: Made in China, https://bitcoinmagazine.com/articles/bitcoins-made-in-china-1399943910 (Abruf: 09.04.2016).
[36] https://blockchain.info/de/pools (Abruf: 09.04.2016).
[37] http://www.ofnumbers.com/author/timswanson/ (Abruf: 10.09.2015).

Der Block-Reward bildet den Anreiz zur Förderung der Integrität der Miner. Verfügt ein Miner/ein Miningpool über mehr Rechenleistung als 51 % aller ehrlicher Nodes, kann er zwischen den Alternativen Betrug oder *ehrlichem* Mining wählen. Das Bitcoin-System ist so programmiert, das ein produktives Verhalten und ein den Regeln des Bitcoin-Systems angepasstes Verhalten profitabler als ein Systembetrug ist. Mit einem Betrug und dem damit einhergehenden Vertrauensverlust würde ein Miner/Miningpool automatisch auch sein eigenes Vermögen vernichten.

Der Bitcoin-Algorithmus sieht vor, dass nachdem für einen Block der Proof-of-Work erbracht wurde, dieser Block an alle Nodes im System geschickt wird. Diese Nodes bestätigen die Korrektheit des Blocks bzw. der im Block befindlichen Transaktionen, indem sie am nächsten Block zu arbeiten beginnen. Falls es zwei Minern gelingt, zeitgleich den Work of Proof zu erbringen und diese den bestätigten Block zeitgleich weiterleiten, ist im Programm vorgesehen, das immer an der längsten Kette weitergearbeitet wird.

Wenn die Mehrheit der Rechnerleistung von einem *ehrlichen* System kontrolliert wird, wächst die *ehrliche* Kette schneller und wird alle konkurrierenden Blockchains übertreffen. Um einen bereits bestätigten Block zu verändern, muss ein Angreifer (Rogue Miner) den früheren Proof-of-Work für diesen Block wiederholen sowie auch den der darauffolgenden Blocks und damit die Arbeit der ehrlichen Computer übertreffen.

Die längste Kette dient nicht nur zum Nachweis der chronologischen Erfassung, sondern auch als Beweis dafür, dass sie von der Mehrheit der Miner bestätigt wurde. Solange nicht ein Großteil der Rechenleistung der Minern kooperiert, um das Bitcoin-Netzwerk zu boykottieren, werden sie immer an der längsten Blockchain arbeiten und damit Angriffe verunmöglichen.

Der weltweit größte Miningpool GHash.io näherte sich im Sommer 2014 der kritischen Marke von 51 % Rechnerleistung. Nach beinahe panischen Aufrufen der Community an Miner, den Pool zu wechseln, ist der Anteil von GHash kurzzeitig auf 38 % gesunken. Jeffrey Smith von Ghash.io hat über Twitter bekannt gegeben, dass der Pool sich dem Problem bewusst sei, aber niemals dem Bitcoin-System schaden würde.[38]

Das Startup Dunvegan Space Systems (DSS) und das Raumfahrtunternehmen Deep Space Industries haben laut Pressemeldung einen Vertrag über 24 Satelliten abgeschlossen. Diese Satelliten sollen im Erdorbit das Bitcoin-Netzwerk unterstützen. DSS wurde vom Bitcoin-Kernentwickler Jeff Garzik eigens für dieses Vorhaben gegründet. Dabei sollen die BitSats als Full-Nodes agieren, also die komplette Blockchain-Datei vorhalten, validieren und an andere Nodes des Bitcoin-Netzwerks weiterverteilen. Der Datentransfer soll dabei über verteilte Up- und Downlinkstationen auf der Erde stattfinden.[39]

---

[38] http://Bitcoinblog.de/2014/06/13/die-Bitcoin-news-der-woche-2/ (letzter Abruf: 05.08.2015).
[39] BitSats: Vertrag über 24 Bitcoin-Satelliten abgeschlossen, http://www.heise.de/newsticker/meldung/BitSats-Vertrag-ueber-24-Bitcoin-Satelliten-abgeschlossen-2576802.html (letzter Abruf: 04.08.2015).

8.9 Wechselkursvolatilität

Die traditionellen Fiatwährungen, wie Pfund, Euro und Yen, zeigen – bis auf Ausnahmeerscheinungen – eine geringe Volatilität. Vor Mitte September 2014 – also bis zum Ausbruch der Griechenlandkrise – gab es für eine lange Zeit lediglich Kursschwankungen obiger Währungen gegenüber dem US-Dollar von 5 %. Auch Ende Januar 2015, als die Griechenlandkrise ihren Höhepunkt erreichte, überstiegen die Schwankungen obiger Währungen gegenüber dem Dollar nie 17 %.

Umgekehrt halbierte der bitcoin seinen Wert alleine im Dezember 2013 und zeigte in den Folgemonaten im ersten Quartal 2014 massive Wertschwankungen: Zuwächse von +20 % pro Tag oder −80 % innerhalb einer Woche waren speziell im Jahr 2013 nicht ungewöhnlich[40]. Ende Januar 2015 betrug der Bitcoin-Wert weniger als 25 % seines Wertes aus dem Dezember 2013. Der Wechselkurs des Bitcoins schwankt immens.

Für die Nutzung des Bitcoin-Systems als Zahlungsmittel stellt dies ein Problem dar, denn

- welcher Käufer möchte heute bitcoins ausgeben in der Annahme, dass die Kaufkraft morgen um 20 % höher liegt?
- welcher Händler möchte die bitcoins heute annehmen, wenn der Wert morgen um 40 % reduziert sein könnte?[41].

Ursache für die heftigen Kursschwankungen 2013 waren vor allem Unsicherheiten im Markt hervorgerufen durch Konkurs und Schließung bekannter Dienstleister der Bitcoin-Ökosphäre wie Mt. Gox und Silk Road aber auch widersprüchliche Aussagen der Aufsichtsbehörden. Ermöglicht wird das vor allem auch noch aufgrund der noch nicht vorhandenen Tiefe des Marktes (bedingt auch durch die beschränkte Anzahl der im Umlauf befindlichen BTCs): ein hochvolumiger Kaufauftrag/Verkaufsauftrag hat daher noch überproportionale Auswirkungen auf den Wechselkurs. Volatilität ist typisch, wenn Marktteilnehmer Orders in Millionenhöhe aufgeben, die darunterliegende Marktliquidität jedoch vergleichsweise gering ist[42].

Mit steigender Adaption der Technologie und zunehmender Marktkapitalisierung ist mehr Stabilität des Wechselkurses zu erwarten.

---

[40] Wie bekommen wir die Wechselkurs-Volatilität in den Griff?, http://bitcoinblogger.de/allgemein/wie-bekommen-wir-die-wechselkurs-volatilitat-in-den-griff (Abruf: 09.04.2016).
[41] Wie bekommen wir die Wechselkurs-Volatilität in den Griff?, http://bitcoinblogger.de/allgemein/wie-bekommen-wir-die-wechselkurs-volatilitat-in-den-griff (Abruf: 09.04. 2016).
[42] Wie bekommen wir die Wechselkurs-Volatilität in den Griff?, http://bitcoinblogger.de/allgemein/wie-bekommen-wir-die-wechselkurs-volatilitat-in-den-griff (Abruf: 09.04.2016).

8.10 Deflation

Die Bitcoin-Architektur stellt sicher, dass neue digitale Werte mit einem festgelegten Algorithmus erzeugt werden. Je größer die Bitcoin-Gemeinschaft und die gesamte Computerrechenleistung, die dem Netzwerk gewidmet wird, desto schwieriger werden die Rechenrätsel, die beim Schöpfungsprozess zu lösen sind.

Die schlussendlich verfügbare Geldmenge ist im Algorithmus eindeutig festgelegt.

Die vorprogrammierte und im Lauf der Zeit verlangsamte Ausgabe einer begrenzten Menge von Bitcoins soll eine Art künstliche Knappheit erzeugen. Damit wird der Preis des bitcoins gestützt, was wiederum die Integrität der Miner sicherstellt. Die vordefinierte Geldmenge und die Tatsache, dass das Geldmengenwachstum in Form des Block-Rewards unabhängig von der Nachfrage als Resultat einer erbrachten Leistung (Ressourcen-verbrauch) stattfindet, gehören zu den wichtigsten Eigenschaften der Bitcoin-Architektur.

Im Bitcoin-Zahlungssystem gibt es die Gefahr der Inflationierung der Bitcoins durch willkürliche Erhöhung der Geldmenge nicht. Einer der Gründe, die das Bitcoin-Transaktionssystem für viele Menschen so populär macht.

Die Bitcoiner verweisen mit Recht darauf, dass ganz offensichtlich durch die Möglichkeit der defacto unbegrenzten Geldschöpfung des herrschenden Systems, Inflation eine offensichtliche und immanente Gefahr darstellt.

Die Deckelung der maximal erzeugbaren Bitcoin-Menge wirft einerseits die Frage auf, wie eine Weltwirtschaft, die bitcoins – rein hypothetisch – als staatenlose Währung akzeptiert, mit der *geringen* Menge von 21 Mio. auskommen soll. Dabei wird übersehen, dass Bitcoin-Nutzer meistens in MikroBitcoin (µBTC, ein Millionstel BTC, in jüngster Zeit auch oft „Bit" genannt) rechnen. Gelegentlich wird auch in der kleinstmöglichen Einheit, dem Satoshi (dem hundertmillionsten Teil eines bitcoins), gerechnet. Die theoretisch maximal erzeugbare Menge an Satoshis beträgt 2,1-mal 10 hoch 15 oder 2,1 Brd. Satoshi (in der US-amerikanischen Zahlenleiter 2,1 Quadrillionen).[43] Jeder bitcoin ist auf 8 Stellen nach dem Komma teilbar (1,00000000 bitcoin oder 0,00000001 bitcoin) ist.

Die Bitcoin-Kritiker sehen in der beschränkten Bitcoin-Geldmenge andererseits die immanente Gefahr der Deflation. Unter Deflation versteht man in der Volkswirtschaftslehre einen allgemeinen, signifikanten und anhaltenden Rückgang des Preisniveaus für Waren und Dienstleistungen. Volkswirtschaftlich führt das Faktum des ständigen und andauernden Fallens des Preises zu einer Abwärtsspirale. Da morgen alles billiger wird, kauft heute keiner mehr ein als er braucht. Wenn Geld morgen mehr wert ist, nimmt niemand mehr heute Schulden auf, um neue Unternehmen zu gründen. Wenn Geld in der Zukunft mehr Kaufkraft hat, sinken die Gewinnmargen der Produktion, die einen Rohstoff über einen

---

[43] Warum wir Bitcoin brauchen oder: Wie Geld entsteht und eine Alternative dazu, http://fm4.orf.at/stories/1737880/ (Abruf: 16.10.2015).

bestimmten Zeitraum veredeln. Die gesamtwirtschaftliche Nachfrage ist geringer als das gesamtwirtschaftliche Angebot, wodurch eine Absatzkrise entsteht.[44]

Hier sind die im Abschn. 5.4 behandelten Themen der Geldtheorien relevant.

Nach der Quantitätstheorie (Monetarismus) besteht unter bestimmten Bedingungen eine kausale Abhängigkeit des Preisniveaus von der Geldmenge.[45] In einer Deflation sinken die nominellen Gewinne, die nominellen Werte der Unternehmen und die nominellen Werte der Arbeitsleistung, während der Wert der Kredite stabil bleibt. Die reale Schuldenlast erhöht sich also durch einen allgemeinen Preisverfall. Dies hat in einer modernen Volkswirtschaft gewaltige Auswirkungen, weil die Buchgeldmenge (entstanden durch die Giralgeldschöpfung) um ein Vielfaches höher ist als die Bargeldmenge.

Eine Kette von Umständen führt dann zur Schuldendeflation:

- Schuldner versuchen mit Notverkäufen (Verkäufe zu sehr niedrigen Preisen) kurzfristig zahlungsfähig zu werden.
- Die Rückzahlung von Schulden führt zu einer Verringerung der Giralgeldschöpfung der Banken und somit zu einer Verringerung der Geldmenge.
- Durch eine Verringerung der Geldmenge sinkt das Preisniveau.
- Durch sinkendes Preisniveau sinken die Unternehmenswerte. Die Kreditwürdigkeit der Unternehmen verringert sich, was die Verlängerung bzw. Umschuldung von Krediten erschwert.
- Die Gewinne der Unternehmen sinken.
- Die Unternehmen senken die Produktion und entlassen Arbeitskräfte.
- Es entsteht ein allgemeiner Vertrauensverlust in die wirtschaftliche Lage.
- Statt zu investieren, wird Geld gehortet.
- Die nominellen Zinssätze sinken zwar, aufgrund des allgemeinen Preisverfalls erhöht sich jedoch das reale Gewicht der Zinslast.

Zusammengefasst wird davon ausgegangen, dass eine Verringerung der Geldmenge immer das Preisniveau senkt. Anzumerken ist jedoch, dass in diesen Analysen immer die Umlaufgeschwindigkeit des Geldes[46] vernachlässigt wird.

Das Ergebnis der Schuldendeflation ist scheinbar paradox: Je mehr Schulden zurückgezahlt werden, desto stärker sinkt die Geldmenge (falls Regierung und Zentralbank sowie zu Anfang der Weltwirtschaftskrise nicht deflationierend eingreifen), desto stärker sinkt auch das Preisniveau.

Die Problematik besteht jedoch sicher bei den Investitionen, denn Unternehmer, die Kredite aufnehmen müssen, um zu gründen, gehen mit einer Währung, deren Kaufkraft steigt, ein höheres Risiko ein und Fremdkapital wird in jeder Bilanz zum Problem. Ande-

---

[44] Stimmt es, dass Gold wirklich eine Inflation braucht? http://aktiencheck.de/exklusiv/Artikel-Stimmt_es_dass_Gold_wirklich_eine_Inflation_braucht-6733031 (Abruf: 16.10.2015).
[45] https://de.wikipedia.org/wiki/Deflation (Abruf: 16.10.2015).
[46] Die Umlaufgeschwindigkeit (auch Umschlagshäufigkeit) des Geldes ist die Häufigkeit, mit der die vorhandene Geldmenge innerhalb eines Jahres durchschnittlich umgesetzt wird.

rerseits kann eine Währung mit steigender Kaufkraft den Bedarf an Fremdmitteln für die Gründung von Unternehmen auch senken.

Bei der Diskussion zum Thema Deflation im Bitcoin-System sind mehrere – teilweise gegenläufige – Punkte zu berücksichtigen:

- Die Teilbarkeit des bitcoins auf acht Stellen, diese Teilbarkeit führt zu einer immensen Geldmenge.
- Es findet bereits jetzt ein Horten des Bitcoins in nicht unbeträchtlichem Ausmaß statt: Nach diversen Schätzungen liegen bis zu 5 Mrd. US-Dollar in bitcoins auf Cold Wallets, sicher verwahrt von Startup-Unternehmen wie XAPO. Der bekannte Blogger Tom Swanson hat kürzlich aufgrund von Blockchain-Infografiken von John Ratcliff[47] nachgewiesen, dass 70 % der existierenden bitcoins in den letzten Monaten nicht bewegt wurden. Durch das Horten wird auch die Geldumlaufgeschwindigkeit in der Bitcoin-Ökosphäre massiv beeinträchtigt.

Wenn nur eine fixierte Menge von etwas vorhanden ist, korreliert eine veränderte Nachfrage immer mit einer Veränderung des Preises. Wird eine erhöhte Nachfrage erwartet, reflektiert sich das immer im heutigen Preis, durch das unelastische Angebot fluktuiert der Preis stark und verhindert die Nutzbarkeit der Kryptowährung als Recheneinheit. Solange sich das nicht ändern wird, können die Kryptowährungen nur als Zahlungsmittel genutzt werden und sind vor allem Parasitäre der Funktion der Recheneinheit der Fiatwährungen.

Zu berücksichtigen ist auch, dass aufgrund von Geräte-/Passwortverlusten beträchtliche bitcoin-Bestände schon abhandengekommen sind und auch noch abhandenkommen werden. So sieht beispielsweise Kay Hamacher, ein IT-Experte der TU Darmstadt, das Modell Bitcoin auch aufgrund genau dieser limitierten Geldmenge dem Untergang geweiht.[48]

---

[47] Is Tim Swanson Right That Bitcoin Hoarding Is Bad? http://cointelegraph.com/news/112998/is-tim-swanson-right-that-Bitcoin-hoarding-is-bad (Abruf: 16.10.2015).
[48] Interview mit Kay Hamacher, Audio-Datei, http://www.deutschlandfunk.de/einladung-zum-kontakt-mit-dem-gegner.676.de.html?dram:article_id=29008 (Abruf: 26.09.2015).

Lösungsansätze für die Limitationen des Bitcoin-Systems

9

> Den Zentralbanken muss vertraut werden, die Währung nicht abzuwerten. Aber die Geschichte des Fiat-Geldes ist in dieser Hinsicht voller Vertrauensbrüche. (Satoshi Nakamoto am 11. Februar 2009 in einem Forum)

Durch die immanente Offenheit des Open-Source-Bitcoin-Systems werden die oben beschriebenen Limitationen des Transaktionssystems in der Bitcoin-Szene heftig diskutiert, wobei diese Limitationen von den einen als Einschränkungen empfunden, von den anderen aber als Stärken des Systems gesehen werden. Ebenso wie die Limitationen des Systems werden die individuellen Lösungsansätze von Beginn an transparent diskutiert und analysiert.

9.1 Altcoins (Alternative Kryptowährungen)

Bereits 2011 tauchen die ersten alternativen Kryptowährungen zu Bitcoin auf. Die Entwicklung dieser Altcoins ergibt sich aus dem Open-Source-Konzept des Bitcoin-Protokolls: Jeder Softwareentwickler kann den Quelltext der Bitcoin-Software kopieren und weiterentwickeln. Wird bei der Weiterentwicklung bzw. Änderung des Bitcoin-Quellcodes eine neue Kryptowährung geschaffen, die sich in bestimmten Eigenschaften vom Bitcoin unterscheidet, dann wird damit ein neuer Altcoin geschaffen.

Unterschieden werden Altcoins,

- bei denen die Core-Entwickler meist unter Beibehaltung der Kernelemente des Bitcoin-Protokolls (Dezentralität, angewandte Kryptografie ...) eine oder mehrere der Limitationen des Bitcoin-Protokolls (vgl. Kap. 8) durch eine Softwareweiterentwicklung oder -anpassung überwinden wollen.
- deren ausschließliches Ziel es ist, basierend auf der Blockchain-Technologie neue Formen des dezentralen Geschäftsverkehrs zu entwickeln.

Jede dieser Altcoins hat ihre eigene Blockchain und jede dieser Altcoins bietet ein hervorragendes Experimentierfeld zur Weiterentwicklung der im Bitcoin-Protokoll implementierten Mechanismen. Diese Altcoins gewinnen auch an Bedeutung durch die Skalierungsdiskussion. Die Risikoaversität der Bitcoin-Core Entwickler wird immer offensichtlicher und das Hinzufügen von neuen Funktionen im Bitcoin-System über eine SoftFork oder eine Hard Fork ist nur sehr langsam und schwierig möglich.

Es bestehen momentan über 400 solcher alternativer Kryptowährungen, deren Marktkapitalisierung zwischen nur wenigen tausend und hundert Mio. US-Dollar liegt. Die Marktkapitalisierung ist ebenso wie beim Bitcoin abhängig vom Ausmaß der Akzeptanz und der Nutzung des einzelnen Altcoins.

Abhängig von der Wertigkeit der Ziele des einzelnen Entwicklers bzw. der Entwicklergruppen adressieren viele Altcoins die diversen Unzulänglichkeiten des Bitcoin-Systems: Beispielsweise erhöhen Monero[1] und Dash[2] durch integrierte Mixing-Systeme oder Ring-Signaturen die Privatsphäre. Litecoin oder Dogecoin verzichten auf Block-Limits bei gleichzeitig höheren Blockintervallen, was sie im Vergleich zum Bitcoin als Währung wesentlich geeigneter fürs Mikrozahlungen macht.

Die hohe Anzahl der Altcoins stößt jedoch auch auf Kritiker. Diese sehen

- eine zu hohe Infrastruktur-Fragmentierung, durch die Entwicklungen oft redundant sind oder verlorengehen,
- Sicherheitsprobleme, die sich über Altcoins hinweg fortpflanzen,
- die Gefahr, dass ein unübersichtlicher Markt der Coins entsteht, in welchem sich nicht die technologisch Besten, sondern die am lautesten beworbenen Coins durchsetzen.

Es gibt jedoch inhärente Gründe des Bitcoin-Systems, die für eine Weiterentwicklung der Altcoins sprechen:

1. Softwareentwickler, die sich mit dem Bitcoin-Protokoll beschäftigen, dieses verstehen und auch einen produktiven Beitrag zu der Weiterentwicklung leisten (durch Programmierleistungen usw.), bekommen aufgrund des Open-Source-Charakters des Systems keine Entlohnung. Diese Entwickler können sich durch die Schaffung von alternativen Kryptowährungen eine Einnahmequelle erhoffen.
2. Alternativnutzung von ASICs: Wie bereits mehrfach beschrieben, sind aufgrund der fortschreitenden Hashrate ASICs nur wenige Monate profitabel für die Bitcoin Block-Rewards einsetzbar. Nach Ablauf dieser kurzen Zeit müssen die genutzten ASICs durch leistungsfähigere Geräte ersetzt werden. Insofern bietet es sich an, diese ASICs für das Schürfen von Altcoins – falls möglich – einzusetzen.[3]

Einige Beispiele für populäre Altcoins werden in der Folge kurz dargestellt.

---
[1] https://bter.com/trade/xmr_btc (Abruf: 26.09.2015).
[2] https://www.dashpay.io/ (Abruf: 26.09.2015).
[3] The Anatomy of a money like Informational commodity, A study of Bitcoin, Tim Swanson, 2014, S. 26.

9.1.1 Litecoin[4]

> Wenn Bitcoin Gold ist, dann ist Litecoin Silber. (Charlie Lee)

Litecoin, als die älteste und populärste Form der Altcoins, hatte im Frühjahr 2015 eine Marktkapitalisierung von rund 150 Mio. US-Dollar.

Litecoin wurde 2011 von Charlie Lee[5], einem Absolventen des MIT, früherem Mitarbeiter bei Google und jetzigem leitenden Mitarbeiter von Coinbase entwickelt.

Der Litecoin weist Unterschiede zum Bitcoin in mehreren grundlegenden Punkten auf:

- Während insgesamt nur 21 Mio. Bitcoins auf den Markt kommen sollen, hat Charlie Lee Litecoin so entworfen, dass davon 84 Mio. Einheiten geschaffen werden können.
- Blöcke werden alle zweieinhalb Minuten generiert, dadurch verkürzt sich der Bestätigungsprozess maßgeblich.
- Während Bitcoin das Hash-Verfahren SHA-256 als zugrunde liegende Proof-of-Work-Technologie nutzt, setzt Litecoin auf ein Verfahren namens Scrypt (memory-hard mining puzzle).
- Bei Lee's System konkurrieren beim Transaktionsbestätigungsprozess ebenfalls Miner miteinander, aber der Hash-Algorithmus Scrypt macht es dem Miner leichter als der Bitcoin-Algorithmus SHA-256, den gesuchten Hash-Zielwert zu finden.
- Scrypt passt die Ziele fortwährend an, sodass die Miner sich nicht einfach dadurch einen Vorteil verschaffen können, dass sie ihre Rechenleistung steigern. So bleibt die Mining-Leistung bei Litecoin etwas gleichmäßiger und gerechter verteilt, es gibt kein so erbittertes Wettrüsten wie im Bitcoin-System, damit ist auch der Stromverbrauch bedeutend geringer.

Inzwischen nutzen die Miner im Litecoin-System ebenfalls ASICs, insofern ist eines der Ziele von Lee bei der Konzeptionierung der Altcoin, nämlich eine dezentralere Kryptowährung zu schaffen, nur bedingt gelungen.

9.1.2 Nextcoin und Peercoin

Peercoin auch PPCoin genannt, wurde 2012 geschaffen und war die erste Kryptowährung die das Proof-of-Stake Konzept anwendet.

Grundsätzlich entscheidet beim Proof-of-Stake Konzept nicht das Ausmaß von Investitionen in Mininghardware und Energie über die Miningpower des Miners sondern die Höhe des Investments in Coins. Dadurch erfolgt eine proportionale Aufteilung der gesamten Miningpower auf alle Währungsnetzwerkteilnehmer und damit wird auch einer

---

[4] http://deutsche-wirtschafts-nachrichten.de/2013/12/02/litecoin-Bitcoin-alternative-mit-immensen-kursgewinnen/ (Abruf: 26.09.2015).
[5] Charlie Lee ist einer der drei Lee-Brüder, die in der Bitcoin-Ökosphäre eine wichtige Rolle spielen.

Zentralisierung des Systems entgegengewirkt. Der Vorteil des Proof-of-Stake Ansatzes besteht damit vor allem in der Ressourcenschonung.

Peercoin wendet einen hybriden Proof-of-Work/Proof-of-Stake Algorithmus an, wobei nicht nur das Ausmaß des Peercoinbesitzes sondern auch die Behaltedauer (auch als coinage bezeichnet) dieser Coins eine entscheidende Rolle spielt. Die Behaltedauer einer UTX ist das Produkt des Münzbetrages und der Anzahl der Blöcke, die gemint wurden in der Zeit in der die Münze nicht genutzt wurde.

Bei Peercoin muss für die Bestätigung von Transaktionen ebenfalls ein SHA-256 basiertes Rechenrätsel von den Minern gelöst werden analog zum Bitcoin-Algorithmus, allerdings nimmt die Schwierigkeit dieses Puzzle in Abhängigkeit des Einsatzes an Behaltedauer (wird auf Null gesetzt) ab.

Diese zusätzliche Berücksichtigung der Behaltedauer vermeidet das beim reinen Proof-of-Stake Konzept bestehende Verteilungsproblem, das immer die „reichsten" Teilnehmer des Währungssystems die einfachsten Rechenrätsel bekommen. Beim Proof-of-Deposit, einer weiteren Form, vereinfacht sich das Rechenrätsel in Abhängigkeit der fix veranlagten Coins (sehr ähnlich dem von Peercoin angewandten System).

Der Proof-of-Stake Ansatz ist bis dato noch nicht im selben Ausmaß wie das Proof-of-Work Konzept erprobt. Befürworter des Proof-of-Work Ansatzes argumentieren, dass die Sicherheit eines Kryptowährungssystems nun mal den erhöhten *realen* Ressourcenverbrauch erfordert. Außerdem könne bei einem missbräuchlichen Zusammenwirken von virtuellen Minern beim Proof-of-Stake keine Korrektur vorgenommen worden, beim Proof-of-Work Ansatz kann ein neuer Miningpool mit neuen Computerressourcen jederzeit für eine Korrektur des Kräfteverhältnisses sorgen.

Interessantes Merkmal des Peercoin-Kryptowährungssystems ist auch das Systemadministratoren als zusätzliche Sicherheitsmaßnahme vorgesehen sind, also die Dezentralität nicht zur Gänze umgesetzt wurde.

9.1.3 Darkcoin[6]

> Die Attraktivität der Anonymität einer Währung zum Schutz der Privatsphäre hat wenig mit ihrem Dollar-Wert zu tun. (Dread Pirate Roberts)

Die Kryptowährung Darkcoin unterscheidet sich vom Bitcoin-System vor allem durch ihre erhöhte Anonymität.

Darkcoin-Benutzer können, wann immer sie wollen, ihre Münzen mit zwei anderen Benutzern – ein Verfahren, das auch als *CoinJoin* bekannt ist – tauschen. Dieser Austausch wird von einem so genannten Master-Knoten (Master-Node), einen der Server-Administratoren, der das Darkcoin-Netz gegen Zahlung einer periodischen Transaktionsgebühr (Darkcoins) betreibt, durchgeführt.

---

[6] http://www.wired.com/2014/11/darkcoin-and-online-drug-dealers/ (Abruf: 25.09.2015).

Evan Duffield, der Erfinder der Darkcoins, wollte eine Kryptowährung, die einerseits die Privatsphäre schützt und andererseits für den Massenkonsum[7] geeignet ist, schaffen. Darkcoins werden momentan im Dark Web vor allem zum Erwerb von Drogen eingesetzt. Seit der Schließung der Silk Road im Oktober 2013 durch das FBI hat sich bereits die nächste Generation der Drogenmärkte im Dark Web entwickelt, der Grad der Anonymität hat sich mit neuen Entwicklungen wie Multi-Signatur-Transaktionen und auch den Peer-to-Peer-Systemen zum besseren Schutz der Privatsphäre tendenziell erhöht.

Gegner der vielen Altcoins argumentieren, dass die vielen Altcoins die Gesamthashingpower, die zur Verfügung steht, aufteilt und damit die Sicherheit aller Coins untergräbt. Die Unterstützer der Altcoins argumentieren andererseits, das Altcoins Marktkräften erlaubt zu bestimmen, welche Merkmale gewünscht sind, welche Systeme technisch überlegen sind usw.

9.2 Sidechains

As Bitcoin evolves, Blockstream will play a huge role in helping it maintain its momentum, by making it easy to add new capabilities to the platform. Blockstream's success will in turn generate new waves of technical and entrepreneurial innovation – it will help make Bitcoin the kind of open, highly adaptive platform upon which a vast array of complementary products and services can be built. (Reid Hoffman)

An einer eventuellen Lösung der dargestellten Limitationen des Bitcoin-Systems arbeitet auch das von HashCash-Entwickler Adam Back, Bitcoin-Kernentwickler Gregory Maxwell, Pieter Wuille, Matt Corallo und anderen 2015 gegründete Unternehmen Blockstream. Ausgestattet mit 21 Mio. US-Dollar von Finanzinvestoren (Reid Hoffman, Vinod Khosla, Eric Schmidt [Google-Vorsitzender], Jerry Yang [Gründer von Yahoo]) wollen die Gründer das im Whitepaper mit dem Titel[8] *Enabling Blockchain Innovations with Pegged Sidechains* dargestellte Konzept der Sidechains umsetzen. Ausgehend von der Problematik, dass das Bitcoin-System durch die gegebene Dezentralität strukturkonservativ ist und insofern Innovationen und Adaptierungen des Protokolls nur schwierig und langsam durchzuführen sind (vgl. Diskussion um die Blocksize), schlagen die Entwickler sogenannte *Pegged Sidechains* vor. Sidechains sind damit parallel zur Bitcoin-Blockchain laufende Altcoin-Blockchains, die mit dieser interagieren können.

Pegged Sidechains funktionieren nach dem Konzept *ein Bitcoin – viele Blockchains*: Indem der Transfer von Coins (vgl. Abb. 9.1) durch ein Proof-of-Possession durchgeführt wird, kann eine Transaktion auf der einen Chain gleichzeitig die Coins einfrieren und einen Beweis liefern, dass dies geschehen ist, Andersherum kann der Bitcoin durch einen weiteren Proof-of-Possession-Schritt auf der anderen Chain eingefroren und dann

---

[7] Evan Duffield of Dash (Darkcoin): Dash will position itself as a direct competitor to Bitcoin, https://www.cryptocoinsnews.com/evan-duffield-dash-darkcoin-dash-will-position-direct-competitor-Bitcoin/ (Abruf: 16.10.2015).
[8] https://www.blockstream.com/sidechains.pdf (Abruf: 25.09.2015).

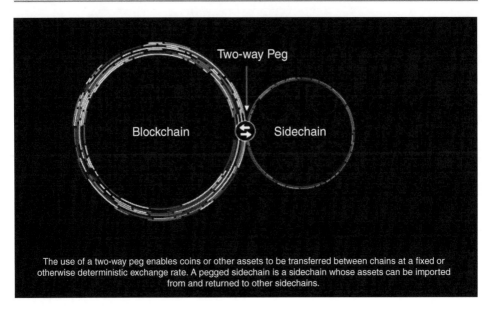

Abb. 9.1 Pegged Sidechains. (Quelle: Coindesk)

auf der originalen Blockchain reaktiviert werden. Auf diese Weise bleiben die Coins und ihr Wert durch die Bitcoin-Blockchain weiterhin gesichert[9] und alternative Blockchains mit anderen Funktionen können genutzt werden.

In solchen Blockchains *an der Seite* können – so die Blockstreamleute – sowohl *bessere* Kryptotransaktionssysteme realisiert und getestet als auch andere Verhaltensregeln protokollarisch abgebildet werden.

Besser in dem Sinne, dass die Limitationen der Bitcoin-Blockchain adressiert werden mit

- besser skalierbaren, aber weniger dezentralen Sidechains oder auch
- Sidechains mit stärkeren Scripten für digitale Verträge oder auch
- Sidechains, die durch Ring- oder blinde Signaturen mehr Privatsphäre bieten,
- Sidechains mit wesentlich kürzeren Blockintervallen,
- Sidechains ohne Transaktionsgebühren usw.

---

[9] Blockstream: die Firma, die Altcoins unnötig machen möchte, http://Bitcoinblog.de/2015/08/13/blockstream-die-firma-die-altcoins-unnoetig-machen-moechte/comment-page-1/ (Abruf: 16.10.2015).

Technisch sollen diese Transaktionen in den Blockchains *an der Seite* durch Nutzung der Simplified Payment Verification (SPV) Möglichkeiten in der Bitcoin-Blockchain verifiziert werden[10].

Das Projekt Sidechains der Blockstream ist erst in der Konzeptphase, und auf viele offene Fragen gibt es noch keine Antworten.[11] Solche Punkte sind beispielsweise

- Dauer des Wechselns der Coins von einer Blockchain auf die andere,
- Speicherbedarf der Sidechains im Bitcoin Core usw.

9.3 Das Lightning Netzwerk

Das Bitcoin-Lightning-Netzwerk, vorgeschlagen in einem Whitepaper[12] (veröffentlicht 2015) von Joseph Poon und Thaddeus Dryja, adressiert ebenfalls das Skalierungsproblem.

Mit dem Bitcoin-Lightning-Netzwerk soll ein dezentrales System geschaffen werden, das vor allem die kleineren Bitcoin-Transaktionen über ein Netzwerk von Mikrozahlungskanäle führt. Dabei sollen bitcoin-Beträge zuerst eingefroren werden, um sie über direkte Zahlungskanäle (Payment Channels) zu versenden. Sobald sich Zahlungskanäle schließen, werden die finalen Kontostände durch eine Blockchain-Transaktion verfestigt. Das Lightning Network steht ebenfalls noch am Anfang. Notwendig, um es einigermaßen(!) sicher zu halten, wäre eine Soft Fork des Bitcoin-Clients, die noch offene Themen (wie beispielsweise das Maleability-Problem[13]) endgültig tilgt.[14]

---

[10] Bitcoin and Cryptocurrency Technologies, Arvind Narayanan, Joseph Bonneau, Edward Felten, Andrew Miller, Steven Goldfeder, with a preface by Jeremy Clark Draft – Feb 9, 2016, Seite 284
[11] Blockstream: die Firma, die Altcoins unnötig machen möchte http://Bitcoinblog.de/2015/08/13/blockstream-die-firma-die-altcoins-unnoetig-machen-moechte (Abruf: 26.09.2015)
[12] The Bitcoin Lightning Network, https://lightning.network/lightning-network-paper-DRAFT-0.5.pdf (Abruf: 16.10.2015).
[13] http://www.coindesk.com/bitcoin-bug-guide-transaction-malleability/ (Abruf: 31.03.2016)
[14] The Lightning Network Could Solve the Bitcoin Block Size Limit, https://www.cryptocoinsnews.com/lightning-network-solve-Bitcoin-block-size-limit/ (Abruf: 16.10.2015).

10 Rechtliche Einordnung

Banken, die Bitcoin regulieren wollen, sind wie Dinosaurier, die Asteroiden regulieren möchten. (Mike Gogulski)

Weder der Prozess der Schaffung von Kryptowährungen, noch der Austausch ob gegen eine Fiat-Währung oder gegen eine Ware und auch der reine Handel mit Kryptowährungen sind bis dato rechtlich einwandfrei definiert. Aufgrund der Neuartigkeit der Kryptotransaktionssysteme gibt es in den einzelnen Ländern die unterschiedlichsten rechtliche Zuordnungen von den jeweiligen Behörden bzw. gibt es auch Länder, deren Behörden bzw. Aufsichtsbehörden sich bis dato in keiner Weise zu einer rechtlichen Einstufung der Kryptowährungen geäußert haben.

Inzwischen gibt es jedoch bereits verschiedene Ausarbeitungen und Diskussionen interessierter Juristen zu dem Thema. Bei der folgenden Diskussion der deutschen Rechtslage wird vor allem auf die Ausarbeitung von Moritz Schröder, *Bitcoin: Virtuelle Währung – reelle Problemstellungen*, JurPC Web-Dok. 104/2014[1] bezuggenommen.

10.1 Sind Kryptowährungen rechtlich gesehen „Geld"?

Grundsätzlich gibt es keinen rechtlich definierten *Geld*begriff. In einzelnen Gesetzesstellen wie den §§ 244, 245 BGB, §§ 146 ff. StGB ergeben sich jedoch Anhaltspunkte:

So ist beispielsweise im § 244 Abs. 1 dBGB vorgesehen, dass *Geldschulden durch Leistung einer bestimmten Währung zu erfüllen sind.*

Nach der juristischen Definition des §§ 146 dStGB ff ist *Geld – ohne Rücksicht auf einen Annahmezwang – jedes – von einem Staat oder einer von diesem ermächtigten Stelle als Wertträger – beglaubigte und zum Umlauf im öffentlichen Verkehr bestimmte Zahlungsmittel.*

---

[1] http://www.jurpc.de/jurpc/show?id=20140104 (Abruf: 12.04.2016).

Eine Währung ist laut Online Wirtschaftslexikon24.com[2] wie folgt definiert:

(1) als allgemein übliche Bezeichnung für das jeweils gültige gesetzliche Zahlungsmittel innerhalb eines Währungsraums, definiert als Geldeinheit (z. B. EURO-Währung),

(2) als Umschreibung für die Geldverfassung eines Staates, die im Rahmen der institutionierenden Währungspolitik (z. B. Ausgestaltung der Notenbankgesetzgebung, Durchführung einer Währungsreform) durch die Legislative formuliert wird.

Weltweit gilt nur Bargeld als gesetzliches Zahlungsmittel in den jeweiligen Ländern. Die übrigen Zahlungsmittel erfüllen nicht die Voraussetzungen eines gesetzlichen Zahlungsmittels, insbesondere ist mit ihrer Verwendung kein Annahmezwang für Gläubiger verbunden. Zu den übrigen Zahlungsmitteln zählt auch die Verfügung über Buchgeld im unbaren Zahlungsverkehr durch Überweisung, Scheck, Wechsel oder Lastschrift. In Deutschland werden sie erfüllungsrechtlich als Leistung an Erfüllung statt (Überweisung) oder Leistung erfüllungshalber (die übrigen Zahlungsmittel) eingeordnet. Sorten und Devisen sind ausländische Zahlungsmittel, für die ebenso wenig ein Annahmezwang im Inland besteht wie für andere geldnahe Wertzeichen (etwa Briefmarken).

Insofern muss es sich bei „Geld" im Sinne des Privatrechts um die für ein bestimmtes Währungsgebiet hoheitlich in Kraft gesetzte Geldverfassung handeln. Insofern handelt es sich bei Kryptowährungen privatrechtlich nicht um „Geld".

In keinem einzigen Land weltweit wurde bis dato eine Kryptowährung als gesetzliches Zahlungsmittel anerkannt. Dementsprechend handelt es sich bei Kryptowährungen um Währungssurrogate bzw. Komplementärwährungen. Ein Gläubiger kann diese – nicht gesetzlichen – Zahlungsmittel als Gegenleistung akzeptieren, eine rechtlich durchsetzbare Annahmepflicht gibt es jedoch nicht.

Die E-Geld-Richtlinie (2009/110/EG vom 16. September 2009) schließlich definiert in Art. 2 Nr. 2 den E-Geldbegriff als

- jeden elektronisch – oder auch magnetisch – gespeicherten monetären Wert
- in Form einer Forderung gegenüber dem Emittenten,
- der gegen Zahlung eines Geldbetrags ausgestellt wird,
- um damit Zahlungsvorgänge im Sinne des Art. 4 Nr. 5 der Richtlinie 2007/64/EG durchzuführen und
- der auch von anderen natürlichen oder juristischen Personen als dem E-Geld-Emittenten angenommen wird.

bitcoins erfüllen damit auch die Anforderungen der Definition des E-Geldes nicht, da sich zwar das erste und dritte Kriterium (elektronische Speicherung und Akzeptanz von Dritten) bejahen lässt; eine Forderung gegenüber einem Emittenten aber nicht vorliegt.

---

[2] http://www.wirtschaftslexikon24.com/d/w%C3%A4hrung/w%C3%A4hrung.htm (Abruf: 06.03.2016).

10.2 Kryptowährungen im Privatrecht und im Grundgesetz[3]

Eine weitere Diskussion über die Rechtsnatur der bitcoins setzt sich meist mit folgenden Fragen auseinander:[4]

- Wie ist die privatrechtliche Einordnung der Verfügungsgeschäfte über bitcoins?
- Sind bitcoins verkehrsfähige Rechtsgüter?

Die in Deutschland nach ständiger Rechtsprechung des Bundesverfassungsgerichts als Ausfluss der allgemeinen Handlungsfreiheit durch Art. 2 Abs. 1 GG geschützte Vertragsfreiheit ist die Ausprägung des Grundsatzes der Privatautonomie im deutschen Zivilrecht. Es ist jedermann gestattet, Verträge zu schließen, die sowohl hinsichtlich des Vertragspartners als auch des Vertragsgegenstandes frei bestimmt werden können, sofern sie nicht gegen zwingende Vorschriften des geltenden Rechts, gesetzliche Verbote oder die guten Sitten verstoßen[5]. Insofern muss das Privatrecht grundsätzlich offen sein für Verfügungsgeschäfte über bitcoins.

Im Bitcoin-System stellt Geld einen digitalen programmierbaren Wert dar, Informationen sind jedoch bis dato per se zivilrechtlich kein anerkanntes verkehrsfähiges Rechtsgut des Privatrechts.

Einzig, wenn bitcoins nicht nur rein virtuell existieren, sondern auf einem konkreten Datenträger gesichert sind, richtet sich der Erwerb dieser bitcoins nach dem Sacheigentum des Datenträgers.

Als (praktisch) handelbare Position und damit Wirtschaftsgut haben Kryptowährungen einen Bezug zur Eigentumsgarantie in Art. 14 dGG. Nach diesem Grundgesetz dient das Eigentum dazu, dem Einzelnen einen Freiheitsraum im vermögensrechtlichen Bereich zu sichern und ihm dadurch eine eigenverantwortliche Gestaltung des Lebens zu ermöglichen. Demnach ist Eigentum ein elementares Grundrecht, das in einem inneren Zusammenhang mit der Garantie der persönlichen Freiheit steht. Das verfassungsrechtliche Eigentum ist dabei durch seine Privatnützigkeit und die grundsätzliche Verfügungsbefugnis des Eigentümers über den Eigentumsgegenstand gekennzeichnet. Es soll dem Eigentümer als Grundlage privater Initiativen und in eigenverantwortlichem privatem Interesse von Nutzen sein. Dem Grundrechtsträger soll letztlich ein Freiheitsraum im vermögensrechtlichen Bereich mit der geschützten Rechtsposition als Grundlage privater Initiative gesichert werden[6].

Somit ist zu hinterfragen, ob bitcoins bzw. die dahinterstehenden Informationen/Daten allgemeine Kriterien des verfassungsrechtlichen Eigentumsbegriffs erfüllen (können).

---

[3] Diskussion anhand der Rechtslage in Deutschland.
[4] Moritz Schröder, Bitcoin: Virtuelle Währung – reelle Problemstellungen, JurPC Web-Dok. 104/2014, Abs. 1–142.
[5] https://de.wikipedia.org/wiki/Vertragsfreiheit (Abruf: 09.04.2016).
[6] Moritz Schröder, Bitcoin: Virtuelle Währung – reelle Problemstellungen, JurPC Web-Dok. 104/2014, Abs. 37–39.

Dies ist der Fall,

- wenn sie sich inhaltlich bestimmen,
- abgrenzen sowie
- einer Person privatnützig zuordnen lassen und
- einen Vermögenswert darstellen.

Bitcoins sind zwar virtuelle, aber auch durch die angewandte Kryptographie bedingt rivalisierende, eindeutig identifizierbare Güter. Sie stellen einen objektiven Wert dar und lassen sich eindeutig zuordnen. Demnach spricht auf den ersten Blick einiges für eine Einordnung von bitcoins als Eigentum im Sinne von Art. 14 dGG. Auch hier ist jedoch darauf hinzuweisen, dass es sich beim Wirtschaftsgut Information bis dato zivilrechtlich um ein nicht explizit anerkanntes eigenständiges Rechtsgut handelt.

Art. 14 dGG gewährt zwar ein Abwehrrecht gegen staatliche Eingriffe, legt aber die Bestimmung des Eigentumsbegriffs in die Hände des Gesetzgebers.

Mangels einfachgesetzlicher Zuordnung ist daher auch schon für virtuelle Spielgegenstände der Schutz des Art. 14 dGG bestritten worden. Es wurde jedoch bereits vom Bundesverfassungsgerichtshof festgestellt,[7] dass die bürgerlich-rechtliche Eigentumsordnung keine abschließende Regelung von Inhalt und Schranken des Eigentums definiert.

Die damit offene Frage ist noch nicht abschließend geklärt: Können gestohlene, gehackte bitcoins eingeklagt werden nach der deutschen Rechtslage? Mangels Geldeigenschaft im Sinne des §§ 146 ff. dStGB scheidet eine Anwendung der Vorschriften über Geld- und (amtliche) Wertzeichen aus. Da bitcoins jedoch auch keine Sachen im Sinne des § 242 StGB sind, kommt eine Strafbarkeit insofern nicht in Betracht. Denkbar ist aber eine Anwendbarkeit von Datendelikten, §§ 202 a ff., 303 a ff. d StGB, soweit Konten gehackt werden.

10.2.1 Rechtsgeschäfte mit bitcoins

Rund um das Bitcoin-System entsteht faktisch ein neues wirtschaftliches Ökosystem. Nachstehend wird in Bezug auf einige der neuen wirtschaftlich relevanten Transaktionen eine vertragliche Einordnung versucht.

bitcoins, die nicht auf einem konkreten Datenträger gespeichert sind, an den sich für den Erwerbstatbestand anknüpfen ließe, weisen keine Sacheigenschaft auf, sodass ein solcher Erwerb kein Kaufvertrag im Sinne von § 433 BGB bzw. 1053 öABGB sein kann.

---

[7] Nassaukiesungsbeschluss: Der Nassauskiesungsbeschluss (Beschluss des Ersten Senats vom 15. Juli 1981 – 1 BvL 77/78) des Bundesverfassungsgerichts ist eine wichtige Entscheidung im Bereich des Staatshaftungsrechts. Das Bundesverfassungsgericht stellt hier klar, dass zwischen Enteignung, Inhalts- und Schrankenbestimmungen zum Eigentum und enteignungsgleichen Eingriffen zu differenzieren ist, https://de.wikipedia.org/wiki/Nassaukiesungsbeschluss (Abruf: 28.09.2015).

10.2 Kryptowährungen im Privatrecht und im Grundgesetz

Denkbar ist hier die Annahme eines Tausches gemäß § 480 BGB oder eines Rechtskaufes gemäß § 453 I 2. Alt. dBGB.

Gegenstand eines Tauschvertrages können nach vielfacher Auffassung zwar Sachen, Rechte und Sachinbegriffe sein, aber auch (alle) anderen Vermögenswerte und Positionen. bitcoins sind ein solches Wirtschaftsgut, da sie einen Wert darstellen. Hierfür kommt es auf die konkrete Rechtsnatur nicht an. Allerdings ist Wesen des Tausches, dass die vermögenswerten Positionen ohne Zahlungsvorgang (in Fiatwährung) umgesetzt werden. Das ist bei einem Umtausch von bitcoins gegen Fiatwährung nicht der Fall, da hier sehr wohl ein Zahlungsvorgang stattfindet.

Im Rahmen der Modernisierung des Schuldrechts am 26. November 2001 mit Wirkung ab 2002 wurde § 453 Abs. 1 2. Alt. dBGB gerade eingeführt, um auch unkörperliche Güter wie Elektrizität, Fernwärme und andere zu erfassen. Da der Begriff des sonstigen Gegenstandes dabei absichtlich denkbar weit gefasst wurde, kann subsumiert werden, dass auch die bei Erwerb von bitcoins relevanten Daten/Informationen davon erfasst sind. Vergleichbar ist ein trägerlos über ein Netzwerk abgewickelter Daten-/Softwarekauf. Auch für die ebenfalls ähnliche Einordnung eines Vertrags über die Übertragung virtueller Spielgegenstände gegen eine Geldleistung als (Rechts-)Kaufvertrag gemäß § 453 I 2. Alt. BGB besteht relative Rechtssicherheit. Demnach handelt es sich beim Erwerb von beispielsweise *bitcoins* gegen Fiatwährung um einen Rechtskauf im Sinne von § 453 I 2. Alt.BGB. Rechtsfolge eines solchen Vertrages ist die Verpflichtung zur Leistung von Geld einerseits und zur tatsächlichen Verschaffung von bitcoins andererseits.[8]

Eine Einstufung von Erwerbsverträgen über Sachen mit der Gegenleistung Bitcoin als Kaufverträge im Sinne von § 433 dBGB funktioniert nicht, da kein Kaufpreisanspruch in Geld begründet wird. Dies gilt auch für den Erwerb von Rechten im Sinne von § 453 dBGB mit der Gegenleistung bitcoin.

Denkbar ist eine Einstufung als Tauschvertrag im Sinne von § 480 dBGB. Das hätte die in den hier relevanten Sachverhalten in der Regel auch zweckmäßige entsprechende Anwendung des Kaufrechts zur Folge.

Demnach handelt es sich beim „Kauf" von Sachen, Rechten oder sonstigen Positionen mit einer Gegenleistung in bitcoins (ohne Zahlungsvorgang) rechtlich um Tauschverträge. Die schuldrechtliche Pflicht des „Käufers" wird durch die Übermittlung der Daten mit anderen Worten den Transfer der bitcoins erfüllt (§ 362 Abs. 1 BGB)[9].

Das Werkvertragsrecht zeichnet sich gegenüber den §§ 433, 450 BGB durch einen dynamischeren Gegenleistungsbegriff aus, da lediglich von der „vereinbarten Vergütung" des Werkunternehmers die Rede ist (§ 631 Abs. 1 dBGB). Somit steht die Vereinbarung einer anderen Gegenleistung als der Zahlung von Geld der Qualifikation als Werkvertrag nach überwiegender Auffassung nicht entgegen. Richtiger- und zweckmäßigerweise kann

---

[8] Moritz Schröder, Bitcoin: Virtuelle Währung – reelle Problemstellungen, JurPC Web-Dok. 104/2014, Abs. 41–75.

[9] Moritz Schröder, Bitcoin: Virtuelle Währung – reelle Problemstellungen, JurPC Web-Dok. 104/2014, Abs. 18–23.

die Vergütung des Werkunternehmers in jeder möglichen (und rechtlich nicht verbotenen) Art bestehen.[10]

10.3 Funktions- und Anlegerschutz

Aufgrund der Bedeutung des Finanzsystems für das nationale und internationale Wirtschaftsgefüge haben sich rund um die Erbringung von Finanzdienstleistungen über die Jahre umfangreiche Rechtsnormen mit dem Ziel des Funktions- und Anlegerschutzes entwickelt. Diese Regularien zielen dabei vor allem ab auf die Aufrechterhaltung der Leistungsfähigkeit der finanzmarktbezogenen Einrichtungen und Ablaufmechanismen.

Der Anlegerschutz konzentriert sich dabei auf die Erhöhung der Transparenz und Fairness aufgrund der zwei Kardinalprobleme der Finanzmärkte[11]:

- Starkes Informationsgefälle zwischen den Anlegern und den Finanzintermediären und
- bestehenden gegensätzlichen Interessen zwischen Anleger und den Finanzintermediären zu adressieren.

Der gesetzliche Auftrag zur Durchführung der erforderlichen Maßnahmen zur Aufrechterhaltung des Funktions- und Anlegerschutz liegt in den entwickelten Ländern bei den nationalen Aufsichtsbehörden, den Zentralbanken und supranationalen Finanzaufsichtsbehörden (EZB, EBA usw.).

In den letzten Jahren gewann – auch verstärkt durch das 9/11-Trauma und der damit verbundenen Terrorismusbekämpfung – das Thema der Geldwäsche (AML)[12] an Bedeutung. Geldwäschebestimmungen in den verschiedensten Ausprägungen sorgten speziell in den letzten Jahren für eine überbordende Regulierung der Finanzsysteme.

Grundsätzlich entstanden staatliche Regelungen in der Finanzwirtschaft immer als Reaktion auf Produkte der bankwirtschaftlichen Praxis. Über die Jahre hinweg änderte sich zwar das Ausmaß der Regulierung,[13] aber ein unreguliertes Finanzsystem – ohne jegliche zentrale Aufsichtsbehörde – gab es in den entwickelten Ländern historisch nie.

Mangels (staatlicher) Emission sind Kryptowährungen aus juristischer Sicht keine Währung und auch kein Geld im Sinne der bestehenden privatrechtlichen Bestimmungen (vgl. Abschn. 10.1) Da sie kein gesetzliches Zahlungsmittel sind, sind sie auch weder

---

[10] Moritz Schröder, Bitcoin: Virtuelle Währung – reelle Problemstellungen, JurPC Web-Dok. 104/2014, Abs. 41–75.
[11] Schriften zum europäischen und internationalen Privat-, Bank- und Wirtschaftsrecht, Band 7, Anleger- und Funktionsschutz durch Kapitalmarktrecht, Hrsg. Dr. Stefan Grundmann, u. a. S. 9.
[12] Geldwäsche bezeichnet die Einschleusung illegal erwirtschafteten Geldes bzw. von illegal erworbenen Vermögenswerten allgemein in den legalen Finanz- und Wirtschaftskreislauf. Dieses Geld ist das Ergebnis illegaler Tätigkeiten (z. B. Drogenhandel, Waffenhandel, in Deutschland auch Steuerhinterziehung, https://de.wikipedia.org/wiki/Geldw%C3%A4sche (Abruf 01.04.2016).
[13] Beispielsweise die Liberalisierung der Finanzmärkte in den 80er Jahren.

Devisen noch Sorten[14]. Bei den Kryptowährungen handelt es sich auch um kein Produkt der gegebenen bankwirtschaftlichen Praxis, sondern es handelt sich um eine Evolution der Netzwerkökonomie. Auch die Geschäftsmodelle in der Ökosphäre der Kryptowährungen weisen teilweise ganz andere Bestrebungen und Charakteristiken auf wie die typischen Produkte der Finanzwirtschaft der letzten Jahre. Obwohl offensichtlich die ursächliche Motivation von Nakamoto auch ein massives Misstrauen gegen das bestehende Finanzsystem war, repräsentiert das Bitcoin-System doch vor allem ein zeitgemäßes und effektives technisches und globales System zur Übertragung von Werten in einer modernen Informationsgesellschaft. Und zwar unbeachtlich dessen, ob dieses neue System in den regulatorischen Rahmen der einen oder anderen Jurisdiktion passt oder ob es zu bestehenden Infrastrukturen der Finanzindustrie kompatibel ist.

Durch die inhärente Globalität und Dezentralität entziehen sich die Kryptowährungssysteme per se der Überwachung durch nationale Finanzaufsichtsbehörden oder Zentralbanken: Es gibt in einem Peer-to-Peer-Netzwerk, das auf Open-Source-Software basiert, keinen zentralen Punkt, der regulatorischen Zwängen unterworfen werden kann.

Laut einiger libertärer Befürworter des Bitcoin-Systems liegt in der für die Aufsichtsbehörden nicht fassbaren zentralen Autorität der Kryptowährungssysteme auch der Schlüssel zum bisherigen Erfolg des Bitcoin-Systems: denn alle bis dato unternommenen Versuche, ein bankenunabhängiges Bargeld (digital oder auch nicht digital) zu schaffen, scheiterten vor allem an einem zentralistischen Ansatz. Wann immer sich bei den entsprechenden Projekten erste Erfolge einstellten, wurden sie von den zentralen Finanzaufsichtsbehörden gestoppt, indem man an diesem zentralen Punkt ansetzte.

Wie wichtig das Thema Vertrauen jedoch auch für den Erfolg des Zahlungssystems Bitcoin ist, zeigte sich anhand der Kursentwicklung des Bitcoins anlässlich des Zusammenbruchs der Mt. Gox.

Und da Regulierung für viele Verbraucher auch gleichbedeutend ist mit mehr Sicherheit und Vertrauen, ergibt sich durchaus eine Notwendigkeit der Diskussion des Themas der Regulierung für die Geschäftsmodelle der einzelnen Unternehmen der Kryptoökonomie, die Finanzdienstleistungen erbringen.

Inwieweit jedoch neue und andere Regularien zum Funktions- und Anlegerschutz des Bitcoin-Systems notwendig sind, wird intensiv in der Bitcoin-Community diskutiert: Themen, wie die eventuelle Korrumpierbarkeit der Core-Entwickler und die 51-Prozent-Attacke spielen hier eine große Rolle.[15]

---

[14] Ausländisches Geld in Form von Banknoten und Münzen nennt man Sorten. Bei Devisen dagegen handelt es sich um ausländische Währungen in Form von Bankguthaben, http://www.boerse.de/boersenlexikon/Sorten (Abruf: 01.04.2016).
[15] Who Controls Bitcoin? http://nakamotoinstitute.org/mempool/who-controls-Bitcoin/ (Abruf: 28.09.2015).

10.3.1 Funktionsschutz der Bitcoin-Technologie an sich

Das Bitcoin-Protokoll (Quelltext) basiert auf unbestechlichen mathematischen Algorithmen und sehr exakten Regelungen betreffend

- Geldmengenwachstum,
- Transaktionsmechanismus,
- Gültigkeit der Transaktionen,
- Besitzverhältnisse.

Die Einhaltung dieser Regeln wird von Maschinen kontrolliert, die dabei einzig und allein den unabänderlichen Gesetzen der Mathematik folgen, ohne jegliche menschliche Willkür. Ein Regelverstoß ist nicht möglich, denn jeder Versuch, diese Regeln zu brechen, wird vom Netzwerk mit Nichtausführung (einer Transaktion) sanktioniert, egal, wer ihn zu begehen versucht. Ein neues Konzept gegenüber den althergebrachten Finanzsystemen, die durch ihren Interpretationsspielraum und die Möglichkeit, ihn willkürlich anzuwenden (oder eben auch nicht), gekennzeichnet sind.

Erweiterungen bzw. Abänderungen des Quellcodes werden vorgeschlagen, vom Netzwerk diskutiert und falls ein Konsens erreicht wird, wird der Algorithmus geändert und damit sind die neuen Regeln wieder mathematisch unumstößlich festgeschrieben.

Damit haben die viele Kontrollmechanismen des aktuellen Finanzsystems keine Ansatzpunkte mehr aber es ergibt sich auch die Frage ob ein solches öffentliches und von menschlicher Hand unkorrumpierbares System überhaupt Kontrollen hinsichtlich Funktions- und Anlegerschutz benötigt.

10.3.2 Funktionsschutz der Unternehmen der Kryptoökonomie

Bei vielen der Unternehmen der Bitcoin-Ökosphäre handelt es sich um rechtliche Einheiten, errichtet nach den Gesetzgebungen der einzelnen Länder, womit sie auch der Jurisdiktion dieser Länder unterliegen.

Abhängig von der gesetzlichen bzw. aufsichtsbehördlichen Qualifizierung der Geschäftsmodelle der einzelnen Unternehmen müssen diese Unternehmen den lokalen gesetzlichen bzw. aufsichtsbehördlichen Erfordernissen entsprechen.

Die momentan gesetzlich definierten Begriffe in den jeweiligen Aufsichtsregularien resultieren aus dem gängigen Finanzsystem und sind nicht anwendbar auf die Kryptotransaktionssysteme. Das erklärt auch die unterschiedlichen Definitionsansätze der Behörden/Aufsichtsorgane der verschiedenen Länder. Sogar innerhalb ein- und desselben Landes (beispielsweise die USA) wird Bitcoin für die unterschiedlichen Zwecke als Währung, als Finanzinstrument oder auch als Handelsware[16] definiert.

---

[16] Nach dem CEA (Commodity Exchange Act) laut der CFTC (Commodity Futures Trading Commission).

10.3 Funktions- und Anlegerschutz

Die BaFin (Bundesbehörde für Finanzdienstleistungsaufsicht) stuft bitcoins[17] inzwischen rechtlich verbindlich als Finanzinstrumente in der Form von Rechnungseinheiten gemäß § 1 Abs. 11 Satz 1 Nr. 7 KWG ein.[18] Solche Rechnungseinheiten sind mit Devisen vergleichbar, aber gerade keine gesetzlichen Zahlungsmittel. Die BaFin definiert als Rechnungseinheiten alle Werteinheiten und Ersatzwährungen, die aufgrund privatrechtlicher Vereinbarungen als Zahlungsmittel in multilateralen Verrechnungskreisen eingesetzt werden. Auf einen zentralen Emittenten kommt es – und hier liegt der Unterschied zum E-Geld nach Art. 2 Nr. 2 der Richtlinie 2007/64/EG – dabei nicht an. Es wird auf die Eignung einer Einheit als Maßeinheit für Güter abgestellt. Der gewerbliche Umgang mit Bitcoins kann laut der Verlautbarung der BaFin vom 19. Dezember 2015 eine Erlaubnispflicht nach dem KWG auslösen; bei deren Fehlen kommt auch eine Strafbarkeit nach § 54 KWG in Betracht. Dabei ist nach der BaFin weder das Minen auf eigene Rechnung noch der Handel von Gütern gegen BTC an sich erlaubnispflichtig. Auch der An-/Verkauf selbst erworbener (errechneter oder angekaufter) BTC ist nicht per se erlaubnispflichtig. Die bloße Nutzung von Bitcoin als Ersatzwährung für Bar- oder Buchgeld ist damit erlaubnisfrei. Erlaubnispflichtig sind Geschäftsmodelle aber dann, wenn ein zusätzliches Dienstleistungselement hinzutritt. Im Hinblick auf die Erlaubnispflicht von Börsen und Miningpools kommt es daher auf das konkrete Geschäftsmodell an.

10.3.3 Anwendbarkeit der Geldwäscherichtlinien (AML, KYC)

Mit den Maßnahmen zur Verhinderung von Geldwäsche soll die Einschleusung illegal erwirtschafteten Geldes bzw. von illegal erworbenen Vermögenswerten in den legalen Finanz- und Wirtschaftskreislauf verhindert werden. Wichtigstes Instrument der Bekämpfung der Geldwäsche ist die Verhinderung anonymer wirtschaftlicher Transaktionen. Dafür dient das Know Your Customer Prinzip (KYC). Teilnehmer am Finanzsystem sind verpflichtet, ihre Kunden vor Aufnahme der Geschäftsbeziehung zu identifizieren und die wirtschaftlich Berechtigten zu erfragen. Damit können illegale Transaktionen ggf. unterbunden und es kann Zugriff auf jedes Guthaben genommen werden[19].

Wie viel Geldwäsche weltweit im Jahr betrieben wird, ist schwer zu schätzen. Es wird jedoch immer wieder von rund 2 bis 5 % des globalen Bruttoinlandsprodukts ausgegangen[20]. In Zahlen wären das 2009 rund 2 Bio. US-Dollar. Erst seit den 90er Jahren gehen die Regierungen entschlossen gegen Geldwäsche vor. Da allerdings die Kanäle der Geldwäsche vielfältig sind und es auch Länder gibt, die keine Anti-Geldwäsche-Bestimmungen

---

[17] Wobei hier alle Kryptowährungen umfasst sind und nicht nur Bitcoins.
[18] Bitcoins: Aufsichtliche Bewertung und Risiken für Nutzer, Jens Münzer, BaFin, 19. Dezember 2013 http://www.bafin.de/SharedDocs/Veroeffentlichungen/DE/Fachartikel/2014/fa_bj_1401_Bitcoins.html?nn=3803924#doc4689532bodyText2 (Abruf: 28.09.2015).
[19] https://de.wikipedia.org/wiki/Geldw%C3%A4sche (Abruf: 01.04.2016).
[20] Bundesministerium für Finanzen (BMF), Monatsbericht 08/2003 (ohne Erträge aus Finanzvergehen).

umgesetzt haben, ist die Aufklärungsquote relativ gering. Nur 1 % des kriminell erwirtschafteten Vermögens konnte 2009 konfisziert werden.[21]

Nach Art 2 Abs. 1 Buchst. e der 4. Geldwäsche-Richtlinie 2015/849[22] sind neben Banken, Versicherungen und einer beträchtlichen Anzahl von Dienstleistern (Treuhänder und Makler, Anwälte und Steuerberater) sowie alle natürlichen oder juristischen Personen, die mit Gütern handeln, soweit Zahlungen in bar erfolgen, von bestimmten Sorgfalts- und Meldepflichten erfasst.

In Deutschland wurde das seit dem 30.11.1993 geltende Geldwäschegesetz (GWG) zum 21.08.2008 neu gefasst. Geändert wurde das GwG durch das „Gesetz zur Optimierung der Geldwäscheprävention (Geldwäscheoptimierungsgesetz – GwOptG)", welches zum 29.12.2012 bzw. 31.03.2012 in Kraft getreten ist. Letzte Anpassungen – in Entsprechung der Geldwäsche-Richtlinie 2015/849 wurden im Juni 2015 durchgeführt. Zu den vorgesehenen Sorgfaltspflichten zählen bspw. die Identifizierung des Vertragspartners, die Verpflichtung zur Einholung von Informationen über Art und Zweck der Geschäftsbeziehung sowie die Identifizierung eines vom Vertragspartner abweichenden wirtschaftlich Berechtigten. Neben der Einhaltung bestimmter Sorgfaltspflichten haben Verpflichtete i. S. d. GwG zudem interne Sicherungsmaßnahmen zu treffen, bspw. in Form der Bestellung eines Geldwäschebeauftragten für bestimmte Branchen oder die Durchführung von regelmäßigen Zuverlässigkeitsprüfungen ihrer Mitarbeiter. Nicht zuletzt regelt das GwG die Abgabe von Verdachtsmeldungen im Falle eines Geldwäscheverdachts[23].

Eine von der FATF (Financial Action Task Force)[24] geforderte Registrierung aller natürlichen und juristischen Personen, die in „Money or value transfer services" tätig sind (Empfehlung 14), ist für die Unternehmen in der Bitcoin-Ökosphäre nicht anwendbar. Die Bitcoin-Dienstleister handeln auch nicht mit Gütern und zu Bargeldzahlungen über wesentliche Eurobeträge könnte es nur auf lokalen Tauschbörsen wie Localbitcoins.com kommen.

Die FATF fordert in ihrem Bericht vom Juni 2014[25] zum Thema virtuelle Währungen *Virtual Currencies Key Definitions and Potential AML/CFT Risks* die europäischen Einzel-

---

[21] http://bitcoinblog.de/2014/06/11/bitcoin-und-geldwasche-keine-gute-idee/ (Abruf 01.04.2016).
[22] https://www.bmf.gv.at/finanzmarkt/geldwaesche-terrorismusfinanzierung/2015-849-EU-DE_4-Geldwaesche-RL.pdf?5b0v7j (Abruf: 04.12.2015).
[23] Springer Gabler Verlag (Herausgeber), Gabler Wirtschaftslexikon, Stichwort: Geldwäschegesetz (GWG), online im Internet: http://wirtschaftslexikon.gabler.de/Archiv/169/35/Archiv/169/geldwaeschegesetz-gwg-v13.html (Abruf: 12.04.2016).
[24] Die Financial Action Task Force (on Money Laundering) (FATF, „Arbeitsgruppe für finanzielle Maßnahmen (gegen Geldwäsche)", französisch Groupe d'Action financière, GAFI) ist die Bezeichnung für den Arbeitskreis Maßnahmen zur Geldwäschebekämpfung. Die FATF versteht sich selbst als international führendes Gremium zur Bekämpfung der Geldwäsche und hat ihren Sitz bei der OECD in Paris, https://de.wikipedia.org/wiki/Financial_Action_Task_Force_on_Money_Laundering (Abruf: 28.09.2015).
[25] http://www.fatf-gafi.org/media/fatf/documents/reports/Virtual-currency-key-definitions-and-potential-aml-cft-risks.pdf (Abruf: 01.04.2016).

10.3 Funktions- und Anlegerschutz

staaten auf, die mit neuen Technologien, Geschäftspraktiken oder Produkten verbundenen Geldwäscherisiken zu prüfen und ggf. Maßnahmen zu ergreifen (Empfehlung 15).

In obigen Bericht der FATF wird besonders auf die Anonymität des Bitcoin-Systems hingewiesen[26].

Die Anonymität bei der Überweisung von bitcoins bietet gegenüber den durch die geldwäschebezogenen Sorgfaltspflichten bereits stark regulierten Branchen, tatsächlich auf den ersten Blick eine gute Gelegenheit Geldwäsche zu betreiben.

Die Anonymität des einzelnen Teilnehmers des Bitcoin-Netzwerkes ist integraler Bestandteil des Bitcoin-Protokolls. Weder die Nutzer der Core-Software noch die Nutzer des Bitcoin-Mining-Netzwerkes müssen ihre Identität nachweisen. Auch die Veröffentlichung der Transaktionen im Internet erfolgt anonymisiert. Für den Einzelnen sind bitcoins tatsächlich erheblich privater als Banküberweisungen, aber anonym sind sie nicht: Es ist nicht mehr notwendig, dem Verkäufer im Onlineshop beim Verkauf digitaler Ware seine Identität zu kommunizieren. Es handelt sich jedoch nur um eine bedingte Pseudoanonymität, denn wenn nur eine Transaktion mit einem Klarnamen verbunden werden kann, dann können auch alle vorhergehenden und nachfolgenden Transaktionen zugeordnet werden, viel mehr als bei jeder Bargeldtransaktion.

Zusätzlich stehen auch noch folgende Charakteristiken des Bitcoin-Systems der Annahme des idealen Geldwäscheinstruments entgegen[27]:

- Der Großteil der bitcoins wird über Börsen erworben und damit verbunden ist die Überweisung des Kaufpreises der erworbenen bitcoins von einem Konto eines Finanzdienstleisters (dieser muss ohnehin den lokalen KYC-Regularien entsprechen).
- So gut wie alle Bitcoin-Börsen versuchen von sich aus inzwischen sämtlichen KYC (Know your Customer) Bestimmungen gerecht zu werden und sehen bei Überschreiten eines bestimmten Betrages (meist rund 2500 Euro) eine Identitätsverifizierung vor.
- Verschleierungsdienste, wie z. B. die Nutzung von Online-Wallets, von Casinos, Altcoin-Börsen (Wechselstuben) und Mixerdienstleistungen (Scheingeschäfte)[28] werden zwar immer populärer, funktionieren aber meist nur bei kleinen Beträgen.

Der Transfer großer Bitcoin-Mengen hinterlässt nachvollziehbare Spuren. Sollte die Geldwäschethematik überhand nehmen, könnte auch überlegt werden – vorausgesetzt es

---

[26] http://www.fatf-gafi.org/media/fatf/documents/reports/Virtual-currency-key-definitions-and-potential-aml-cft-risks.pdf (Abruf: 01.04.2016).
[27] http://bitcoinblog.de/2014/06/11/bitcoin-und-geldwasche-keine-gute-idee/ (Abruf: 01.04.2016).
[28] Viele Online-Wallets kumulieren die Bitcoin-Bestände auf eine Adresse, sodass, wenn die Bitcoins von dieser Adresse wieder ausbezahlt werden, es keinen direkten Link zwischen der Ein- und Auszahlung gibt. Damit endet die Spur in der Blockchain bei der Adresse mit den vielen Einzahlungen. Ein ähnlicher Vorgang passiert, wenn man die Bitcoins auf eine Altcoin-Börse überweist und abhebt. Ein Mixer nimmt dagegen eine ganze Reihe von Transaktionen und mischt sie. So wird verschleiert, wer welche Transaktion ausgeführt hat, und das Verfolgen der Transaktionsketten stößt an ein chaotisches Ende.

wird ein entsprechender Konsens erzielt – folgende Anpassungen des Bitcoin-Protokolls vorzunehmen[29]:

- Einführung eines Black- bzw. Whitelisting von Bitcoin-Adressen und
- zum anderen die Reversibilität von Transaktionen, also deren Umkehrbarkeit zu ermöglichen.

Mittels Blacklisting könnte für identifizierte Bitcoin-Adressen des Bitcoin-Netzwerkes eine Sperre vorgesehen werden. White gelistete Bitcoin-Adressen würden als sicher und „sauber" gelten.

Mit der Umkehrbarkeit von Transaktionen ließe sich jegliches Geld jederzeit konfiszieren.

Rechtlich interessant ist die Anwendbarkeit der deutschen strafrechtlichen Bestimmungen zur Geldwäsche. Hier ist wieder auf die Ausarbeitung von Moritz Schröder, *Bitcoin: Virtuelle Währung – reelle Problemstellungen*, JurPC Web-Dok. 104/2014[30] zu verweisen:

> Für eine Anwendbarkeit von § 261 dStGB (Geldwäsche; Verschleierung unrechtmäßig erlangter Vermögenswerte) kommt es wesentlich darauf an, ob BTC „Gegenstände" im Sinne von § 261 Abs. 1 Satz 1 StGB sind. Bei der Auslegung ist das im Strafrecht in besonderem Maß geltende Bestimmtheitsgebot zu beachten. Ausgehend von dem Normzweck des § 261 StGB – der Sanktionierung der Verschleierung unrechtmäßig erlangter Vermögenswerte (vgl. die amtliche Überschrift) – ist daher tauglicher Gegenstand jedes Rechtsobjekt und bei der gebotenen funktionalen Betrachtung auch Güter des modernen Wirtschaftsverkehrs. Es sollen also schon nach dem Willen des Gesetzgebers alle tatsächlichen vermögenswerten Positionen erfasst werden, selbst wenn diese von der Rechtsordnung nicht anerkannt werden. Entscheidend ist lediglich, dass die Position faktisch verkehrsfähig ist und einen Wert hat, wie beispielsweise nicht eintreibbare Forderungen. Zu solchen Positionen gehören Bitcoins, sodass Geschäfte mit Bitcoins über § 261 StGB sanktioniert werden können, wenn die übrigen Voraussetzungen vorliegen.

10.4 Rechtliche Qualifikation des bitcoins in den verschiedenen Ländern

> What we are currently seeing is the collision of a very tightly regulated financial sector and a much more lightly regulated technology sector. (Ben Lawsky)[31]

Wie nun die einzelnen Staaten mit dem Phänomen der globalen Kryptowährungen umgehen und welche rechtliche Einstufung und daraus resultierenden Konsequenzen sich für

---

[29] S. 169, Jörg Platzer, Bitcoin kurz&gut, Banking ohne Banken, O-Reilly Verlag.
[30] http://www.jurpc.de/jurpc/show?id=20140104 (Abruf: 12.04.2016).
[31] NY's BitLicense Reveals The Difficult Trade-offs Of Regulating Bitcoin, http://www.forbes.com/sites/michaelbobelian/2015/06/08/nys-bitlicense-reveals-the-difficult-trade-offs-of-regulating-Bitcoin/2/ (Abruf: 10.08.2015).

10.4 Rechtliche Qualifikation des bitcoins in den verschiedenen Ländern

die Nutzer und den Unternehmen der Bitcoin-Ökosphäre damit ergeben, soll in der Folge dargestellt werden:

Anzumerken ist, dass es ein Axiom[32] der Finanztheorie ist, dass Unternehmen in einer globalisierten Wirtschaft auf strengere Vorschriften und eine steigende Steuerbelastung mit der Verlagerung ihres Standortes in Regionen reagieren, wo sie geringeren Einschränkungen unterliegen. In Ländern, deren Behörden besonders restriktive Regulierungen für die Nutzung der Kryptowährungen einführen oder steuerliche Belastungen auf entsprechende Transaktionen vorsehen, ist erwartungsgemäß ein Abwandern von Kryptowährungsunternehmen zu verzeichnen.

10.4.1 Standpunkt der Aufsichtsbehörden der Europäischen Union

Die Europäische Zentralbank (EZB) hat im Oktober 2012 eine erste Stellungnahme zu virtuellen Währungen[33] (*Virtual Currency Schemes*) herausgegeben. Die EZB definiert dabei virtuelle Währung wie folgt: *Eine virtuelle Währung ist eine Art unreguliertes, digitales Geld, das von seinen Entwicklern herausgegeben und gewöhnlich auch kontrolliert wird und von den Mitgliedern einer speziellen virtuellen Gemeinschaft benutzt und akzeptiert wird*. Die EZB stellt im Rahmen dieser Studie fest, dass ein Rechtsrahmen für virtuelle Währungen nicht besteht. E-Geld liege mangels einer bestehenden Forderung gegen einen Emittenten nicht vor. Daher scheide eine Anwendbarkeit der europäischen Zahlungsdienste-Richtlinie aus, da diese letztendlich nur die Ausführung von Zahlungsvorgängen mit E-Geld regle. Auch die europäische Verbraucherrechtrichtlinie und die E-Commerce-Richtlinie seien bei der Verwendung von digitalen Währungen nicht anwendbar.

Der Bericht geht dann auf die Definition eines Schneeballsystems laut US Securities and Exchange Commission ein:

> Ein Schneeballsystem ist ein Investitionsbetrug, der die Zahlung an bestehende Investoren aus angeblichen Renditen nur durch Geld von neuen Investoren ermöglicht. Die Organisatoren von Schneeballsystemen ködern neue Investoren, indem sie hohe Renditen mit tiefem Risiko versprechen. Die Betrüger legen ihre ganze Vorgehensweise auf das Anlocken von neuem Geld aus, um die Zahlungsversprechen an frühere Investoren zu erfüllen und um die eigenen persönlichen Einnahmen zu sichern, statt damit legitime Investitionen auszuführen.[34]

---

[32] Ein Axiom ist ein Grundsatz einer Theorie, einer Wissenschaft oder eines axiomatischen Systems, der innerhalb dieses Systems nicht begründet oder deduktiv abgeleitet wird, https://de.wikipedia.org/wiki/Axiom (Abruf: 28.09.2015).
[33] https://www.ecb.europa.eu/pub/pdf/other/virtualcurrencyschemes201210en.pdf (Abruf: 12.04.2016).
[34] EZB, macht sich große Sorgen wegen virtuellen Geld, http://alles-schallundrauch.blogspot.com/2012/11/ezb-macht-sich-grosse-sorgen-wegen.html#ixzz3n2yuNNtg. (Abruf: 28.09.2015).

In der Folge wird diskutiert, ob nicht auch bei der Kryptowährung bitcoin durch die vorgegebene Systematik, dass die Nutzung des Bitcoin-System per se den Kauf von bitcoins voraussetzt, ein Schneeballsystem gegeben sei.

Die Studie sieht durch die vermehrte Nutzung alternativer Währungen eine potentielle Gefahr der Einschränkung der geldpolitischen Instrumentarien. Insofern sei es wichtig, die Rolle des echten Geldes als gemeinsamen Nenner für die ganze Wirtschaft zu erhalten.

Zusammenfassend empfiehlt die EZB den nationalen Aufsichtsbehörden eine Regulierung virtueller Währungen auf lokaler Basis, um einerseits notwendige Innovationen bei Finanzdienstleistungen zu unterstützen und andererseits finanzielle Stabilität und Verbraucherschutz zu schaffen.

Die Europäische Bankenaufsicht[35] (EBA) mit Sitz in London hat erstmals am 13. Dezember 2013 eine Äußerung zum Thema virtuelle Währungen mit dem vielsagenden Titel *Warning to consumers on virtual currencies* herausgegeben:[36]

Die EBA identifiziert in ihrer Stellungnahme aufgrund der fehlenden Regularien große Risiken bei der Nutzung von Kryptowährungen für den einzelnen Anleger:

- Der mögliche Verlust des Geldes auf einer Plattform durch Hackerangriffe bzw. betrügerischen Machenschaften,
- Verlust der Zugangsdaten,
- Irreversibilität der Bitcoin-Transaktionen,
- Starke Kursschwankungen der virtuellen Währungen,
- Die Gefahr kriminellen Missbrauchs,
- Unsichere steuerliche Situation.

Im Juli 2014 erfolgte eine weitere Stellungnahme der EBA (*OPINION ON „VIRTUAL CURRENCIES" EBA/Op/2014/08, 4 July 2014*)[37]. Darin empfiehlt die EBA den nationalen Aufsichtsbehörden – aufgrund der nicht gegebenen Regulierung der Kryptowährungen – ihren lokalen Finanzinstituten davon abzuraten, virtuelle Währungen zu kaufen, zu halten und zu verkaufen.

---

[35] Die Europäische Bankenaufsichtsbehörde (EBA, englisch *European Banking Authority*) ist eine Agentur der Europäischen Union, auf Rechtsgrundlage der EU-Ratsverordnung 1093/2010 vom 24. November 2010, zur Finanzmarktaufsicht mit Sitz in London, die zum 1. Januar 2011 aus dem Ausschuss der Europäischen Aufsichtsbehörden für das Bankwesen (CEBS, englisch *Committee of European Banking Supervisors*) hervorging. Sie ist Bestandteil des Europäischen Finanzaufsichtssystems (ESFS, englisch *European System of Financial Supervision*). Vorsitzender ist der Italiener Andrea Enria und Exekutivdirektor ist Adam Farkas, entnommen vom http://de.wikipedia.org/wiki/Europ%C3%A4ische_Bankenaufsichtsbeh%C3%B6rde (letzter Abruf: 19.08.2014).
[36] WARNING TO CONSUMERS ON VIRTUAL CURRENCIES, EBA/WRG/2013/01, Warning to consumers on virtual currencies, European Banking Authortfy, https://www.eba.europa.eu/documents/10180/598344/EBA+Warning+on+Virtual+Currencies.pdf (Abruf: 28.09.2015).
[37] https://www.eba.europa.eu/documents/10180/657547/EBA-Op-2014-08+Opinion+on+Virtual+Currencies.pdf (Abruf: 12.04.2016).

Die EBA anerkennt in diesem Papier, dass die Nutzung von virtuellen Währungen vorteilhafte Transaktionskosten und Transaktionszeiten mit sich bringen könne. Gleichzeitig weist die Studie jedoch darauf hin, dass all diese Vorteile mehr oder weniger für Transaktionen innerhalb der Europäischen Union irrelevant seien, da ja ohnehin die bereits erlassenen oder noch im Entstehen begriffenen EU-Verordnungen genau diese Themen adressieren würden.

Ein auf die Kryptowährungen abzielender Rechtsakt wurde seitens der europäischen Behörden bis dato nicht gesetzt.

10.4.1.1 Stellungnahmen der deutschen Aufsichtsbehörden

Hinsichtlich der Stellungnahme der BaFin sei auf Abschn. 10.3.2 verwiesen. Zusammenfassend setzen in Deutschland die Erlaubnisbestände vor allem an der Gewerblichkeit der Geschäftsaktivitäten an: Das gilt für Handelsaktivitäten ebenso wie für Miningaktivitäten. Hier sind die technische Umsetzung und die jeweilige Ausgestaltung der Verträge und Geschäfte entscheidend. So können Miningpools, die gewerblich Erlösanteile aus geschürften bitcoins gegen die Überlassung von Rechnerleistung durch den Nutzer anbieten, durchaus einer Erlaubnispflicht unterliegen.

Aufgrund von Anfragen des Bundestagsabgeordneten Frank Schäfflers aus dem Jahr 2013 liegen auch bereits Stellungnahmen des deutschen Bundesfinanzministeriums zur steuerlichen Behandlung von Bitcoin-Transaktionen und des Minings vor:[38] Das Bundesfinanzministerium klassifiziert das Minen von bitcoins als „private Geldschöpfung", die steuerlich als irrelevant anzusehen ist. Weiters hat das dBMF klargestellt, dass der Handel oder die Vermittlung von Bitcoins unter den Voraussetzungen von § 4 Nr. 8c dUStG umsatzsteuerfrei ist. Die bloße Entgeltentrichtung durch bitcoins stellt keine Lieferung oder sonstige Leistung im Sinne des § 1 Abs. 1 dUStG dar. Da bitcoins kein gesetzliches Zahlungsmittel und weder Devisen noch Sorten sind, noch verbriefte Vermögenswerte noch Anteile an Gesellschaften vorliegen, werden jedoch die Umsätze beim Bitcoin-Handel als sonstige Leistung klassifiziert und unterliegen damit keiner Steuerbefreiung nach § 4 Nr. 8 b dUStG.

Weiters sind Kursgewinne aus Bitcoin-Transaktionen nach einem Jahr steuerfrei, die Veräußerung von bitcoins wird dementsprechend als ein privates Veräußerungsgeschäft (ungleich zum Verkauf von Wertpapieren usw.) behandelt. Es spielt dabei keine Rolle, ob die bitcoins gegen Fiatwährung verkauft oder gegen andere Güter getauscht werden. Welche Erfassungsmethode dabei bei zu verschiedenen Zeitpunkten angeschafften und wieder veräußerten bitcoins angewendet werden soll (First-in-First-out/Last-in-First-out u. a.) ist bis dato zwischen den Finanzbehörden nicht abgestimmt.

---

[38] Zu finden sind die Anfragen von Frank Schäffler an das Bundesfinanzministerium und die entsprechenden Antworten des Bundesfinanzministeriums auf dem Online Blog von Frank Schäffler, http://www.frank-schaeffler.de/wp-content/uploads/2013/08/2013_06_20-Antwort-Bitcoin-Koschyk.pdf (Abruf: 28.09.2015).

10.4.1.2 Umsatzsteuerliche Anfrage an den Europäischen Gerichtshof

Bis zu dem Urteil des EuGH in der Rechtssache C-264/14 (angestrengt von David Hedqvist, Betreiber der schwedischen Bitcoin-Böse Bitcoin.se) am 22. Oktober 2015 waren die EU-Länder in der Frage der USt-Befreiung von Kryptogeld uneins. Anders als das schwedische Steuergericht und der belgische „Föderale Öffentliche Dienst Finanzen", die jeweils eine USt-Befreiung vorsehen oder auch die britische HM Revenue & Customs, nehmen Deutschland, Estland und auch Österreich beim Handel mit virtuellen Währungen eine restriktivere Haltung ein und sehen mangels der Eigenschaft als gesetzliches Zahlungsmittel keine Gründe für eine USt-Befreiung.

In seinem Urteil[39] geht der EuGH davon aus, dass Umsätze in Form des Umtauschs konventioneller Währungen in Einheiten der virtuellen Währung Bitcoin (und umgekehrt) Dienstleistungen gegen Entgelt im Sinne der MWST-Richtlinie[40] darstellen und somit unter den Befreiungstatbestände des Art. 135 (1) fallen. Die Bestimmungen in Art. 135 Abs. 1 Buchst. d und e befreien etwa „Umsätze – einschließlich der Vermittlung – im [...] Zahlungs- und Überweisungsverkehr" bzw. *Umsätze – einschließlich der Vermittlung –, die sich auf Devisen, Banknoten und Münzen beziehen, die gesetzliches Zahlungsmittel sind* von der Umsatzsteuer.

Der Gerichtshof weist auch explizit darauf hin, dass die in Frage stehenden Umsätze nach der Bestimmung, die sich auf Umsätze mit *Devisen, Banknoten und Münzen..., die gesetzliches Zahlungsmittel sind*, bezieht, zu beurteilen sind.

10.4.2 Vereinigte Staaten

> While there is a lot of excitement surrounding Bitcoin and other virtual currencies, innovation does not excuse those acting in this space from following the same rules applicable to all participants in the commodity derivatives markets[41] (Aitan Goelman /CFTC).

In den USA zirkulierte im April 2012 ein FBI-Bericht mit dem Titel *Virtual Currency: Unique Features Present Distinct Challenges for Deterring Illicit Activity*[42] im Internet[43]. Dieser rückt vor allem Geldwäsche und andere kriminelle Möglichkeiten der Verwendung von Bitcoins in den Vordergrund.

---

[39] http://curia.europa.eu/jcms/upload/docs/application/pdf/2015-10/cp150128de.pdf (Abruf: 01.04.2016).
[40] Richtlinie 2006/112/EG des Rates vom 28. November 2006 über das gemeinsame Mehrwertsteuersystem (ABl, L 347, S. 1).
[41] Read more: http://www.digitaltrends.com/business/cftc-defines-Bitcoin-as-commmodity/#ixzz3n3NTKUEu (Abruf: 28.09.2015).
[42] http://cryptome.org/2012/05/fbi-bitcoin.pdf (Abruf: 12.04.2016).
[43] FBI Fears Bitcoin's Popularity with Criminals, http://www.wired.com/2012/05/fbi-fears-bitcoin/ (Abruf: 12.04.2016).

Im März 2013[44] hat die dem US-Finanzministerium unterstellte Bundesbehörde Financial Crimes Enforcement Network (FinCEN) die Richtlinie FIN-2013-G001 für virtuelle Währungssysteme herausgegeben: *Application of FinCEN's Regulations to Persons Administering*. Die FinCEN ist staatenübergreifend in den USA zuständig für die Implementierung des Bank Secrecy Act (BSA) und des USA Patriot Act. Nach der Richtlinie FIN-2013-G001 der FinCEN sind alle Dienstleister virtueller Währungssysteme, die als professionelle Händler oder auch als reine Zahlungsabwickler auftreten als Finanzdienstleister (Money Services Business[45] (MSB)), die den FinCEN-Bestimmungen unterliegen, zu definieren. All diese MSB aus der Kryptowährungsökosphäre haben sich analog den gängigen Finanzinstituten bei der FinCEN zu registrieren. Sie müssen den geltenden Melde- und Aufzeichnungsbestimmungen der FinCEN nachkommen.[46]

Eine Richtlinie der FinCEN aus Oktober 2014 schaffte endgültig Klarheit, dass auch dezentral hergestellte und verwaltete Kryptowährungssysteme unter das geltende Recht fallen. Die Definition der umtauschbaren virtuellen Währungen erfordert dabei, dass der virtuellen Währung ein entsprechender Wert in realer Währung gegenübersteht. Ausgeschlossen von der Anwendung der FinCEN Bestimmungen sind ausdrücklich private Nutzer, die virtuelles Geld kaufen und es nur dazu benutzen, reelle oder virtuelle Güter zu erwerben. Bis dato herrscht Unsicherheit ab wann die Schwelle zur geschäftsmäßigen Aktivität erreicht ist und ob Anzahl und Höhe der Transaktionen bei der Beurteilung eine Rolle spielen.

Im November 2013 gab die damalige Direktorin des Enforcement Networks FinCEN, Jennifer Shasky Calvery, folgende Erklärung ab: *Jene, die die Herrschaft des Rechts respektierten und sich an das Gesetz halten, sollten in der Entscheidung, das virtuelle Geld gesetzlich zu regeln, eine für diesen Sektor positive Entwicklung sehen. Diese Entscheidung bedeutet auch eine Anerkennung der Innovation, die die virtuellen Währungen darstellen und ihres potentiellen Nutzens für die Gesellschaft.*

In den USA haben auch die einzelnen Staaten Finanzaufsichtsbehörden mit entsprechenden Aufsichtsregularien. Die Kryptowährungsunternehmen müssen dementsprechend ggf. zusätzlich zur Registrierung bei der FinCEN auch Lizenzen der Einzelstaaten beantragen. Die Lizenzgewährung erfordert neben einer Offenlegung der Geschäftsaktivitäten meist auch den Nachweis der Beachtung und administrativen Befolgung der Geldwäschebestimmungen (Erfassung, Dokumentation, Berichterstattung) des einzelnen Staates. Einige Staaten, darunter auch Texas, bemühen sich gezielt um eine Förderung und die Integration der Kryptowährungen und entschieden sich bewusst gegen zusätzliche Auflagen für Bitcoin-Startups.

---

[44] http://www.fincen.gov/news_room/nr/pdf/20130318.pdf (Abruf: 01.04.2016).
[45] Definition eines Money Services Business https://www.fincen.gov/financial_institutions/msb/definitions/msb.html (Abruf: 19.12.2015).
[46] FinCEN Rules Bitcoin Payment Processors, Exchanges are Money Transmitters, http://www.coindesk.com/fincen-rules-Bitcoin-payment-processors-exchanges-money-transmitters/ (Abruf: 28.09.2015).

Wegen der Verletzung von Bestimmungen das Bank Secrecy Act wurde Anfang Mai 2015 das Kryptowährungs-Startups Ripple Labs Inc. aufgrund mangelhafter Implementierung von Geldwäschepräventionsmaßnahmen trotz Qualifikation als Money Service Business zu einer Geldstrafe von 700.000 US-Dollar verurteilt.[47]

Die Bundessteuerbehörde IRS[48] veröffentlichte am 25. März 2014 eine mit Spannung erwartete Entscheidung, wonach Kryptowährungen für steuerlichen Zwecke in den USA weder die Qualifikation eines gesetzlichen Zahlungsmittels noch eines Wirtschaftsgutes erfüllen. Vielmehr seien die Kryptowährungen wie Vermögenswerte analog zu Immobilien oder Aktien zu behandeln. Etwaige Wertänderungen dieser Vermögenswerte seien den entsprechenden Kapitalertragssteuern zu unterwerfen.

10.4.2.1 BitLizenz

> We have a responsibility to regulate new financial products in order to help protect consumers and root out illicit activity. That is the bread and butter job of a financial egulator. However, by the same token, we should not react so harshly that we doom promising new technologies before they get out of the cradle. Getting that balance right is hard, but it is key. (NYDFS Superintendent Benjamin Lawsky, Speech Announcing BitLicense Final Rule Jun. 3, 2015)

Das Department of Financial Services des Staates New York (NYDFS) hat am 3. Juni 2015 als erste Aufsichtsbehörde eines US-Bundesstaats – zur Verbesserung des Anleger- und Konsumentenschutzes – Bestimmungen für die Vergabe einer BitLizenz an Kryptowährungsunternehmen verabschiedet[49]: Die gewerbsmäßige Verwaltung sowie der gewerbsmäßige Handel virtueller Währungen im Staat New York erfordert die Beantragung einer BitLizenz bei der NYDFS. Die Gewährung einer solchen Lizenz erfordert den Nachweis der Implementierung entsprechender Maßnahmen zur Abwehr und Aufdeckung von Geldwäsche sowie der Finanzierung terroristischer und sonstiger krimineller Aktivitäten. So sind Complianceabteilungen einzurichten, die sämtliche Kundenprofile der Transaktionen erfassen und auswerten. Weiters ist eine Beschreibung – sowie in der Folge auch allfällige Änderungen – des Geschäftsmodells vorzulegen, eine Eigenkapitalkernquote und ein Rücklagenaufbau (in Fiatwährungen) in Höhe des Gegenwertes der Kryptowährungsbestände nachzuweisen.

Die Bestimmungen des Gesetzes haben im Vorfeld zu vielen, auch medial-geführten Diskussionen rund um den Zwiespalt zwischen Innovationsnotwendigkeit und unerlässlichem Anleger- und Konsumentenschutz geführt.

---

[47] FinCEN Fines Ripple Labs for Bank Secrecy Act Violations, von Stan Higgins, http://www.coindesk.com/fincen-fines-ripple-labs-700000-bank-secrecy-act/ (Abruf: 10.08.2015).

[48] Like – Click this link to Add this page to your bookmarks Share – Click this link to Share this page through email or social media Print – Click this link to Print this page, IRS Virtual Currency Guidance: Virtual Currency Is Treated as Property for U.S. Federal Tax Purposes; General Rules for Property Transactions Apply, http://www.irs.gov/uac/Newsroom/IRS-Virtual-Currency-Guidance (Abruf: 10.08.2015).

[49] NYDFS ANNOUNCES FINAL BITLICENSE FRAMEWORK FOR REGULATING DIGITAL CURRENCY FIRMS http://www.dfs.ny.gov/about/press/pr1509221.htm (Abruf: 12.04.2016).

Nicht erfasst von der BitLizenz sind Privatleute, die im Onlinehandel mit bitcoins bezahlen, Händler, die bitcoins als Zahlungsmittel in ihren Onlineshops akzeptieren, Miner und Softwareentwickler, die sich mit Bitcoin beschäftigen sowie Banken, die ohnehin über eine entsprechende Bankenkonzession verfügen und damit bereits den entsprechenden Bestimmungen unterliegen.

Als Reaktion auf diese regulatorischen Anforderungen – die mit nicht unmaßgeblichen Kosten und Administrationsaufwendungen verbunden sind, die für manche Startups der Kryptoökonomie ganz einfach nicht leistbar sind – haben sich bereits mehrere Bitcoin-Unternehmer aus dem Staat New York zurückgezogen.

10.4.3 China

Die chinesische Zentralbank hat zusammen mit vier anderen chinesischen Aufsichtsbehörden am 5. Dezember 2013 eine Stellungnahme zu den Risiken im Umgang mit Kryptowährungen veröffentlicht[50]: Kryptowährungen werden nicht als Währung anerkennt, gelten aber als legale virtuelle Güter/Handelswaren. Der An-/Verkauf von bitcoins sei eine Form des Onlinehandels, an der Personen und Organisationen grundsätzlich freiwillig teilnehmen können, solange sie bereit sind, das Risiko zu tragen. Webseiten, deren Geschäft im Wesentlichen das Handeln mit bitcoins (als Ware) ist, unterliegen aber einer speziellen Registrierungsverpflichtung.

Zudem dürfen Banken und Zahlungsdienstleister weder Bitcoin-Transaktionen durchführen noch eigene Angebote in bitcoins platzieren. Auch Versicherungsunternehmen dürfen keine Dienstleistungen an Bitcoin-Händler erbringen. Als Begründung für diese Maßnahmen werden einmal mehr die große Gefahr der Geldwäsche und anderer kriminellen Geschäfte mit Kryptowährungen genannt.

Laut einem Report von Goldman Sachs aus dem März 2015 entfielen 77 % des globalen Gesamthandels mit Bitcoin auf den chinesischen Yuan[51], verglichen mit 19 % für den US-Dollar und nur 1 % für den Euro. Die Plattform BTCChina gilt als die zweitgrößte Bitcoin-Börse der Welt und wickelt täglich Transaktionen im Wert von 60 Mio. US-Dollar ab.

Der hohen Anteil des chinesischen Yuans am Bitcoin-Handel resultiert auch daraus das China – bedingt durch die niedrigen Energiekosten – in den letzten Jahren zu einem der wichtigsten Bitcoin-Miningzentren der Welt wurde. Fünf der größten chinesischen Bergbau-Pools – AntPool, F2Pool, BTC China, BW Mining und Huobi[52], halten gemeinsam einen Anteil von rund 55 % bis 70 % der gesamten Hashingpower des Bitcoin-Netzwerkes.

---

[50] http://money.cnn.com/2013/12/05/investing/china-bitcoin/ (Abruf: 12.04.2016).
[51] 80 % of bitcoin is exchanged for Chinese yuan, http://qz.com/359679/80-of-bitcoin-is-exchanged-into-and-out-of-chinese-yuan/ (Abuf: 12.04.2016).
[52] https://blockchain.info/de/pools (Abruf: 01.04.2016).

65 % der eCommerce-Transaktionen in China werden in Bargeld bei Lieferung bezahlt. Eine Vorgangsweise, die zu hohen Rücklaufquoten und Logistikkosten führt und insofern sicher noch effizienter gestaltet werden kann. Momentan gibt es in China nur sehr wenige Händler, die bitcoins akzeptieren. Angesichts dessen, das WEChat und sonstige Social Media Applikationen schon friktionslos Banküberweisungen ermöglichen, ist eher zu erwarten, dass ähnliche Zahlungsmethoden wie in den entwickelten Ländern den Markt beherrschen werden und Kryptowährungen auch zukünftig eher weniger genutzt werden.

Ein weiterer interessanter Punkt ist das der chinesische Staat versucht Kapitalflucht durch eine Beschränkung des Kaufs von Fremdwährungen auf 50.000 US-Dollar[53] pro Jahr pro Staatsbürger zu verhindern. Durch den Kauf von Kryptowährungen über Onlinebörsen könnte diese Beschränkung unterlaufen werden. Damit stellt Bitcoin ein Ventil für die 12 Bio. US-Dollar an Ersparnissen dar, die auf sehr niedrig verzinsten chinesischen Bankkonten liegen.

10.4.4 Sonstige Länder

Die russische Zentralbank bestätigte im Frühjahr 2015 ausdrücklich, dass der Rubel das einzige gesetzliche Zahlungsmittel in Russland sei. Die Zentralbank stuft den Handel mit Bitcoin als höchst spekulativ ein und wies auf durch die damit verbundene Anonymität entstehenden Gefahren hin.

Das russische Finanzministerium hat ein Verbot der digitalen Währungen bereits im August 2014 angekündigt. Bis dato (Frühjahr 2016) wurde dieses Verbot jedoch noch nicht umgesetzt.[54]

Bulgarien[55] hat digitale Währungen offiziell anerkannt und einen niedrigen zehnprozentigen Steuersatz für Bitcoin-Kapitalerträge festgesetzt.

In der Schweiz[56] bestätigte die Eidgenössische Finanzmarktaufsicht im Juni 2014, dass sie keinerlei Absicht habe, eigene Regeln für Kryptowährungen zu erlassen. Sie begründete die Entscheidung mit den ohnehin gegebenen Vorschriften für Finanzdienstleistungsunternehmen.

Großbritanniens Steuerbehörde HRMC[57] überlegt laut diverser Zeitungsberichte bitcoins als Privatgeld anzuerkennen. Bislang werden bitcoins als Gutscheine steuerlich ein-

---

[53] Handel mit Bitcoins boomt an chinesischen Börsen, http://interculturecapital.de/061115-handel-mit-bitcoins-boomt-an-chinesischen-boersen-13900 (Abruf: 12.04.2016).
[54] http://www.btc-echo.de/russische-Bitcoin-boerse-veroeffentlich-quellcode_2015042703/.
[55] Die Bitcoins gewinnen immer mehr Anhänger auch in Bulgarien, http://bnr.bg/de/post/100467345/die-Bitcoins-gewinnen-immer-mehr-anhanger-auch-in-bulgarien (Abruf: 29.09.2015).
[56] Bericht des Bundesrates zu virtuellen Währungen in Beantwortung der Postulate Schwaab (13.3687) und Weibel (13.4070), http://www.news.admin.ch/NSBSubscriber/message/attachments/35361.pdf (Abruf: 28.09.2015).
[57] Revenue and Customs Brief 9 (2014): Bitcoin and other cryptocurrencies. https://www.gov.uk/government/publications/revenue-and-customs-brief-9-2014-Bitcoin-and-other-cryptocurrencies (Abruf: 28.09.2015).

10.4 Rechtliche Qualifikation des bitcoins in den verschiedenen Ländern

gestuft. Bitcoin ist mit dieser Einschätzung als Zahlungsmittel legal, aber nicht gleichgestellt mit den von staatlichen Organen herausgegeben gesetzlichen Zahlungsmitteln.

Die indische Zentralbank hatte ebenfalls Warnungen ausgesprochen,[58] gleichzeitig überlegt die indische Steuerbehörde Berichten zufolge eine Steuer auf Bitcoin-Miningerträge einzuheben. Die Zentralbank Israels[59] scheint hingegen abzuwarten und keine regulativen Maßnahmen ergreifen zu wollen, wie kürzlich die Zeitung *Haaretz* berichtete.

Bolivien kündigte an, Bitcoin vollkommen zu verbieten. Bangladesch droht Bitcoin-Händlern mit Haftstrafen bei Missachtung von Geldwäschebestimmungen.

In Finnland stuft man das Kryptogeld laut Bericht der Finanznachrichtenagentur *Bloomberg* nicht als Währung, sondern als ein handelbares Wirtschaftsgut analog eines Rohstoffes ein.[60]

Einige britische Inseln[61] werben als Steueroasen bereits um die Gunst der Kryptowährungsunternehmen. Der erste umfassend regulierte Bitcoin-Investmentfonds wurde auf der Kanalinsel Jersey aufgelegt.

Die kanadische Regierung nahm im Juni 2014 in einem umfassenden Gesetzentwurf zur Novellierung der geltenden Vorschriften über Geldüberweisungen und Geldwäsche die virtuellen Währungen auf.[62] Welchen Status Kryptowährungen in Kanada bekommen sollen, ist noch nicht geklärt. Kanadas größte Städte wurden bereits zu Minizentren für digitale Währungen. Toronto ist der Sitz des aggressiven Bitcoin Decentral Accelerators sowie des digitalen Wallet-Anbieters KryptoKit. Virtex, eine digitalen Währungsbörse und ein Anbieter von Bitcoin-Debitkarten, sind in Calgary ansässig.

In Mexiko wiederum gibt es ein Digital-Peso-Projekt,[63] eine Initiative zur Sondierung der Einführung eines digitalen Pesos auf Basis der Blockchain, gleichzeitig sollen dabei die Möglichkeiten des Einsatzes dezentraler Netze zur Korruptionsbekämpfung überprüft werden.

---

[58] Reserve Bank warns against Bitcoin use, http://www.thehindu.com/business/Economy/reserve-bank-warns-against-Bitcoin-use/article5497653.ece (Abruf: 28.09.2015).
[59] Bitcoin-Regulierung: Die Staaten und das Kryptogeld http://www.heise.de/newsticker/meldung/Bitcoin-Regulierung-Die-Staaten-und-das-Kryptogeld-2089262.html (Abruf: 29.09.2015).
[60] Bitcoin Judged Commodity in Finland After Failing Money Test, http://www.bloomberg.com/news/articles/2014-01-19/Bitcoin-becomes-commodity-in-finland-after-failing-currency-test (Abruf: 28.09.2015).
[61] Bitcoin Island: Cryptocurrency on the Isle of Man http://www.bloomberg.com/news/videos/2015-09-07/Bitcoin-island-cryptocurrency-on-the-isle-of-man (Abruf: 28.09.2015).
[62] Canada Amends National Law to Regulate Bitcoin Businesses, http://www.coindesk.com/canada-amends-national-law-regulate-Bitcoin-businesses/ (Abruf: 28.09.2015).
[63] The Case for Merging Mexico's Peso with Block Chain Technology, http://www.coindesk.com/case-merging-mexicos-peso-block-chain-technology/ (Abruf: 28.09.2015).

11 Die Gratis-Bitcoin-Ökosphäre

...the more it is adopted by a mass of users, the more it is secured. (Counterparty)

Inwieweit, ob und welche Kryptowährung schlussendlich langfristig weltweit akzeptiert wird, ist Thema zahlreicher und vielfältiger Diskussionen. Innerhalb der verschiedenen Kryptowährungen hat das Bitcoin-System eindeutig einen massiven Vorsprung. Vorstellbar ist jedoch auch analog des Konzepts des freien Wettbewerbs unter den Währungen vom österreichischen Ökonomen Friedrich August von Hayek[1] ein Nebeneinander verschiedenster Kryptowährungen. Jeder dieser Kryptowährungen könnte ein Wert durch eine Gruppe von Menschen, die sich dafür entscheiden, dieser Währung zu vertrauen, beigemessen werden. Diese Gruppe kann durch gemeinsame demografische, geografische oder ethische Interessen definiert werden.

Damit Kryptowährungen jedoch von der breiten Öffentlichkeit genutzt werden, bedarf es noch

- sicherer und einfach zu bedienender Wallets;
- einfach zu nutzende Kryptowährungs-Börsen, zu denen jeder Zugang hat;
- Unternehmer, die Kryptowährungen als Zahlungsmittel akzeptieren und
- Unternehmen, die ihre Rechnungen und ihre Angestellten in Kryptowährungen bezahlen.

Vor allem aber braucht es Akzeptanz der Kryptowährungen in der breiten Öffentlichkeit und hier liefert die Gratis-Bitcoin-Ökosphäre, bestehend aus Hunderten Faucet-Webseiten, einen großen Beitrag.

---

[1] https://de.wikipedia.org/wiki/Friedrich_August_von_Hayek (Abruf: 01.04.2016).

Tab. 11.1 Bitcoin-Webseiten im Vergleich zu Faucet-Webseiten

Seite	Alexa Ranking	Typ
FreeBitco.in	5,600	Free Bitcoin
CoinBase	6,500	Business
XAPO	13,800	Business
BitcoinZebra.com	14,800	Free Bitcoin
BitGold	51,500	Business

In den Medien wird nur wenig bis gar nicht über diese Gratis-Bitcoin-Ökosphäre berichtet, also jene Webseiten, auf denen Nutzer durch einfache Tätigkeiten, wie beispielsweise

- Lösen eines Captchas-Codes,
- Liken von Werbeanzeigen,
- Rating von Angeboten,
- oder durch das Verfassen von Kommentaren usw.

bitcoins verdienen können und so teilweise erstmals mit Kryptowährungen in Kontakt kommen. Ihren Ursprung haben diese Webseiten in einer von Gavin Andresen bereits 2010 online gestellten Faucet-Seite, über welche Nutzer gratis bitcoins beziehen konnten. Der Begriff *Faucet* ist dabei abgeleitet vom englischen Begriff für Wasserhahn. Aus dieser Webseite hat sich in den letzten Jahren eine sehr dynamische Gratis-Bitcoin-Szene entwickelt.

Einige der talentiertesten Programmierer sind in dieser Faucet-Szene tätig sind und entwickeln hier innovative Konzepte. Die Faucet-Seiten zählen laut Alexa[2] zu den am schnellsten wachsenden Webseiten und ziehen innerhalb kürzester Zeit tausende Benutzer an und generieren dementsprechend hohen Traffic im Web. Das Geschäftsmodell dieser Faucet-Seiten besteht durch Generierung von Werbeeinnahmen in Korrelation zum erzielten Traffic.

Hier ein kleiner Auszug bekannter Bitcoin-Seiten im Alexa-Ranking im Vergleich zu Faucet-Seiten[3] (Tab. 11.1).

Laut dem Markforschungsinstitut Juniper[4] gab es Ende 2014 geschätzte 1,3 Mio. aktive Bitcoin-Nutzer, weiters finden laut verschiedener Statistiken nur rund 100.000 Bitcoin-Transaktionen täglich über die Blockchain statt. In der Faucet-Szene (Off-chain) hingegen

---

[2] Alexa ist ein Online-Dienst, der Daten über Seitenabrufe von Webseiten sammelt und darstellt. Das betreibende Unternehmen Alexa Internet Inc. ist ein Tochterunternehmen von Amazon.com. Alexa wurde 1996 von Brewster Kahle und Bruce Gilliat gegründet und 1999 von Amazon.com für 250 Mio. US-Dollar übernommen, entnommen von Wikipedia, https://de.wikipedia.org/wiki/Alexa_Internet (Abruf: 29.09.2015).
[3] Daten abgerufen am 29.09.2015.
[4] http://www.juniperresearch.com/press/press-releases/bitcoin-users-to-approach-5-million-by-2019 (Abruf: 01.04.2016).

werden geschätzte acht bis zehn Mio. Transaktionen täglich verarbeitet. Bei den meisten dieser Transaktionen werden Mikrozahlungen mit Kleinstbeträgen zwischen 0,000000300 bis 0,000001000 bitcoins durchgeführt. Diese Beträge sind so klein, dass sie sich nicht in Realwährungen, wie US-Dollar oder Euro, darstellen lassen. Abhängig von den Lebenshaltungskosten in den einzelnen Ländern können diese Klein- und Kleinstbeträge jedoch einen wesentlichen Beitrag zur Lebensführung einzelner Bitcoin-Nutzer leisten.

Der Kurs des bitcoin wird in erster Linie in Relation zum Dollar angegeben. Dadurch verfügt der bitcoin in Ländern mit geringer Kaufkraft der lokalen Währung stets über eine wesentlich höhere Kaufkraft als eben diese Landeswährung.

Vor allem für die Nutzer aus den Ländern mit geringer Kaufkraftparität (Purchasing Power Parity der CIA-Datenbank) sind die Faucet-Seiten eine tatsächlich wichtige Einnahmequelle. Es zeigt sich, dass in Ländern, wie der Ukraine, die über Faucet-Seiten durch einfache Arbeiten, wie das Auflösen von Captchas oder das Abgeben von Ratings zu verdienenden bitcoins, ausreichen können, um in diesen Ländern seinen täglichen Lebensunterhalt bestreiten zu können.

Über lokale Tauschbörsen (beispielsweise localBitcoins.com) können diese bitcoins in lokales Geld umgetauscht werden.

Für den Nutzer dieser Faucet-Seiten ist die Kalkulation einfach: Investierte Zeit wird gegen verdiente bitcoins getauscht.

Diese Idee, die Internet Community für die von ihnen zur Verfügung gestellten Ressourcen – Zeit, Rechnerleistung und Daten – zu bezahlen und somit ein *faires* System aufzubauen, entspricht der Ideologie des gesamten Bitcoin-Systems, aber auch der gesamten sich entwickelnden Netzwerkökonomie.

Es wäre, so Jaron Lanier in seinem Buch *Who Owns the Future*,[5] nicht einsichtig, warum die Gewinne von Google, Facebook & Co aus der Verwertung von Benutzerdaten nicht mit den eigentlichen Wertschöpfern – also den registrierten Nutzern und Kunden – geteilt werden sollten. Diese Ansätze sind bis dato schon wegen der technischen Unmöglichkeit, sogenannte Mikropayments über das reale Geldsystem zu bewegen, gescheitert.

Zusammengefasst erfüllt die Faucet-Ökosphäre damit folgende Funktionen:

- Wegbereiter neuer digitaler Geschäftsmodelle.
- Steigerung der Akzeptanz der Kryptowährungen.
- Abbau von Hemmschwellen und Aufbau von Vertrauen durch einfache, kostenlose und risikolose Nutzung von Kryptowährungen.
- Unterstützung des Netzwerkeffektes.

---

[5] Who Owns the Future? By Jaron Lanier. Simon and Schuster, 2013. Mehr unter: http://www.economist.com/news/books-and-arts/21577039-three-new-books-look-power-digital-age-feel-force#ilYq7HvYUgzIBh94.99 (Abruf: 29.09.2015).

Erhöhte gesellschaftliche Akzeptanz ist für die Kryptowährungen von mehrfacher Relevanz:

- Die Kryptowährungssysteme gewinnen technisch an Stabilität und Sicherheit, je höher die Anzahl der Nodes und je größer die Community ist.
- Das Vertrauen vieler ist – wie bei allen Finanzsystemen – die wichtigste Voraussetzung für die Nutzung der Kryptowährungen als Ersatzwährung bzw. Geldsurrogat (Recheneinheit, Wertaufbewahrungsmittel, Zahlungsmittel).
- Realisierung von Netzwerkeffekten: Je mehr Nutzer eine Technologie hat, desto höher ist wegen der positiven Rückkoppelungseffekte der Nutzen für den einzelnen Nutzer.

Monetarismus, Geldmenge und Politik 12

> Was wir nun brauchen, ist eine Freigeld-Bewegung, die der Freihandels-Bewegung des 19. Jahrhunderts vergleichbar ist. (Friedrich August von Hayek)

Die Keynesianer vertreten die Ansicht, dass marktwirtschaftliche Systeme trotz des geltenden Preisregelungsmechanismus immer wieder versagen können und es dann ordnungspolitischer Eingriffe durch den Staat bedarf, wobei die Geldmenge neben dem Fiskalsystem ein wichtiges und mächtiges Instrument der Ordnungspolitik ist (siehe auch Kap. 5).

Die Theorien von Keynes haben vor allem nach der durch die Finanzkrise 2008 hervorgerufenen Unsicherheit über die tatsächliche Funktionsfähigkeit des Bankensystems und der Geldpolitik wieder an Bedeutung gewonnen. Nicht nur sozialdemokratische Regierungen, die stets mit Keynes' Gedanken sympathisieren, sondern auch wirtschaftsliberale Regierungen greifen seit der Finanzkrise 2008 aktiv in die Geldpolitik ein. Die exzessive Geldproduktion der *Quantitativen Lockerung*[1] (*quantitative easing*) der Europäischen Zentralbank aber auch der US Federal Reserve, die versucht, den Zusammenbruch des Banken- und Finanzsystems durch die massive Erhöhung der Geldmenge aufzuhalten, sind dafür gute Beispiele.

Die Vertreter der Austrian School of Economics in der Tradition von Ludwig von Mises und Friedrich August von Hayek wie auch die Chicago School of Economics in der Tradition des Milton Friedman, dem prominentesten Vertreter des Monetarismus (vgl. Abschn. 5.4.4), sind gegen eine derartige Einmischung des Staates. Nach deren Ansicht

---

[1] Für quantitative Lockerung (Quantitative Easing, QE) gibt es eine einfache und eine schwierige Definition. Die einfache lautet wie folgt: Quantitative Lockerung erfolgt, wenn Zentralbanken von Geschäftsbanken fixe Mengen von Anleihen kaufen. Dazu schaffen die Zentralbanken Geld, das vorher nicht existierte. Dieses Geld besteht nicht aus physischen Noten und Münzen, sondern liegt auf Konten – ähnlich Ihrem Konto bei Ihrer Hausbank, doch in diesem Fall bei der Zentralbank. https://www.credit-suisse.com/ch/de/articles/articles/news-and-expertise/2015/10/de/investor-primer-what-is-quantitative-easing.html (Abruf: 16.10.2015).

führt jede massive Geldmengenproduktion mittel- bis langfristig zum Zusammenbruch des Währungs- und in Folge auch des Wirtschaftssystems.

Der theoretische Unterbau des Bitcoin-Systems entspricht den Ansätzen der Austrian School of Economics. Für diese Denkschule ist das sich selbst regulierende und vor allem hinsichtlich der verfügbaren Geldmenge beschränkte Bitcoin-System eine Art monetärer Idealzustand.

Begründet wird die Österreichische Schule mit dem Werk des Wiener Professors Carl Menger *Grundsätze der Volkswirtschaftslehre* (1871). Das Buch gilt in der volkswirtschaftlichen Lehre als eine der ersten modernen Abhandlungen zur Lehre des Grenznutzens[2]. In der Folge wurde die Arbeit Mengers von Ludwig von Mises und Friedrich August von Hayek[3] weitergeführt, die in den 30er Jahren zusammenarbeiteten, um Wirtschaftszyklen zu erklären. Sie argumentierten, dass diese Zyklen eine Folge der Fehlinvestitionen der Unternehmen und Banken seien, die wiederum aus verfehlter staatlicher Geld-und Wirtschaftspolitik resultieren würden[4].

Nach Hayek sind Konjunkturzyklen die Folge von Abweichungen des Geldzinssatzes vom „natürlichen Zinssatz", d. h. dem Zinssatz, bei dem Ersparnis und Investition sich ausgleichen. Es bildet sich eine Differenz zwischen beiden Größen, die durch zusätzliche Liquidität gedeckt werden muss. Diese ermöglicht es den Unternehmen, Projekte zu finanzieren, die zuvor nicht rentabel gewesen wären. Die Wirtschaftsleistung weitet sich dadurch stärker aus, als es im natürlichen Fall möglich gewesen wäre. Die zusätzliche Liquidität führt jedoch nach einiger Zeit zu steigenden Preisen. Passen sich die Wirtschaftssubjekte daran an, steigen die Zinsen. Investitionsprojekte, die sich zum bisherigen Geldzinssatz ausgezahlt hätten, müssen abgebrochen werden.

Der späte Hayek macht für Abweichungen zwischen dem natürlichen (sich im freien Markt bildenden) Zinssatz vom Geldzinssatz vor allem die Zentralbanken verantwortlich, denen es aus politischen Gründen nicht gelingen kann, den Geldwert in einem Maß stabil zu halten, mit dem sich Krisen vermeiden lassen. Aus diesem Grund befürwortete er den Rückzug des Staates aus der Geldpolitik und Wirtschaftspolitik und forderte Alternativen zum bestehenden Finanzsystem.

Während Ludwig von Mises eine zu 100 % durch Gold gedeckte Währung befürwortete, da Gold von Regierungen nicht manipuliert werden kann, schlug Friedrich August von Hayek in seinem Buch *The Denationalisation of Money* einen freien Wettbewerb der

---

[2] https://de.wikipedia.org/wiki/%C3%96sterreichische_Schule (Abruf: 13.04.2016).

[3] Friedrich August von Hayek (* 8. Mai 1899 in Wien; † 23. März 1992 in Freiburg im Breisgau) war ein österreichischer Ökonom und Sozialphilosoph. Neben Ludwig von Mises war er einer der bedeutendsten Vertreter der Österreichischen Schule der Nationalökonomie. Hayek zählt zu den wichtigsten Denkern des Liberalismus im 20. Jahrhundert und gilt manchen Interpreten als wichtigster Vertreter des Neoliberalismus, auch wenn er sich selbst nie so bezeichnete. 1974 erhielt er zusammen mit Gunnar Myrdal den von der schwedischen Reichsbank in Erinnerung an Alfred Nobel gestifteten Preis für Wirtschaftswissenschaften, entnommen von Wikipedia https://de.wikipedia.org/wiki/Friedrich_August_von_Hayek (letzter Abruf: 13.08.2015).

[4] https://de.wikipedia.org/wiki/Friedrich_August_von_Hayek (Abruf: 02.04.2016).

Währungen vor, in dem von Staaten herausgegebenes Geld mit Geld konkurriert, das von privaten Anbietern stammt. In einem solchen freien Geldsystem würde sich auf Dauer, so Hayeks Hoffnung, das bessere Geld durchsetzen und das schlechtere verschwinden[5].

Für die Schüler von Hayek wie auch von Friedman erfüllt das Bitcoin-System eine Reihe von Vorgaben für ein ideales Geldsystem. Zumindest theoretisch ist das Bitcoin-System ein sich selbst regelndes, privates und demokratisches Geldsystem, das von seinen Teilnehmern getragen und gestaltet wird. Die Geldmengenproduktion ist durch Algorithmen geregelt und passt sich an die vorhandene Wirtschaftsleistung an. Dabei kann man die Anzahl der an die Blockchain angeschlossenen Teilnehmer und die Rechnerleistung ihrer Computer als *Wirtschaftsleistung* verstehen.

Das Bitcoin-System ist auch ein liberales System in dem Sinne, dass es frei ist von exogenen Interventionen, Zwängen und Manipulationen durch Staaten und ihre Regierungen. Ähnlich wie beim Goldstandard wird die Menge des Geldes begrenzt, zwar nicht durch die verfügbare Goldmenge, aber durch einen weitgehend manipulationsfreien Algorithmus, der auf die Nachfrage Rücksicht nimmt.

Eine Aufblähung der Geldmenge durch exzessive Geldproduktion der Zentralbanken ist im Bitcoin-System daher nicht möglich. Über das Bitcoin-Protokoll wird sowohl die Gesamtmenge des Geldes als auch dessen Wachstum geregelt.

Mit dem Aufkommen der Digitalisierung haben die liberalen Ideen eine Renaissance und Erweiterung erfahren. Eine der konsequenteren Ausprägungen des digitalisierten Liberalismus ist der sogenannte Cyber-Libertarianism, der auch dem Konzept des Schöpfers des Bitcoins – Satoshi Nakamoto – als Grundidee galt[6]:

> Ja, aber wir können eine wichtige Schlacht im Wettrüsten gewinnen und für einige Jahre ein neues Territorium der Freiheit behaupten. Regierungen sind gut darin, die Köpfe von zentralisierten Netzwerken wie Napster abzuschneiden, aber reine P2P-Netzwerke wie Gnutella[7] und TOR scheinen ihnen widerstehen zu können. (Satoshi Nakamoto – Fr, 07 Nov 2008 09:30:36 -0800)

Die sogenannten Cyber-Libertarians sehen in der Technologie und im Internet die Möglichkeit, sich dem Zwang und dem Zugriff der Regierungen und Regierungsbehörden zu entziehen und eine neue Weltordnung zu schaffen. Vor allem das Mekka der digitalen Technologien – das kalifornische Silicon Valley – gilt als Heimat der Cyber-Libertarians. Dem Grunde nach vereinen sich hier die Philosophien der klassischen Liberalen mit jener der Hackerkultur.

---

[5] http://www.misesde.org/?p=1390 (Abruf: 02.04.2016).
[6] Übersetzung entnommen aus Das Buch Sathosi, die gesammelten Schriften des Bitcoin-Gründers Sathosi Nakamoto, zusammengestellt, übersetzt und kommentiert von Christoph Bergmann (Abruf: 23.08.2015).
[7] Gnutella (gesprochen [nʊˈtɛlə] mit einem stummen g) ist ein dezentrales Peer-to-Peer-Netzwerkprotokoll für das Filesharing, https://de.wikipedia.org/wiki/Gnutella (Abruf: 29.09.2015).

12.1 Cyber-Libertarianism

> Politische Freiheit im Sinne von Demokratie, „innere" Freiheit, Freiheit im Sinne des Fehlens von Hindernissen für die Verwirklichung unserer Wünsche oder gar „Freiheit von Furcht und Mangel" haben wenig mit individueller Freiheit zu tun und stehen oft in Konflikt mit ihr... Die Freiheit, um die es sich hier handelt, die allein als allgemeines Prinzip der Politik dienen kann und die auch das ursprüngliche Ziel aller freiheitlichen Bewegungen war, besteht ausschließlich in der Abwesenheit von willkürlichem Zwang. (Friedrich August von Hayek: ORDO – Jahrbuch für die Ordnung von Wirtschaft und Gesellschaft, Band 1960/61)

Der klassische Liberalismus, der sich in den USA zum Libertarianism entwickelt hat, ist eng mit der oben beschriebenen Österreichischen Schule verknüpft. Libertarismus (lateinisch Libertas *Freiheit*) oder Libertarianismus (Lehnwort zu *libertarianism*) ist eine politische Philosophie, die an einer Idee der negativen Handlungsfreiheit als Leitnorm festhält und deren unterschiedliche Strömungen alle vom Prinzip des Selbsteigentums ausgehen und für eine teilweise bis vollständige Abschaffung oder Beschränkung des Staates sind.[8]

Innerhalb des Libertarismus wird vor allem zwischen minarchistischen und anarchistischen Strömungen unterschieden. Libertäre, die einen strikten Minimalstaat befürworten, sind von zwei weiteren Gruppen zu trennen, die eine mehr oder weniger große Rolle der Regierung fordern. Den Anarcho-Kapitalisten, denen der Minimalstaat zu groß ist und den Klassisch-Liberalen, die eine gewisse Offenheit für staatlichen Zwang einräumen zur Bereitstellung öffentlicher Güter.[9]

Die Silicon-Valley-Variante des Libertarismus wird in den USA als Cyber-Libertarianism bezeichnet – ein Mises 2.0 also, bei dem sich ein radikaler Wirtschaftsliberalismus mit einem fast religiösen Vertrauen in den technologischen Wandel verbindet. Es handelt sich dabei um eine politische Ideologie, die ihre Wurzeln auch in der frühen Internethackerkultur hat und auch daher gegen jede Form der Regulierung, der Zensur oder sonstiger Eingriffe des Staates im Zugang zum World Wide Web ist.[10]

Zu den Cyber-Libertarians werden etliche Unternehmer und Investoren im Silicon-Valley gezählt, der Prominenteste ist der in Frankfurt geborene Peter Thiel, der sein erfolgreiches Investment in den Bezahldienst PayPal wie folgt beschreibt:

> Die Gründungsvision von PayPal in den späten Neunzigern galt der Schöpfung einer neuen Weltwährung, befreit von jeglicher politischen Kontrolle und Verwässerung, das Ende monetärer Souveränität gewissermaßen.

---

[8] Julian Nida-Rümelin: Philosophie und Lebensform. Vandenhoeck & Ruprecht, 2010, S. 26.
[9] https://de.wikipedia.org/wiki/Libertarismus, (Abruf: 13.08.2015).
[10] Der Pate des Internets, http://www.welt.de/print/wams/kultur/article137224002/Der-Pate-des-Internets.html (Abruf: 29.09.2015).

Im Kern will der Cyber-Libertarianism für die gesamte Cybersphäre

- gesellschaftliche Rechte, vor allem das Recht der freien Meinungsäußerung,
- wirtschaftliche Rechte, vor allem das Recht auf Entscheidungsfreiheit, wer mit wem geschäftliche Beziehungen eingeht bzw. abschließt.

Der amerikanische Libertarianismus unterscheidet sich von anderen libertären Entwicklungen durch die hohe Bedeutung des Marktes und der Privatunternehmen.[11]

Die Cyber-Libertaristen in den USA galten von Beginn an als große Förderer und Unterstützer der dezentralen Kryptowährungsidee. Abgesehen von der Dezentralität entsprechen auch die angewandte Verschlüsselung und das damit zumindest bis einem gewissen Grad zugesicherte Recht auf Privatsphäre dem Gedanken des Libertarismus.

12.2 Geldsysteme und Privatsphäre

> Ich will nicht in einer Welt leben, in der alles, was ich mache und sage, aufgenommen wird.
> (Edward Snowden)

Im berühmten A Cypherpunks Manifesto[12] begründete Eric Hughes bereits 1993, warum digitales Bargeld notwendig ist:

> Wenn ich in einem Geschäft ein Magazin kaufe und mit Bargeld bezahle, gibt es keinen Grund zu wissen, wer ich bin. Wenn ich meinen E-Mail-Provider beauftrage, Nachrichten zu senden und zu empfangen, muss mein Provider nicht wissen, mit wem ich Kontakt habe oder was ich sage oder was andere zu mir sagen; mein Provider muss nur wissen, wie er die Nachricht übermittelt und welchen Betrag ich ihm dafür schulde. Wenn meine Identität durch den der Transaktion zugrunde liegenden Mechanismus enthüllt wird, wird meine Privatsphäre verletzt. Ich kann nicht selbst entscheiden, wann und wem ich welche Details über mich kommuniziere. Daher benötigt der Schutz der Privatsphäre in einer offenen Gesellschaft ein anonymes Transaktionssystem. Bis heute stellt vorrangig Bargeld ein solches anonymes System dar.

Eric Hughes will, dass die Entscheidung über den Grad der Offenlegung der persönlichen Daten beim Einzelnen liegt.

Die traditionellen elektronischen Zahlungssysteme gehen mit einer immensen Transparenz einher. Banken wie Kreditkartenunternehmen wissen fast alles über ihre Kunden. Am elektronisch geführten Bankkonto lässt sich das Einkaufsverhalten ebenso nachvollziehen wie im elektronischen Depot das Anlage- und Risikoverhalten. Selbst die Netzwerke der Personen lassen sich über deren Kontotransaktionen nachvollziehen. Finanzinstitute haben inzwischen Applikationen und Algorithmen im Einsatz, welche die Daten sammeln

---

[11] https://de.wikipedia.org/wiki/Libertarismus (letzter Abruf: 13.08.2015).
[12] http://www.activism.net/cypherpunk/manifesto.html (Abruf: 02.04.2016).

und speichern. Die Auswertung dieser *Big Data* wird in zahlreichen Studien als eines der wichtigsten Zukunftsthemen für den Finanzbereich genannt.

Finanzinstitute unterliegen in den modernen Industrienationen der Aufsicht durch staatliche Behörden, und auf diesem Weg gelangen die Kundendaten zu den staatlichen Behörden. Argumentiert wird dabei mit dem Kampf gegen Terroristen und Drogenhändler. Regularien wie z. B. die zu beachtenden Geldwäschevorschriften fördern sowohl den Zwang zum weiteren Datensammeln wie auch zur Prüfung von Transaktionen von Personen und Unternehmen. Die traditionellen elektronischen Zahlungssysteme haben die Privatsphäre und über weite Strecken auch die für das marktwirtschaftliche System wichtige Privatautonomie abgeschafft.

Dabei ist das Recht auf Privatsphäre ein Menschenrecht, das in allen modernen Demokratien verfassungsmäßig verankert ist.

Privatsphäre bezeichnet dabei den nicht-öffentlichen Bereich, in dem ein Mensch unbehelligt von äußeren Einflüssen sein Recht auf freie Entfaltung seiner Persönlichkeit wahrnimmt.[13] Demnach soll jedem Menschen ein spezifischer Bereich verbleiben, in dem er sich frei und ungezwungen verhalten kann, ohne dass andere Personen ihn beobachten bzw. abhören. Dementsprechend sind auch Tagebücher und andere ähnliche vertrauliche Auszeichnungen, wie etwa E-Mails und SMS-Nachrichten geschützt. Das Recht auf Privatsphäre wird auch durch das Recht auf Achtung des Privatlebens und Familienlebens sowie durch den Schutz des Hausrechts und den Schutz des Brief- und Fernmeldegeheimnisses konkretisiert.

Laut den verfassungsrechtlichen Bestimmungen in den einzelnen Staaten kann dieses Recht nur aufgrund des öffentlichen Interesses an einer Person oder zu Zwecken der Strafverfolgung eingeschränkt werden. Trotz dieser verfassungsmäßigen Blockaden setzen die Staaten immer stärker auf digitale Überwachung. Begründet wird das von den Politikern und Behördenvertretern damit, dass der Schutz der Gesellschaft Vorrang vor der Privatsphäre hat. Konsequent zu Ende gedacht, liegt aber am Ende dieser Entwicklung ein totalitäres System nach dem Vorbild Orwell'scher Prägung. Dieser hatte in seinem Roman *1984* eine präventions- und überwachungsorientierte Gesellschaft vorgestellt, in der jede Form des Individualismus ein Verbrechen darstellte.

12.2.1 NSA und PRISM

Am 9. Juni 2013 wurde bekannt, dass der 29-jährige Techniker, Edward Snowden[14] – ein Mitarbeiter eines Dienstleisters die US-Geheimdienst NSA – die Quelle der Enthüllungen über die massive Daten-Sammlung des US-Geheimdiensts NSA bei US-Internet-Diensten war. *„Sie haben keine Ahnung, was alles möglich ist"*, sagte er über die Spionage-Mög-

---

[13] https://de.wikipedia.org/wiki/Privatsph%C3%A4re (letzter Abruf: 13.08.2015).
[14] http://www.heise.de/newsticker/meldung/PRISM-Whistleblower-bekennt-sich-1885409.html (Abruf:29.09.2015).

12.2 Geldsysteme und Privatsphäre

lichkeiten der US-Amerikaner. *„Die NSA hat eine Infrastruktur aufgebaut, die ihr erlaubt, fast alles abzufangen."* Damit werde der Großteil der menschlichen Kommunikation automatisch aufgesaugt. *„Wenn ich in ihre Emails oder in das Telefon ihrer Frau hineinsehen wollte, müsste ich nur die abgefangenen Daten aufrufen. Ich kann ihre Emails, Passwörter, Gesprächsdaten, Kreditkarteninformationen bekommen."*

Gemäß den veröffentlichten Unterlagen des Überwachungsprogramms PRISM kann ein NSA-Analyst eine Zielperson auswählen, wenn *vernünftigerweise*[15] (also mit einer Wahrscheinlichkeit von 51 %) angenommen werden kann, dass es sich dabei um einen Ausländer handelt. Danach könne deren Kommunikation „direkt von den Servern" der US-Anbieter Microsoft, Google, Yahoo, Facebook, Paltalk, Youtube, Skype, AOL und Apple mitgeschnitten werden. Zugreifen kann der Analyst auf sämtliche Emails, Gesprächsdaten, Kreditkarteninformationen Chats (auch Video- und Audioübertragungen), Videos, Fotos, gespeicherte Daten, VoIP-Kommunikation, Datenübertragungen und Videokonferenzen sowie auf die sozialen Netzwerke[16].

Laut den von Snowden übergebenen Unterlagen verfügt die NSA über das System *Boundless Informant* (etwa: grenzenloser Informant), das unter anderem anzeige, wie sich die Daten auf einzelne Länder verteilen. Allein im März habe die NSA laut dem System 97 Mrd. Daten-Einheiten aus Computer-Netzwerken in aller Welt gesammelt[17].

Internetnutzer werden lt. diversen Presseberichten nicht nur über die sich zwangsläufig ansammelnden Cookies überwacht, auch Fotos mit abgebildeten Gesichtern landen in gezielt dafür angelegten Datenbanken. Der britische Geheimdienst GCHQ klinkt sich in Videochats ein. Weltweit können Handys abgehört werden (dank geschwächtem GSM) und täglich werden mehrere Hundert Millionen SMS abgegriffen. Hinzu kommen Milliarden Metadaten – auch das jeden Tag. Also Informationen darüber, wer, wann, wo mit wem und wie lange kommuniziert.[18]

Dazu kommen täglich Hunderttausende Adressbücher von Yahoo, Hotmail, Facebook und Google. Damit erstellt die NSA etwa ausgeklügelte Darstellungen von sozialen Be-

---

[15] NSA-Überwachungsskandal: PRISM, Tempora und Co. – was bisher geschah, http://www.heise.de/newsticker/meldung/NSA-Ueberwachungsskandal-PRISM-Tempora-und-Co-was-bisher-geschah-1909702.html (Abruf: 13.04.2016).
[16] NSA-Überwachungsskandal: Von PRISM, Tempora, XKeyScore und dem Supergrundrecht – was bisher geschah, http://www.heise.de/newsticker/meldung/NSA-Ueberwachungsskandal-Von-PRISM-Tempora-XKeyScore-und-dem-Supergrundrecht-was-bisher-geschah-1931179.html (Abruf: 13.04.2016).
[17] Grenzenlos informiert, http://www.sueddeutsche.de/digital/ueberwachungsaktivitaeten-der-us-geheimdienste-grenzenlos-informiert-1.1692033 (Abruf: 13.04.2016).
[18] Was bisher geschah: Der NSA-Skandal im Jahr 1 nach Snowden, http://www.heise.de/newsticker/meldung/Was-bisher-geschah-Der-NSA-Skandal-im-Jahr-1-nach-Snowden-2214943.html (Abruf: 13.04.2016).

ziehungen überwachter Personen. Die meisten dieser Zahlen sind schon mehrere Jahre alt und dürften inzwischen deutlich höher liegen[19].

Komplett private Kommunikation ist bei Facebook, Skype und Twitter unmöglich.

Der Besuch eines Shops im realen Leben und ein Einkauf mit Bargeld erfolgt hingegen völlig anonym. Das muss auch im Internet möglich sein. Das Recht auf Anonymität heißt auch: Wenn ich im Netz jemandem schreibe, mit ihm telefoniere oder eine Videokonferenz abhalte, muss ich diese Unterhaltung privat führen können, ohne dass Dritte technisch in der Lage sind, mitzuhören. Informationen privat zu teilen ist ein Grundrecht. Die Wahrung der eigenen Privatsphäre und Anonymität sollte im Internet also immer möglich bleiben. Allen Nutzern sollten die dafür notwendigen Werkzeuge zur Verfügung stehen[20].

Aber es gibt Alternativen, um persönliche Daten besser zu schützen: Statt Facebook können Nutzer die sozialen Netzwerke Diaspora und Friendica verwenden und statt Twitter den Nachrichtendienst Identi.ca. Um anonym chatten oder telefonieren zu können, sollten die Gesprächsteilnehmer ein Chatprogramm nutzen, das die Protokolle OTR (Off The Record Messaging) oder ZRTP (für Audio und Video) unterstützt. Ein Beispiel dafür ist die Software Jitsi. Das Programm The Onion Router (TOR) anonymisiert außerdem die eigenen Verbindungsdaten[21].

Ohne die Möglichkeit auf Anonymität gibt es keine wirklich freie Meinungsäußerung. Jeder Versuch, Internetsperren, Zensur oder Überwachung einzuführen, ist ein Versuch, Machtverhältnisse zu schaffen, die jenseits des Internets schon oft zu Recht abgelehnt wurden. Sobald es Organisationen oder Behörden gibt, die in großem Maßstab Datenbanken über Menschen anlegen, zieht das unweigerlich Missbrauch nach sich[22].

VPN-Provider bieten einen völlig legalen Weg an, sich halbwegs unerkannt im Internet zu bewegen. Mit einem solchen Netzwerk können Nutzer ihre IP-Adresse verschleiern, indem sie eine verschlüsselte Verbindung zum Server des VPN-Providers aufbauen, von wo aus die Anfrage nach der gewünschten Internetseite weitergeleitet wird. Die Einschränkungen betreffen laut Payson Anonymisierungs-Dienste im Allgemeinen, darunter eben auch VPN-Anbieter.

Für den heimischen Internetprovider ist damit nicht mehr sichtbar, welche Inhalte sein Kunde aufruft. Für den Anbieter der Inhalte ist nicht mehr nachvollziehbar, von welcher IP-Adresse der Zugriff erfolgt.

---

[19] Was bisher geschah: Der NSA-Skandal im Jahr 1 nach Snowden, http://www.heise.de/newsticker/meldung/Was-bisher-geschah-Der-NSA-Skandal-im-Jahr-1-nach-Snowden-2214943.html (Abruf: 13.04.2016).

[20] Privatsphäre und Anonymität auch im Internet, http://www.zeit.de/digital/datenschutz/2012-05/leserartikel-internetfreiheit-privatsphaere-anonymitaet (Abruf: 13.04.2016).

[21] Privatsphäre und Anonymität auch im Internet, http://www.zeit.de/digital/datenschutz/2012-05/leserartikel-internetfreiheit-privatsphaere-anonymitaet (Abruf: 29.05.2015).

[22] Privatsphäre und Anonymität auch im Internet, http://www.zeit.de/digital/datenschutz/2012-05/leserartikel-internetfreiheit-privatsphaere-anonymitaet (Abruf: 13.04.2016).

12.2.2 SWIFT und Datenschutz

Seit den Terroranschlägen am 11. September 2001 übermittelte SWIFT nach eigenen Angaben über 20 Mio. Bankdatensätze pro Jahr an die US Behörden. Die US-Regierung war unmittelbar nach den Anschlägen über CIA, FBI, Finanzministerium und US-Notenbank an die SWIFT-Führung herangetreten[23].

Nach Bekanntwerden der Übermittlung der Daten beschäftigte sich 2006 die belgische Datenschutzkommission zwei Jahre lang mit dem Fall und kam am 9. Dezember 2008 zu dem Schluss, dass SWIFT keine andere Wahl gehabt habe, als die Daten dem amerikanischen Schatzamt auszuhändigen[24]. Der Verdacht, SWIFT habe gegen belgisches oder europäisches Recht verstoßen, sei nicht bestätigt worden. Die Kommission veröffentlichte einen ausführlichen Bericht und schloss das Verfahren.

Ende Juli 2009 beschlossen die EU-Außenminister, Terrorfahndern der Vereinigten Staaten einen umfassenden Zugriff auf europäische Kontodaten zu ermöglichen. Sie beauftragten die Europäische Kommission mit der Aushandlung eines entsprechenden Abkommens. Das Abkommen scheiterte, da es vom Europäischen Parlament am 11. Februar 2010 mit deutlicher Mehrheit abgelehnt wurde[25].

Mit Beschluss vom 24. März 2010 erhielt die Europäische Kommission ein vorläufiges Mandat zu erneuten Verhandlungen[26]. Am 28. Juni 2010 unterzeichneten die Parteien schließlich ein Abkommen, das nach einem Kompromiss auch die Wünsche des Europäischen Parlaments berücksichtigt[27]. So soll die Auswertung der europäischen Daten im amerikanischen Finanzministerium künftig von einem EU-Beamten überwacht werden. Außerdem soll in den nächsten fünf Jahren ein eigenes europäisches System zur Überwachung der Zahlungsdaten eingeführt werden, um den USA künftig nur noch eigene Fahndungsergebnisse zu übertragen.

Bei einer Überprüfung der Umsetzung der Vereinbarung durch den Europol Joint Supervisory Body (JSB) Anfang März 2011 stellte dieser fest, dass die Datenschutzanforderungen nicht erfüllt würden und deshalb ernsthafte Bedenken bezüglich der Einhaltung von Datenschutzrichtlinien bestehen.

---

[23] http://www.datenschmutz.de/moin/SWIFT (Abruf: 02.04.2016).
[24] Pressenotiz (PDF; 59 kB) belgische Datenschutzkommission, mit Link zum Abschlussbericht (englisch).
[25] SWIFT:EuropäischesParlamentlehntInterimsabkommenmitdenUSA‾ab. Europäisches Parlament (Abruf: 02.04.2016).
[26] NSA-Spionage: EU-Abgeordnete wollen Swift-Abkommen aussetzen, http://www.spiegel.de/forum/netzwelt/nsa-spionage-eu-abgeordnete-wollen-swift-abkommen-aussetzen-thread-100189-4.html (Abruf: 02.04.2016).
[27] Weitergabe von Bankdaten: EU-Parlament billigt Swift-Abkommen, http://www.spiegel.de/politik/ausland/weitergabe-von-bankdaten-eu-parlament-billigt-swift-abkommen-a-705366.html (Abruf: 02.04.2016).

Den Berichten des Onlinemagazins Heise zufolge überwacht die NSA den weltweiten Zahlungsverkehr, Banken und Kreditkartentransaktionen. Ein eigener Bereich des Geheimdienstes ist dafür zuständig und verfügt dafür über eine riesige Datenbank[28].

Tatsächlich befindet sich die moderne digitale Gesellschaft an einem gefährlichen Punkt der Entwicklung. Die Technologien, die wir vermehrt nutzen, führen zu einer Erfassung unserer sozialen Kontakte und unserer Transaktionen ob beruflich oder privat in der virtuellen Welt. Bezahlung per Kreditkarte ist eben bequem aber damit verbunden ist auch die Möglichkeit der Überwachung. Ein GPS-gesteuertes Navigationssystem ist bequem, hinterlässt aber auch die Spuren der Bewegungen. Digitale Brillen wie Google Glass ermöglichen die Umgebung mit zusätzlichen Informationen aufzunehmen, führen aber gleichzeitig zur vollständigen Transparenz auch der persönlichen Aktivitäten.

Will ein Staat ungehörige Personen oder Organisationen ohne ordentliches Verfahren abstrafen, dann wird das traditionelle Fiatfinanzsystem als Werkzeug genutzt, dafür gibt es zahlreiche Beispiele. Im Dezember 2010 haben Visa, Master Card und PayPal mit der Begründung der Verletzung der Nutzungsbedingungen wegen „Förderung illegaler Aktivitäten" die Entgegennahme weiterer Spenden für Wikileaks[29] verweigert. Master Card und VISA[30] lehnen Zahlungen an VPN-Provider – mittels derer anonym im Netz gesurft werden kann – ab. PayPal hatte den Zahlungsprozess für solche VPN-Dienstleister schon seit mehreren Jahren boykottiert[31].

Auch im Glücksspielbereich haben die USA das Fiatzahlungssystem als Vehikel genutzt, um ihren Willen durchzusetzen. In vielen Ländern ist das Glücksspiel im Gegensatz zu den USA nicht verboten. In diesen Ländern können Menschen beispielsweise ganz legal Poker in Online-Casinos spielen. Das war und ist den USA ein Dorn im Auge. Vor ein paar Jahren haben die USA daher bei der Welthandelsorganisation (WTO) eine Klage gegen einen Karibikstaat eingebracht, in welchem das Online-Glücksspiel erlaubt war. Die WTO entschied aber zugunsten des beklagten Karibikstaates und dieser konnte daher – nunmehr mit dem Placet der WTO – Online-Glücksspiele zulassen. Als Reaktion darauf beschuldigte das FBI am Freitag, den 15. April 2011[32] – jetzt auch als „Black Friday 2011" bekannt – die Pokerseiten ganz offiziell der Geldwäsche (Anti Money Laundering) und ließen sie für illegal erklären. Die in den USA sitzende Dachorganisation für die Domainregistrierung ICANN musste in der Folge der Beschlagnahme der .com-Domains der

---

[28] Was bisher geschah: Der NSA-Skandal im Jahr 1 nach Snowden, http://www.heise.de/newsticker/meldung/Was-bisher-geschah-Der-NSA-Skandal-im-Jahr-1-nach-Snowden-2214943.html (Abruf: 13.04.2016).
[29] Visa, MasterCard Move To Choke WikiLeaks, http://www.forbes.com/sites/andygreenberg/2010/12/07/visa-mastercard-move-to-choke-wikileaks/#6e2272464bc2 (Abruf: 02.04.2016).
[30] Master Card und Visa bekämpfen anonymes Surfen, http://www.zeit.de/digital/datenschutz/2013-07/mastercard-visa-boykott-vpn, (Abruf: 29.09.2015).
[31] https://www.paypal-community.com/t5/Access-and-security/Blocking-my-account-for-using-a-VPN/td-p/766147?profile.language=en-gb (Abruf: 29.9.2015).
[32] FBI schließt amerikanische Poker-Portale, http://www.heise.de/newsticker/meldung/FBI-schliesst-amerikanische-Poker-Portale-1229044.html (Abruf: 02.04.2016).

Kasinos zustimmen. Spieler konnten nicht länger mit ihren Kreditkarten in den Kasinos zahlen und verloren ihre Guthaben.

Dadurch das amerikanische Konzerne die digitalen Technologien dominieren und die USA auch die seit Jahrzehnten anerkannte globale Leitwährung vorgibt, ergibt sich ein globales Tätigkeitsfeld für die amerikanischen Aufsichtsbehörden.

12.2.3 Kryptografie und die Privatsphäre

Angesichts obiger Tatbestände ist es verwunderlich, dass keine intensivere öffentliche Debatte zu diesem Thema vor sich geht. Den Digital Natives[33] fehlt aber offensichtlich jegliche Sensibilisierung dieses Themas. Die Generation der intensiven Facebook-Nutzer stößt sich nicht daran, dass sie für die Geheimdienste und die Regierungen Datenquellen ohne Ende sind. Offensichtlich hat sich Technologie schneller entwickelt als die für ihren sinnvollen Einsatz erforderliche Sozialisierung.

Bei Nutzung des Bitcoin-Transaktionssystems kann jeder Nutzer selbst entscheiden, wie hoch der Anonymisierungsgrad bei der einzelnen Bitcoin-Transaktion sein soll, also wie viel Information über seine Identität er dem jeweiligen Geschäftspartner offenlegen will, und der jeweilige Händler entscheidet bewusst, wie viel Informationen er von seinen Kunden anfordert. Bei den momentan gebräuchlichen Online-Kreditkartenzahlungen legt der Zahlende seine gesamten Zahlungsdaten offen und ermöglicht jedem Händler bzw. Dienstleister diese Daten jederzeit wieder zu verwenden (einer der Gründe, warum die Möglichkeit der Rückbuchungen bei Kreditkartenbuchungen so immens wichtig ist und auch häufig genutzt werden muss). Die momentan vorhandenen Intermediäre in der Finanzbranche – vor allem Paypal – mit der diese Offenlegung gegenüber den Online-Händlern vermieden werden kann, lassen sich diese Dienstleistung teuer abgelten.

Jedoch werden alle Bitcoin-Transaktionen in der Blockchain erfasst. In ihr werden alle jemals getätigten Bitcoin-Transaktionen dokumentiert. Der Weg eines jeden bitcoins kann von seiner Entstehung durch entsprechende Mining-Aktivitäten bis zum jeweils aktuellen Status nachverfolgt werden. Schon der Einsatz von Blockchain-Browsern macht es auch für den jeden Bitcoin-Benutzer einfach möglich, Bitcoin-Adressen und deren Transaktionen zu verfolgen. Über die zugeordneten IP-Adressen der, an einer Bitcoin-Transaktion beteiligten Geräte, können letztlich E-Mail und Namen sehr einfach herausgefunden werden können. Diese Möglichkeit steht der Mehrzahl der privaten Benutzer der Blockchain nicht zur Verfügung, sehr wohl aber den großen Datensammlern, wie Google oder staatlichen Behörden. Lediglich beim Tausch von bitcoins im „Offline-Modus" also z. B. durch Übergabe von Datenträgern, bleiben die Teilnehmer außerhalb des erfassbaren Bereichs.

---

[33] Als Digital Natives werden Personen bezeichnet, die mit digitalen Technologien wie Computern, dem Internet, Mobiltelefonen und MP3-Player aufgewachsen sind. Als Antonym existiert der Begriff des Digital Immigrant für jemanden, der diese Dinge erst im Erwachsenenalter kennengelernt hat, https://de.wikipedia.org/wiki/Digital_Native (Abruf: 13.04.2016).

Im Gegensatz zu der Vorgangsweise der SWIFT-Behörden, die die Kundendaten ohne Mitteilung an den Kunden an die Geheimdienstbehörden der diversen Länder weitergeben, ist die Offenlegung der Transaktionen und die damit mögliche Identifizierung des Nutzers Teil des Bitcoin-Systems und ihrer impliziten Nutzungsbedingungen.

Zusätzlich entsteht bereits eine Ökosphäre von Dienstleistern, die Maßnahmen zum Schutz der Privatsphäre anbieten (z. B. Mixer siehe unten) und es werden Altcoins entwickelt, die genau dieses Thema adressieren.

Mixer-Dienste versprechen ihren Nutzern gegen eine Gebühr, Transaktionen an angegebene Empfängeradressen zu verschleiern und damit die Nachvollziehbarkeit der Transaktionen zu erschweren oder zu verunmöglichen. Zu diesem Zweck sendet der Nutzer Guthaben an den Mixer-Dienst und dieser übermittelt die BTC über weitere Umwege an den eigentlichen Empfänger. Bekannte Mixer-Dienstleistungsunternehmen sind DASH und Monero (XMR).

Zentralisierte Mixermodelle in den ersten Jahren des Bitcoin-Systems zeigten vor allem folgende Probleme:

- Hohe Gefahr von Betrug und Diebstahl der übertragenen bitcoins.
- Erst bei einer hohen Anzahl von Nutzern und ausgeführter Transaktionen wurde eine tatsächliche Verschleierung der einzelnen Transaktionshistorie erreicht.
- Die gezahlten Gebühren waren teilweise nachvollziehbar und wiesen auf die geleisteten Dienstleistungen hin.

Entsprechend entwickeln sich in den letzten Jahren vermehrt dezentrale Mixermodelle wie CoinJoin, SharedCoin und CoinSwap, Coinshuffle.

Blinde Signaturen und Ringsignaturen Blinde Signaturen, entwickelt von David Chaum,[34] sind eine Erweiterung digitaler Signaturen, bei der die zu signierende Nachricht vor dem Signierer versteckt wird. Zur Veranschaulichung verwendet David Chaum folgendes Szenario[35]:

> Der Empfänger deckt das zu unterschreibende Blatt mit Kohlepapier ab, steckt dieses in einem Briefumschlag und schickt diesen zum Signierer. Der Signierer unterschreibt den Briefumschlag und schickt ihn zurück an den Empfänger. Der Empfänger öffnet den Brief-

---

[34] David Lee Chaum (born 1955) is the inventor of many cryptographic protocols, as well as ecash and DigiCash.[1]:65–70 His 1981 paper, "Untraceable Electronic Mail, Return Addresses, and Digital Pseudonyms", laid the groundwork for the field of anonymous communications research, entnommen von https://en.wikipedia.org/wiki/David_Chaum (Abruf: 14.08.2015).

[35] Blinde Signaturen und Post-Quantum-Kryptographie, Bachelorarbeit zur Erlangung des Grades Bachelor of Science (B.Sc.) am Fachbereich Informatik der Technischen Universität Darmstadt, https://www.cdc.informatik.tu-darmstadt.de/reports/reports/Benjamin_Kahl.bachelor.pdf (Abruf: 13.04.2016).

umschlag und entnimmt sein unterschriebenes Blatt. Erhält der Signierer das Blatt zu einem späteren Zeitpunkt, so kann er keine Aussage darüber treffen, wem er das Blatt unterschrieben hat.

Eine Ringsignatur ist eine digitale Signatur, die von jedem Mitglied einer Nutzergruppe (alle verfügen über private Schlüssel) genutzt werden kann. Wird eine Nachricht mit einer Ringsignatur versehen, ist nicht bestimmbar, wessen Schlüssel genutzt wurde, um die Signatur zu erzeugen. Genutzt wird die Ringsignaturtechnologie im Altcoin Boolberry der auf der CryptoNote-Technologie[36] basiert. Bei Verwendung von Boolberry können beide Parteien einer Transaktion ihre Privatsphäre schützen, indem die Empfänger anonym bleiben und Transaktionen nicht auf einen einzigen Sender zurückgeführt werden.[37]

Grundsätzlich wird das Thema Privatsphäre immer relevanter. Mit zunehmenden Terroranschläge in den westeuropäischen Ländern im Frühjahr 2016 gilt offensichtlich ein Generalverdacht gegen jeden Staatsbürger und wird die Überwachung auch der sozialen Medien ein immer öfter genutztes Instrument der Terrorabwehr[38]. Kryptografie und dezentrale Transaktionssysteme in der weiteren Entwicklung werden – auch weil keine zentrale Ansprechstelle für die Regierungen und Geheimdienste vorhanden ist – eine wichtige Möglichkeit sein die Privatsphäre zu schützen.

12.3 Nutzung des bitcoin im Darknet

> Ein praktisches Beispiel für den gesellschaftlichen Fortschritt sind die Darknet-Märkte. Sie tragen zur Entmachtung der Drogenkartelle bei und fördern die Selbstwahrnehmung von Konsumenten, die sich nicht mehr mit zwielichtigen Gestalten treffen müssen, die ihnen Ware von fragwürdiger Qualität zu ungerechten Preisen verkaufen. (Bitcoinblog.de)[39]

Das Darknet ist Teil des Deep Web (auch Hidden Web oder Invisible Web), also jener Webseiten, die nicht von Suchmaschinen wie Google indexiert und somit auch nicht über herkömmliche Wege für Internetnutzer zu erreichen sind[40]. Möchte man eine Seite des Deep Web ansteuern, muss das Programm TOR (The Onion Routing) verwendet werden; eine Verschlüsselungssoftware, mittels der die IP-Adresse des Nutzers verschleiert wird, der Nutzer kann sich damit anonym im Netz bewegen.

---

[36] https://bitcointalk.org/index.php?topic=577267.0 (Abruf: 03.04.2016).
[37] https://Bitcointalk.org/index.php?topic=577267.0 (Abruf: 29.09.2015).
[38] WhatsApp, Snapchat and iMessage could be banned in the UK: Should you be worried about the Communications Data Bill?, http://www.pcadvisor.co.uk/news/internet/whatsapp-ban-what-you-should-know-encryption-3593968/ (Abruf: 13.04.2016).
[39] http://Bitcoinblog.de/2015/06/24/smoketoomuch-der-erste-Bitcoiner-deutschlands/ (Abruf: 29.09.2015).
[40] Illegaler Drogenhandel im Internet floriert, http://www.faz.net/aktuell/gesellschaft/kriminalitaet/illegaler-drogenhandel-im-darknet-floriert-13748776.html (Abruf: 13.04.2016).

Die Attraktivität der Nutzung des Zahlungsmittels bitcoin in Kombination mit dem TOR-Browser ist durch die damit ermöglichte Anonymität auf diesen Marktplätzen sehr hoch, als Beispiel dafür wird meist der Erfolg der Silk Road angeführt.

12.3.1 Silk Road

> Ich möchte eine ökonomische Simulation kreieren, die den Leuten einen Eindruck davon vermittelt, wie es wäre, in einer Welt ohne systemische Gewalt zu leben. (Ulbricht Ross)

Auf dem Darknet-Drogenmarktplatz Silk Road, gegründet im Januar 2011 von Ulbricht Ross, konnten die verschiedensten Suchtmittel ausschließlich gegen bitcoins erworben werden. Der Silk-Road-Marktplatz ließ sich dabei nur über Nutzung des TOR-Browsers aufrufen. Käufer der illegalen Substanzen waren so nicht identifizierbar. Im September 2013 gelang es den amerikanischen Behörden, den Betreiber des Marktplatzes zu ermitteln und die Website zu schließen. Zwischen Januar 2011 und September 2013 betrug der gesamte über Silk Road abgerechnete Umsatz umgerechnet laut diverser Presseberichte rund 1,2 Mrd. US-Dollar, wovon 80 Mio. US-Dollar als Provision an den Betreiber gingen.[41]

Der Gründer der Silk Road, Ulbricht Ross, (Online-Deckname: Dread Pirate Roberts [DPR]) führte eine Art Tagebuch. Die sich daraus ergebende Charakterstudie zeigt, dass Ross in mancher Hinsicht ein typischer Digital-Unternehmer war, der ideologisch der liberalen bis libertären Silicon-Valley-Kultur entsprach. Ulbricht verabscheute den Staat, sah sich als Verfechter freier Märkte und technologischer Innovation und wollte eine Art anonymes Amazon ins Leben rufen, einen Schwarzmarkt für Menschen, die beim Onlinehandel nicht überwacht werden wollen.

Der libertären Sicht entspricht es auch, das die Entscheidung, ob jemand Drogen konsumiert oder nicht, dem Einzelnen zu überlassen, dies umso mehr als offensichtlich der Staat ohnehin versage beim Kampf gegen den Drogenhandel.

Silk Road wurde innerhalb kürzester Zeit zu einem beliebten Portal des Deep Webs. Hinsichtlich Kundenfreundlichkeit und optischer Aufbereitung orientierte sich Silk Road an etablierten E-Business-Plattformen. Silk Road galt als das eBay einer wachsenden Drogengemeinde, die sich nicht den Risiken des Straßenhandels aussetzen wollte. Es gab Produktfotos, Kundenbewertungen und ein Community-Forum sowie Tipps für die besten Vakuumverpackungen. Silk Road stellte jedem Account ein Wallet mit mehreren Bitcoin-Adressen zur Verfügung. Überweisungen wurden auf einem Treuhandkonto eingefroren und erst freigegeben, wenn beide Parteien zugestimmt hatten. Die Zustellung der Ware erfolgte per Post.

Auf der Webseite wurden immer größere Stückmengen gehandelt, sodass aus einem B2C-Portal für Privatverbraucher allmählich ein B2B-Portal wurde. Dealer verkauften an

---

[41] http://de.wikipedia.org/wiki/Silk_Road (Abruf: 29.09.2015).

12.3 Nutzung des bitcoin im Darknet

Dealer und freuen sich über den mühelosen Effizienzgewinn. Beim Strafprozess im Frühjahr 2015 hat die Staatsanwaltschaft einen typischen Nutzer, einen Heroinhändler, in den Zeugenstand berufen.

Frage: Haben Sie vorher jemals gedealt?
Antwort: Nein.
Hätten Sie Drogen auch auf der Straße verkauft?
Niemals.
Warum haben Sie es dann bei Silk Road getan?
Ich habe gesehen, dass es relativ einfach war, es gab mir Sicherheit und Anonymität.[42]

Bei Schließung der Silk Road Anfang Oktober 2013 wies das Portal 945.000[43] Benutzerkonten aus.

Viele Bitcoin-Enthusiasten der ersten Stunde unterstützten die Verteidigung von Ulbricht Ross mit Geldspenden entsprechend ihres libertären Denkansatzes: So spendete beispielsweise Roger Ver, ein bekannter Bitcoin-Investor und Bitcoin-Unternehmer der ersten Stunde (auch genannt Bitcoin Jesus) 160.000 US-Dollar.[44]

Ross Ulbricht wurde im Februar 2015 von einer Jury des Staates New York folgender Punkte für schuldig befunden:

- Distribution bzw. Hilfe zur Distribution von Drogen.
- Distribution bzw. Hilfe zur Distribution von Drogen über das Internet.
- Verschwörung zur Verletzung der Drogengesetze.
- Verschwörung zum Betrieb einer kriminellen Unternehmung (Einweisung und Leitung von mindestens fünf anderen Personen).
- Verschwörung zum Hacking.
- Verbreitung falscher Identitätsdokumente.
- Geldwäsche.

Ross Ulbricht wurde im Mai 2015 in New York zu zweimal lebenslänglich plus 30 Jahren Haft verurteilt.[45]

Seit der Zerschlagung von Silk Road hat sich das Angebot an Drogen im Darknet mehr als verdoppelt, obwohl die US-Behörden mit allen möglichen Anstrengungen dagegen vorgehen. Die Umsätze auf den einzelnen Webseiten (vgl. Abb. 12.1) betragen pro

---

[42] Der Pate des Internets, http://www.welt.de/print/wams/kultur/article137224002/Der-Pate-des-Internets.html. (Abruf: 01.04.2016).
[43] Silk Road Shutdown, veröffentlicht am 2. Oktober 2013, http://Bitcoinblog.de/2013/10/02/silk-road-shutdown/ (Abruf: 14.08.2015).
[44] 'Bitcoin Jesus' plans large donation to defense fund of alleged 'Dread Pirate Roberts', veröffentlicht am 7. Juli 2014, http://www.dailydot.com/politics/Bitcoin-jesus-roger-ver-silk-road-dread-pirate-roberts-ross-ulbricht/ (Abruf: 14.08.2015).
[45] Silk-Road-Gründer muss lebenslang hinter Gitter, veröffentlicht am 29. Mai 2015, http://www.zeit.de/digital/internet/2015-05/ross-ulbricht-silk-road-strafmass-urteil (letzter Abruf: 14.08.2015).

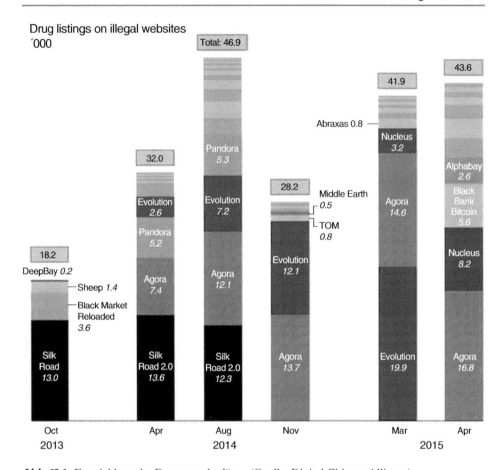

Abb. 12.1 Entwicklung der Drogenmarktplätze. (Quelle: Digital Citizens Alliance)

Tag Einkünfte zwischen 300.000 und 500.000 US-Dollar, Zahlungsmittel sind meist bitcoins.[46]

Bei Silk Road handelte es sich um eine klassische Handelsplattform, die bitcoins lediglich als Zahlungsmittel einsetzte. Eine Schließung dieses Marktplatzes konnte trotz der Verlagerung in die TOR-Infrastruktur aufgrund der zentralen Administration des Marktplatzes nicht verhindert werden. Als Reaktion auf die Schließung der Silk Road entwickelte der Programmierer und Bitcoin-Enthusiast Amir Taaki[47] und seine ihm nahestehende

---

[46] Illegaler Drogenhandel im Internet floriert, http://www.faz.net/aktuell/gesellschaft/kriminalitaet/illegaler-drogenhandel-im-darknet-floriert-13748776.html (Abruf: 29.09.2015).

[47] Amir Taaki (born 6 February 1988) is a British-Iranian video game and computer software developer. Taaki is best known as a Bitcoin project developer and for pioneering many Open-Source projects.[2] Forbes listed Taaki in their top 30 entrepreneurs of 2014, übernommen von https://en.wikipedia.org/wiki/Amir_Taaki (Abruf: 15.08.2015).

Hackergruppe im April 2014 einen Prototyp für ein dezentrales anonymisiertes Onlineportal mit dem Titel *Darkmarket*.[48]

12.3.2 OpenBazaar

Der Softwareentwickler Brian Hoffman[49] arbeitete an einem Soft Fork des *Darkmarket-Projektes* weiter und benannte es um in *OpenBazaar*. OpenBazaar will einen dezentralen E-Commerce-Marktplatz errichten. Damit das System ohne eine Zentralinstanz funktioniert, nutzt OpenBazaar eine Peer-to-Peer-Architektur, Ricardian Contracts,[50] ein dezentrales Reputationssystem und eine 2 von 3 MultiSig-Konstruktion.[51]

OpenBazaar befindet sich noch in der Betaphase, soll aber letztlich so funktionieren, dass quasi jeder Nutzer seinen eigenen Store auf der eigenen Infrastruktur betreibt. Die einzelnen Shops sind dann über ein Peer-to-Peer-Netzwerk miteinander vernetzt, sodass auch eine Suche über alle Angebote eines bestimmten Typs oder in einer Kategorie möglich ist. Brad Burnham von Union Square Ventures fasste das Konzept als *uneheliches Kind von eBay und BitTorrent* zusammen[52].

Am 11. Juni 2015 gab das OpenBazaar-Team bekannt, dass es 1 Mio. US-Dollar an Investmentkapital eingesammelt hat. Die Investoren sind Union Square Ventures, Andreessen Horowitz und William Mougayar.

---

[48] Inside the 'DarkMarket' Prototype, a Silk Road the FBI Can Never Seize August 2014, http://www.wired.com/2014/04/darkmarket (Abruf: 14.08.2015).

[49] Brian Hoffman war IT-Sicherheits-Berater bei Booz Allen Hamilton, einem führenden Technologieberatungsunternehmen des US-Verteidigungsministeriums.

[50] A Ricardian Contract is used to issue digital currency, or value. The contract states the terms under which the value is redeemable, as well as the public key of the issue and the signature of the Issuer. In order to trade accounts denominated in a particular contract, the User must install the contract in his client. The account numbers are denominated in the hash of the contract, which means that the contract cannot be changed once issued. This protects the Users from the Issuer changing the contract after the fact, entnommen von http://www.quora.com/Cryptography/What-is-a-Ricardian-Contract (Abruf: 14.08.2015).

[51] Unterstützen Investoren die bessere, weil dezentrale Silk Road?, veröffentlicht am 13. Juni 2015, http://Bitcoinblog.de/2015/06/13/openbazaar_shapeshift_taiwan/ (Abruf: 14.08.2015).

[52] OpenBazaar: Silkroad-Schließung inspiriert unangreifbaren Marktplatz (Abruf: 14.08.2015).

Bitcoin 2.0   13

Talent hits a target others cannot hit, Genius hits a target others cannot see. (Arthur Schopenhauer)

Bereits 2013 begannen sich neue Kryptowährungsunternehmen zu formieren, die sich von der Wild-West-Mentalität der Mt. Gox und der Silk Road abgrenzen wollten. Die entstehenden Kryptowährungsdienstleister – großteils finanziert von US Venture-Capital-Gebern – unterwarfen sich teils freiwillig den Know Your Customer (KYC) Bestimmungen der Finanzaufsichtsbehören. Gleichzeitig entstanden Kryptowährungsstartups, deren Gründer die Meinung vertraten, dass eine Kooperation mit den Finanzinstituten bzw. den Fiatwährungen statt Konfrontation wirtschaftlich sinnvoller wäre und damit begannen, neue Kryptotransaktionssysteme mit dieser Zielrichtung zu entwickeln (beispielsweise Ripple Lab vgl. auch Abschn. 14.2.).

Zeitgleich – auch hier spielten die Interessen der investierten Venture-Capital-Geber eine wichtige Rolle – begannen Startups intensiv am Einsatz des Bitcoin-Transaktionssystems für alternative Zwecke zu arbeiten.

Dabei wird unterschieden in:

- Funktionen, welche mittels den ohnehin im Bitcoin-Protokoll vorgesehenen Scripten realisiert werden können, jedoch teilweise noch zur Anwendungsreife gebracht werden müssen (z. B. MultiSig-Transaktionen und Treuhandkonstrukte).
- Anwendungen (Overlays), die auf dem Bitcoin-Transaktionssystem aufsetzen.

Das ist analog zu verstehen zur Entwicklung des heutigen Internets: Das Internet selbst ist ein Protokoll namens TCO/IP (Transmission Control Protocol/Internet Protocol). Dabei handelt es sich um eine Protokollfamilie, die dazu dient, Informationen von A nach B zu transportieren. Auf dieser Transportschicht setzen weitere Protokolle auf, wie z. B. SMTP (für E-Mail) oder http (für das World Wide Web). Dies ist die Anwendungsschicht, auf der die genannten Programme und viele andere Anwendungen kommunizieren, die wir kennen und nutzen. Auf analoge Weise werden mittlerweile Anwendungsschichten auf der Bitcoin-Blockchain aufgesetzt, die diese als bloße Transportschicht nutzen. Solche Anwendungsschichten (die als Bitcoin 2.0-Anwendungen bezeichnet werden) können Produkte, Dienste oder sogar ganze Unternehmen sein, die autonom von einem dezentralen Kryptowährungsnetz betrieben werden.

Beispiele dafür sind das Counterparty-Protokoll[1] als auch das Mastercoin-Protokoll.[2] Diese stellen zusätzliche Funktionalitäten bereit, die beim Bitcoin-Protokoll nicht zur Verfügung stehen. Beide können diese Funktionalitäten dann wiederum weiteren, auf ihnen selbst aufsetzenden Anwendungen zur Verfügung stellen. So setzt z. B. auf dem Mastercoin-Protokoll das Maidsafe-Netzwerk auf und auf dem Counterparty-Protokoll die Crowdfundingplattform Swarm.

Die sich aus der Nutzung derartiger Anwendungen ergebenden technischen Möglichkeiten lassen sich noch nicht abschätzen und lassen sich nur in Teilbereichen der Wirtschaft ansatzweise erahnen.

Offensichtlich ist jedoch bereits, dass die mit der Nutzung dieser neuen dezentralen Technologien einhergehende Effizienz und die Zugänglichkeit für jedermann, die Art und Weise, wie Unternehmen aufgebaut, strukturiert und auch administriert werden, grundlegend verändern werden.

Beispielsweise eröffnen *Initial Coin Offerings*, wie von Ethereum und Lisk[3] bereits erfolgreich durchgeführt, neue dezentrale Crowdfundingmöglichkeiten.

13.1 MultiSig-Transaktionen und Treuhandkonstrukte

Bei MultiSig-Transaktionen wird die Signatur von mehr als einem geheimen Schlüssel benötigt, um eine Transaktion zu tätigen. Um die bitcoins, die auf einer MultiSig-Adresse liegen, zu überweisen, müssen mehrere Parteien die Transaktion signieren. Wieviele Parteien von wievielen Beteiligten das sein müssen, ist beliebig wählbar. Es gibt „n" Personen, die signieren können, von denen „m" Personen signieren müssen, damit etwas passiert. Es können 2 von 2 Leute notwendig sein, oder 2 von 3, oder auch 5 von 8, oder 9 von 10, oder 11 von 20. Eine Organisation kann ihren Mitgliedern über eine Multi-Signatur Funktion Zugriff auf ihr Vermögen geben und gleichzeitig voraussetzen, dass zumindest drei von fünf Mitgliedern die Transaktion signieren müssen.[4] Zwei bzw. drei MultiSig-Transaktionen können auch genutzt werden, um sicherzustellen, dass ein Verkäufer erst dann Zugriff auf sein Geld erhält, wenn sowohl der Kunde (zweiter geheimer Schlüssel) als auch eine dritte Person (dritter geheimer Schlüssel) die erbrachte Leistung bzw. die erhaltene Lieferung überprüft und für gut befunden hat. Der Käu-

---

[1] http://counterparty.io/docs/protocol_specification/ (Abruf: 17.10.2015).
[2] http://www.omnilayer.org/ (Abruf: 17.10.2015).
[3] https://lisk.io/ico (Abruf: 13.03.2016).
[4] https://Bitcoin.org/de/sichern-sie-ihre-wallet (Abruf: 17.10.2015).

fer überweist dabei zwar schon vorab die bitcoins, die Signatur einer dritten Partei ist jedoch zusätzlich erforderlich um die bitcoins auch tatsächlich dem Verkäufer gutzuschreiben. Der Verkäufer hat damit wiederum die Garantie, dass der Käufer zahlungswillig und auch zahlungsfähig ist, wenn er seine Ware oder seine Dienstleistung vertragsgemäß geliefert hat. Damit könnte das bis dato hinsichtlich Zeit und Kosten sehr mühsame Streckengeschäft[5] bei grenzüberschreitenden Lieferungen und Leistungen massiv vereinfacht werden.

Damit ergeben sich folgende Treuhandmöglichkeiten:

- Automatisierte Treuhandkonstrukte: Dabei wird eine Transaktion so gestaltet, dass der geheime Schlüssel für die Zieladresse (MultiSig-Adresse) in drei Teile gespalten wird. Einer liegt beim Sender, einer beim Empfänger und der dritte beispielsweise bei einem Notar. Zwei der Schlüssel sind notwendig, um die erhaltenen bitcoins auszugeben. Ein Intermediär (der Notar) ist nur notwendig, wenn sich die beiden Parteien nicht einigen.
- Zeitlich definierte Treuhandkonstrukte: Hier wird bei einer Transaktion im Programmcode ein bestimmtes Datum festgelegt an dem die hinterlegten bitcoins dem Empfänger gutgeschrieben werden.
- Basis-Treuhandkonstruktion: Der Käufer überweist die Zahlung an einen Treuhänder, der sie erst dann dem Verkäufer weiterüberweist, wenn dieser vorab vereinbarte Bedingungen erfüllt.

13.2 Overlays oder auch Blockchain 2.0 Anwendungen

Though it was originally developed to support the creation of virtual currencies, it is clear that crypto-technology including block chains and distributed ledgers has the potential for a much wider scope of application. It has the potential to create new industry opportunities and disrupt existing technologies and processes. (Daniel Trinder, Global Head of Regulatory Policy, Deutsche Bank AG)[6]

Overlays auf dem Bitcoin-Netzwerk bilden die Basis für alternative Einsatzmöglichkeiten der Blockchain. Hintergrund ist die einfache Überlegung, dass, wenn das System als

---

[5] Form der Warendistribution, bei der die Ware von einem Glied der Absatzkette, z. B. einem Hersteller (H), direkt, unter Umgehung des Großhandels (GH), an den Einzelhändler (EH) geliefert wird. Der GH hat nur eine disponierende Funktion, indem Auftrags-, Rechnungs- und Zahlungsweg über ihn führen. Streckengeschäfte werden häufig bei der Verteilung von Massengütern (Getreide, Eisen, Stahl, Kohle, Baustoffe, Düngemittel u. a.) getätigt (Streckengroßhandel), aber auch beim Handel mit Verbrauchsgütern, z. B. in kooperativen Gruppen, wo die Lieferanten nicht an den zentral disponierenden Großhandel, sondern an die dezentralen Auslieferungslager oder die Mitglieder der Einzelhandelsstufe direkt liefern. Springer Gabler Verlag (Hrsg.), Gabler Wirtschaftslexikon, Stichwort: Streckengeschäft, online: http://wirtschaftslexikon.gabler.de/Archiv/2192/streckengeschaeft-v10.html, (Abruf: 17. Oktober 2015).
[6] Deutsche Bank Exploring Blockchain Uses, http://blogs.wsj.com/digits/2015/07/31/deutsche-bank-exploring-blockchain-uses/ (Abruf: 13.09.2015).

vertrauenswürdiges und fälschungssicheres Zahlungsabwicklungssystem mit angehängtem Hauptbuch verwendbar ist, es auch für andere vertrauensunabhängige Formen des wirtschaftlichen Ausgleichs genutzt werden kann. Damit müsste es möglich sein, ohne Beteiligung Dritter auch anderes Vermögen (Grundstücke, Wertpapiere usw.) zu übertragen und den Eigentumsübergang fälschungssicher in der Blockchain zu verifizieren. Möglich wird das durch die Abbildung von Smart Contracts, also durch Erstellung von Computerprogrammen, die die Abwicklung von geschlossenen Verträgen ermöglichen, sicherstellen und durchsetzen. Der Kerngedanke dabei ist, dass die Blockchain das Rechtssystem ersetzen kann. Anstatt einen Rechtsanwalt zu beauftragen, eine schriftliche Vereinbarung aufzusetzen, deren gerichtliche Durchsetzung zur Klärung der Eigentumsverhältnisse mit allen damit verbundenen Kosten und Unwägbarkeiten verbunden ist, könnte die Erfüllung dieser Verpflichtungen von einer Software automatisiert werden. Beispielsweise könnte ein Versicherungsvertrag die automatisierte digitale Zahlung des monatlich vereinbarten Versicherungsaufwands vorsehen. Der gesamte Prozess wird automatisch ausgelöst, sobald die Versicherungszahlung fällig wird. Die Blockchain, erfasst all diese Transaktionen, macht sie rechtssicher – da unveränderlich.

Wertpapierverträge könnten bereits verschlüsselt, digitalisiert und automatisiert aufgesetzt werden, oder auch Derivativ- oder Hedgeprodukte könnten automatisiert hinterlegt und abgewickelt werden. Ein Softwareprogramm leitet die Abwicklung der Transaktion ein, sobald die Voraussetzungen gegeben sind. Denkt man diese Ansätze weiter, kann dadurch, dass die Unternehmen so ziemlich alles mit Balkencodes, Mikrochips und Bluetoothantennen versehen, auch das Eigentum an vielfältigen materiellen Dingen so transferiert bzw. kontrolliert werden. Man denke dabei an die Verwaltung eines Leasingvertrages durch ein Softwareprogramm der Blockchain: Wird das monatliche Leasingentgelt nicht termingemäß digital übertragen in das entsprechende Wallet, wird dem Leasingnehmer durch Deaktivierung des Schlüssels der Zugang zum Auto verwehrt. Damit ersparen sich die Leasingunternehmen enorme Mahn-, Inkasso-, Rechtsanwalts- und auch Verwertungskosten.

Bereits vor 20 Jahren hat Nick Szabo, der immer wieder als hinter dem Pseudonym Satoshi Nakamoto stehende Softwareentwickler vermutet wird,[7] das Konzept der Smart Contracts entwickelt. Der Grundgedanke ist, dass komplexe Zahlungsvereinbarungen in standardisierte Verträge eingebaut werden und mit sehr geringen Transaktionskosten aufgrund der digitalisierten Erfassung administriert werden können.

Die umfassende Anwendung vieler dieser Blockchain 2.0-Lösungen stößt derzeit noch auf gewaltige technische, rechtliche, finanzielle und kulturelle Hindernisse. Bedingt durch die damit jedoch offensichtlich verbundenen massiven Kosteneinsparungen ist eine Umsetzung, in welcher Form auch immer, mit hoher Wahrscheinlichkeit zu erwarten.

---

[7] Nick Szabo Is Probably Satoshi Nakamoto, verfasst von Kate Knibbs, auf http://gizmodo.com/nick-szabo-is-probably-satoshi-nakamoto-1704755126, veröffentlicht am 15. Mai 2015 (Abruf: 16.08.2015).

13.2 Overlays oder auch Blockchain 2.0 Anwendungen

Mit vielen Projekten wird momentan an solchen Lösungen gearbeitet, hier sollen nur einige wenige vorgestellt werden.

13.2.1 Colored Coins Projekt

Bereits im Dezember 2012 wurde ein Diskussionspapier (Whitepaper) von Meni Rosenfeld zum Thema Colored Coins[8] veröffentlicht. Meni Rosenfeld beschäftigte sich in diesem Diskussionspapier mit der Möglichkeit des Peer-to-Peer-Austausches von digitalisierten Wertpapieren, Gold und Fiatwährungen. Der Begriff *Farbige Münzen* beschreibt dabei eine bestimmte Methode zur Darstellung und Verwaltung von realen Vermögenswerten im Bitcoin-Transaktionssystem.

Mittels der Bitcoin-Programmiersprache Script können durch kleine Mengen an Metadaten Instruktionen zur Vermögensübertragung (Einfärben eines Bitcoins) in der Blockchain erfasst werden. Beispielsweise kann man in einer Bitcoin-Transaktion die Ausgabe von 100 Vermögenseinheiten darstellen und einer Bitcoin-Adresse gutschreiben. Mittels einer Colored Coins Wallet kann eine Bitcoin-Transaktion den Transfer von 50 Vermögenseinheiten von einer Adresse zu einer anderen Adresse darstellen.

Reale Werte erhalten diese Vermögenseinheiten durch das Versprechen des Emittenten die Tokens einzulösen. Zum Beispiel können 100 Kinokarten für einen bestimmten Film in Form von Colored Coins ausgegeben und administriert werden. Einen realen Wert erhalten diese Kinokarten durch das Versprechen des Kinobesitzers, sie beim Besuch dieses speziellen Filmes einzulösen.

Colored Coins nutzen dabei die Bitcoin-Blockchain als Hauptbuch für den Vermögenstransfer und profitieren dadurch von den Stärken des Bitcoin-Protokolls, wie Unveränderlichkeit, Fälschungssicherheit, einfacher Transfer, Robustheit und Transparenz des Systems sowie schnelle Transaktionszeiten und niedrige Transaktionskosten, sodass die Übertragung der Vermögenswerte mit großer Sicherheit und Benutzerfreundlichkeit durchgeführt werden kann.[9]

Das OpenAssets Protocol[10] ist eine Weiterentwicklung des Colored Coins Konzeptes und nutzt spezielle Pay-to-Script Hash Adressen. Im Mai 2015 hat sich die NASDAQ (National Association of Securities Dealers Automated Quotations) dafür entschieden das OpenAssets Protocol für den NASDAQ Private Market einzusetzen.[11] Mit Nasdaq Linq schuf sie die erste Handelsplattform, welche auf der Bitcoin-Blockchain basiert. Der Handel mit Wertpapieren wird dabei dezentral in dem blockchain-basierten Transaktionsregister aufgezeichnet. Die erste private Wertpapieremission eines Unternehmens

---

[8] https://bitcoil.co.il/BitcoinX.pdf, Overview of Colored Coins, Meni Rosenfeld, 4. Dezember 2012 (Abruf: 02.10.2015).
[9] https://en.Bitcoin.it/wiki/Colored_Coins (Abruf: 02.10.2015).
[10] https://github.com/OpenAssets/open-assets-protocol (Abruf: 17.10.2015).
[11] NASDAQ is using Open Assets, http://blog.coinprism.com/2015/05/16/nasdaq-using-openassets/ (Abruf: 17.10.2015).

über Nasdaq Linq erfolgte am 30. Dezember 2015. Damit wird der Bitcoin (sogenannter Colored Coin) – wie bei einer Trittbrettfahrt – als Speichermedium von Handelsdaten verwendet. Wird der so „bemalte" Bitcoin übertragen, geschieht dies automatisch auch mit dem damit verknüpften Vermögensgegenstand. So lässt sich das Transaktions- und Validierungssystem der Bitcoin-Blockchain auch für andere Vermögensgegenstände mitverwenden.

Beim Miningprozess wird jedoch nicht die Gültigkeit des Colored Coins sondern nur die darunterliegende Bitcoin-Transaktion bestätigt, insofern muss der Empfänger eines Colored Coin selbst die Transaktionshistorie nachprüfen.

13.2.2 Counterparty

Ein weiteres Beispiel für eine solche Open-Source *Blockchain 2.0*-Anwendung ist das Counterparty-Projekt. Gelauncht im Januar 2014 von Adam Krellenstein (Chefentwickler und Mitgründer) und Evan Wagner (Mitgründer) setzt Counterparty ebenfalls mit seiner Anwendung auf der Bitcoin-Blockchain auf und hat mehrere Betätigungsfelder: Neben dem Betrieb einer Peer-to-Peer-Börse für Kryptowährungen, entwickelt Counterparty auch Smart Contracts für Finanzinstrumente und wickelt Crowdsales und erstmalige Münzangebote/Initial Coin Offerings (ICO) für Bitcoin-Startups ab.

Alle Counterparty Transaktionen werden auf der Bitcoin-Blockchain ausgeführt. 2014 haben zwischen 0,5 und 1 % aller Bitcoin Transaktionen auch Counterparty Daten[12] enthalten. Die Idee, eine neue Kryptowährung zu entwickeln bzw. neue Funktionen zu schaffen, ohne einen neuen Konsens-Algorithmus entwickeln zu müssen, ist sehr ansprechend. Jedoch unterliegen solche Systeme auch den Limitationen des Bitcoin-Algorithmus. Gleichzeitig kann dieser Ansatz sehr ineffizient sein, da die Knoten auf der Overlay-Währung eine Menge Daten verarbeiten müssen, da die Bitcoin-Knoten diese Transaktionen nicht filtern.

13.2.3 BitMesh

Ein weiteres Bitcoin 2.0-Projekt ist BitMesh. BitMesh[13] hat eine Plattform entwickelt, die es den Nutzern erlaubt, ihre Internetverbindung mit anderen Nutzern gegen Zahlung von bitcoins zu teilen. Der Preis wird auf einem lokalen Marktplatz zwischen den beiden Teilnehmern des Systems ausgehandelt[14].

---

[12] S. 242, Bitcoin and Cryptocurrency Technologies, Arvind Narayanan, Joseph Bonneau, Edward Felten, Andrew Miller, Steven Goldfeder with a preface by Jeremy ClarkDraft – Feb 9, 2016.
[13] https://www.bitmesh.network/ (Abruf: 17.10.2015).
[14] Ein besserer Bitcoin, ein besseres Internet, http://bitcoinblog.de/2015/04/30/ein-besserer-bitcoin-ein-besseres-internet/ (Abruf: 03.04.2016).

13.2.4 Factom

Das Projekt Factom[15] wiederum will mit Hilfe der Blockchain-Technologie eine gesicherte und mit einem Zeitstempel versehene Erfassung und Speicherung von Dokumenten gegen Gebühr anbieten.

Factom finanzierte sich wie die meisten Blockchain 2.0-Projekte durch einen Crowdsale seiner Währung. Der Crowdsale bestand aus dem Verkauf von Factoids, die bei Erwerb als Gutschrift für zukünftige Transaktionskosten dem Konto des Nutzers gutgeschrieben werden. In diesem dezentralen Factom-Netzwerk können die Nutzer eigene „Chains" bauen, die Daten speichern und alle zehn Minuten werden Hashes der Daten (eine Art kryptographische Einschmelzung) auf dem Bitcoin-Blockchain-Netzwerk erfasst. Durch diese Hashes lässt sich durch die Bitcoin-Blockchain prüfen, ob die Daten im Factom-Netzwerk korrekt sind. Durch die Speicherung der Daten Off-chain adressiert Factom das Skalierbarkeitsproblem der Bitcoin-Blockchain.

Im Mai 2015 hat die Regierung von Honduras Factom mit der Erstellung eines Aufzeichnungssystems für die bestehenden Besitzverhältnisse an Grund und Boden beauftragt.[16]

Durch den Aufbau eines robusten und unveränderlichen Grundbuches über den Landbesitz in Honduras würde erstmals der Abschluss von Hypotheken, Schürfrechten usw. ermöglicht. Laut den Ausführungen auf dem Blog von Factom sind 70 % des Landbesitzes in den südamerikanischen Ländern nicht erfasst.[17]

13.2.5 Ascribe

Das in Berlin sitzende Startup Ascribe (www.ascribe.io[18]) will Künstlern, Galerien und Sammlern die Möglichkeit geben, digitale Kunst fälschungssicher und mit einem Zeitstempel versehen in einem auf der Blockchain-Technologie basierenden Eigentumsverzeichnis zu registrieren, zu übertragen und zu archivieren. Damit soll erstmals auch ein aktiver digitaler Kunstmarkt entstehen, was bis dato aufgrund der unbeschränkten Kopierbarkeit der Kunstwerke nicht möglich war.

Ascribe schützt dabei keine Inhalte sondern nur Titel. Der Künstler hält das Urheberrecht durch einen Zeitstempel in der Bitcoin-Blockchain fest – ähnlich dem Signieren der

---

[15] http://factom.org/ (Abruf: 17.10.2015).
[16] Factom Partners with Honduras Government on Blockchain Tech Trial, http://www.coindesk.com/factom-land-registry-deal-honduran-government/, veröffentlicht am 15. Mai 2015 (Abruf: 16.08.2015).
[17] Factom Partners with Honduras Government to Build Blockchain-backed Land Registry, https://Bitcoinmagazine.com/20467/factom-partners-honduras-government-build-blockchain-backed-land-registry/, veröffentlicht am 19. Mai 2015 (letzter Abruf: 16.08.2015).
[18] https://www.ascribe.io/ (Abruf: 17.10.2015).

Werke durch die Künstler. Mit einer Bitcoin-Transaktion überträgt man dann den Besitz an dem Kunststück. Die Bitcoin-Adresse ist dabei die ID einer Edition und der geheime Schlüssel der Beweis, dass man sie besitzt. Dank der Blockchain hängt das geistige Eigentum nicht vom Fortbestehen eines Unternehmens ab und es ist vollkommen transparent, von wem, zu wem der Druck transferiert wird[19].

Obwohl Ascribe – analog zu vielen Blockchain-Lösungen 2.0 – noch am Anfang steht, ist es jedoch auch hier offensichtlich, dass gerade in Zeiten der ständig zunehmenden Digitalisierung des Contents eine Blockchain-Lösung, die eine eindeutige Durchsetzung der Copyrightproblematik ermöglichen würde, auf hohes Interesse bei den Künstlern stößt. Ascribe ist auf visuelle Elemente konzentriert, lässt jedoch erahnen, welche neuen Möglichkeiten der Erfassung des geistigen Eigentums und neue Geschäftsmodelle möglich werden. Sicherlich würde ein solches Verfahren zur besseren Erfassung der Nutzung von Musikdateien führen, was wiederum zu einer verbesserten und genaueren Abrechnung für die Rechteinhaber führen würde. Die rechtlichen Details zur Nutzung von ascribe für die Künstler werden in einem Vertrag definiert, der Basis für die Erfassung der Kunstwerke ist und definiert, was es bedeutet, ein geistiges Eigentum zu besitzen, zu übertragen, auszuleihen usw.

Ascribe bietet seinen Künstlern auch Bots[20] mit Algorithmen an, die das Internet durchstreifen, um nachzuverfolgen, was mit dem Kunstwerk passiert.

Künstler, die beispielsweise ihre Musikrechte an einen Vermarkter abtreten, können nun mittels der Blockchain nachverfolgen, wie und in welcher Form die Vermarkter (das Label) die Musikrechte nutzen.

13.2.6 Mirror (früher Vaurum)

Anfang 2014 beteiligte sich Nick Szabo an dem Bitcoin-Startup Vaurum in Palo Alto. Bei Vaurum[21] handelt es sich ursprünglich um eine Bitcoin-Börse, die sich ausschließlich an institutionelle Investoren richtete. Einer der Hauptinvestoren ist Tim Draper,[22] einer der bekanntesten Bitcoin-Investoren aus dem Silicon Valley, San Franciso. Tim Draper hat laut Pressemeldungen auch die von ihm in einer der medial bekannten „Silk Road Auctions" ersteigerten bitcoins in dieses Unternehmen investiert.

---

[19] Ascribe gibt den Urhebern die Macht über ihre Werke zurück, http://bitcoinblog.de/2015/09/24/ascribe-gibt-den-urhebern-die-macht-ueber-ihre-werke-zurueck/ (Abruf: 03.04.2016).
[20] Versteht man als ein Computerprogramm, das weitgehend automatisch sich wiederholende Aufgaben abarbeitet, ohne dabei auf eine Interaktion mit einem menschlichen Benutzer angewiesen zu sein, entnommen von https://de.wikipedia.org/wiki/Bot (Abruf: 27.09.2015).
[21] https://mirror.co/#/home (Abruf: 17.10.2015).
[22] VC Tim Draper Revealed as Silk Road Bitcoin Auction Winner, http://www.coindesk.com/tim-draper-revealed-silk-road-Bitcoin-auction-winner/, veröffentlicht am 2. Juli 2014 (letzter Abruf: 16.08.2015).

Der Zugang von Nick Szabo, dem wohl bekanntesten Smart-Contract-Befürworter weist jedoch schon auf die Neuausrichtung des Unternehmens in Richtung Smart Contracts hin.

Vaurum will derivative Produkte für digitale Währungen in Smart Contracts in der Blockchain-Technologie abbilden. Damit ist das Unternehmen in einem Bereich tätig, der von speziellen Interesse für Finanzindustrie ist. Liquide Derivativmärkte würden Händler und andere Bitcoin-Nutzer mehr Flexibilität bei der Absicherung ihrer Bitcoin-Transaktionen anbieten. Zusätzlich hat die Entstehung von dezentralen Börsen von den Kontrahenten wie Counterparty, Nxt und Mastercoin, bereits bewiesen, dass das Thema digitales Eigenkapital immer wichtiger wird. Derzeit werden so gut wie alle Bitcoin-Transaktionen der großen Einzelhändler wie Dell®, Tigerdirect und Überbestände sofort in Dollar umgerechnet. Diese Vorgangsweise resultiert in einen Abwertungsdruck auf den bitcoin. In Zukunft könnten diese BitPay-Kunden mittels den Derivativprodukten von Vaurum einen Teil ihrer Erlöse in bitcoins halten und von Aufwertungen des bitcoinumrechnungskurses profitieren.

Bitcoin und die Finanzindustrie 14

Banks, as they exist now, are obsolete and will not exist as we know them in 10 years. Period. Without a doubt. We've seen this movie before. Is anyone using Delphi? CompuServe? AOL? What did they have in common? They tried to retrofit the Internet's HTTP technology into their systems. They tried to force everyone into their closed loopholes. It worked, temporarily. You had a jump in revenues and profit, and then everybody found out you can deal directly with the source. You don't need them. They're gone. The banking system is trying to do the same thing. (Reggie Middleton, CEO of Veritaseum, designing P2P Smart Contracts through blockchain tech & inventor of UltraCoin)

Wie schon oft in diesem Buch aufgezeigt, nutzt die Finanzwirtschaft schon jahrzehntelang Softwaresysteme wie SWIFT, ACH-Systeme, hat es aber bis dato geschafft, sich von der Digitalisierung des Internets abzugrenzen.

Durch einerseits sozioökonomische Veränderungen, wie eine zunehmende Peer-to-Peer-Mentalität, aber auch durch die technologischen Änderungen der letzten Jahre stehen nun erstmals auch Änderungen im weltweiten Finanzsystem an. Der beschleunigte technologische Wandel (verkürzte Innovationszyklen) durch disruptive Technologien und die zunehmende Vernetzung der Systeme treibt die Transformation der globalen Finanzindustrie an. Die Digitalisierung verändert komplette Geschäftsmodelle und damit die dahinterliegenden Geschäftsprozesse. Zahlungsverkehr bzw. Transaction Banking sind Geschäftsfelder, die stärker als andere von der Digitalisierung verändert werden. FinTech-Startups entwickeln innovative Dienstleistungen, Produkte und Plattformen für globale bzw. lokale Finanzmärkte. Finanz-Ökosysteme entwickeln sich mit Unternehmen aus verschiedenen Branchen, von traditionellen Banken, Kreditkartenorganisationen über Handelsketten und global agierenden Technologie/Internetkonzernen. Google, Facebook, Apple, PayPal und Amazon besitzen bereits EU-Banklizenzen und investieren beträchtliche Beträge in den FinTech-Sektor. Laut diversen Berichten wollen derzeit rund weltweit 12.000 FinTech-Startups in den Bankenmarkt vordringen.[1]

Bis dato beschränkten sich die Innovationen durch FinTech-Startups jedoch vor allem auf folgende Bereiche:

- bessere Schnittstellen zu bestehender Technologie durch APIs (z. B. Stripe),
- besseres Design, erhöhte Benutzerfreundlichkeit (z. B. TransferWise[2]),
- neue Arten von Marktplätzen mit neuen Regeln, vor allem in Nischenbereichen (z. B. Crowdlending).

Keine dieser Innovationen war jedoch tatsächlich disruptiv. Großteils wurde auf den althergebrachten Systemen aufgebaut, die dahinterliegenden Technologien der Finanzdienstleistungsunternehmen jedoch nicht adressiert. Keine dieser Innovationen hat bis dato eine Alternative zu den die einzelnen Institute verbundenen Softwarelösungen wie beispielsweise SWIFT dargestellt.

Laut dem *Fintech 2.0 Paper: rebooting financial services* der Santander Bank[3] aus dem Juni 2015 haben die nun anstehenden FinTech 2.0 Unternehmen mit Innovationen

- basierend auf dezentralen Netzwerken,
- dem Internet of Things (IOT),
- Smart Data und
- friktionslosen Abwicklungsprozessen

erstmals tatsächlich das Potenzial die Infrastruktur und die Prozesse im Herzstück der Finanzdienstleistungsindustrie zu ändern.

Weltweit beginnen sich global tätige Finanzinstitute, Zentralbanken aber auch die politischen Regulierungsbehörden intensiv mit den Themen auseinanderzusetzen und informieren sich auch über die Möglichkeiten, welche die Kryptowährungstechnologien für sie bringen könnten.

Im Magazin *Quintessence*, einem Medium der BNP Paribas Gruppe, veröffentlichte Johann Plachata, Analyst bei der BNP Paribas Securities Service, im Winter 2014 einen Artikel zum Thema Kryptowährungssysteme.[4] Der Autor identifiziert in seinem Artikel fünf Bereiche, in denen die Kryptowährungstechnologien im gegenwärtigen Finanzsystem zu massiven Veränderungen führen werden:

---

[1] Markttrends und Szenarien hinsichtlich FinTech-Startups, http://www.av-finance.com/no_cache/geldinstitute/newsdetails-gi/artikel/334/markttrends-und-szenarien-hinsichtlich-fintech-start-ups/ (Abruf: 09.10.2015).
[2] https://transferwise.com/ (Abruf: 05.04.2016).
[3] http://www.oliverwyman.com/insights/publications/2015/jun/the-fintech-2-0-paper.html (Abruf: 09.10.2015).
[4] Cryptomania, http://securities.bnpparibas.com/quintessence/quintessence---2014-summer/cryptomania.html (Abruf: 05.10.2015).

1. Als Zahlungsmittel: Mit dem Steigen des Wertes des bitcoins seien immer mehr Händler bereit, ihn als Zahlungsmittel zu akzeptieren.
2. Im Geldverkehr zwischen großen Unternehmen: Das Bitcoin-Netzwerk läuft 24 h und die Transaktionen werden alle zehn Minuten bestätigt. Transaktionen sind irreversibel und günstig.
3. Nutzung der dezentralen Infrastruktur für die Ausgabe und Verwaltung von Aktien: In der zweiten Hälfte des 20. Jahrhunderts sind die Papieraktien verschwunden. Im 21. Jahrhundert könnte dasselbe mit den zentralen Systemen der Depotbanken, Clearingstellen und Zentralverwahrer (Central Security Depositaries), mittels denen momentan die Verwaltung der Wertpapiere abgewickelt wird, passieren.
4. Nutzung des Netzwerks für Investmentfondszwecke: Beim Bitcoin-System handle es sich um ein weltweites Transaktionssystem, dem jeder, jederzeit und überall beitreten kann. Dieses Netzwerk könnte die größte Fondsvertriebsplattform sein, von der ein Fondsmanagementunternehmen nur träumen kann. Das Potenzial der Reduktion der Plattformkosten (weniger Vermittler und eine kürzere Weg zu Investoren) und der erhöhten Geschwindigkeit des Investitionsprozesses könnte zusätzlich einen massiven Wettbewerbsvorteil bei Nutzung dieser Technologie bieten. Investoren könnten mit erhöhter Flexibilität und Liquidität arbeiten, wenn sie die Möglichkeit des jederzeitigen Verkaufs ihrer Anteile an Interessenten ohne Vermittler durchführen könnten.
5. Nutzung der Scripting-Funktionalität des Protokolls zur Vereinfachung der Abwicklung des internationalen Handels: Die zunehmende Globalisierung benötigt Instrumente wie Akkreditive bzw. Letter of Credits usw. um eine sichere Zahlung zu gewährleisten. Mithilfe der vorhandenen Scripting Funktionalität können komplexe Transaktionen zwischen zwei Handelspartnern erfasst werden, die eine korrekte Übergabe der Mittel gewährleisten.

Santander, lt. Forbes die zehntgrößte Bank weltweit, hat gemeinsam mit der Unternehmensberatung Oliver Wyman und Anthemis Gruppe im Herbst 2014 die Publikation *The Fintech 2.0 Paper: Rebooting financial services*[5] veröffentlicht. Santander identifiziert in dieser Ausarbeitung ebenfalls massive Umwälzungen durch neue digitale Finanztechnologien, die das bestehende Finanzsystem in seinem Kern fundamental verändern werden. *„Prädigitale Geschäftsmodelle werden obsolet, und Milliarden von Dollar werden aus den alten Kreisläufen heraus in neue Systeme und Unternehmen wandern"*. Dezentrale Datenbanken, die aufgrund Fehlens einer zentralen Autorität und damit eines „Single Point of Failure" ein nicht korrumpierbares Erfassungssystem darstellen, könnten dabei das Transaktionsverwaltungssystem der Zukunft sein. Laut dieser Studie hat die Blockchain-Technologie das Potenzial, die Kosten des globalen Finanzsystems bis 2022 um 15 bis 20 Mrd. US-Dollar je Jahr zu reduzieren.

---

[5] „Wir haben 20 bis 25 Anwendungen für die Blockchain identifiziert, verfasst von Christoph Bergmann." http://Bitcoinblog.de/2015/06/22/wir-haben-20-bis-25-Anwendungen-fur-die-blockchain-identifiziert/ (Abruf: 02.09.2015).

Die National Association of Securities Dealers Automated Quotations (NASDAQ) betreibt die größte elektronische Börse der USA und hat 2015 eine blockchain-basierte digitale Datenbank (Nasdaq Linq[6]) eingerichtet, die genutzt wird, um die Wertpapierverwaltung der Plattform „Nasdaq Private Market" auszuweiten und zu verbessern.

Bei Ankündigung des Projektes wurde Bob Greifeld, der Geschäftsführer von Nasdaq, zitiert mit folgender Aussage:[7]

> Nasdaq wird die Blockchain zunächst einsetzen, um eine vollelektronische, distributive, datenbankartige Lösung für eine akkurate Buchhaltung einzuführen, welche ExactEquity, NASDAQ Cloud-Lösung für das Wertpapier-Management, ergänzen wird. Dies wird es privaten Unternehmen ermöglichen, ihre Börsengänge und Aktientransaktionen effizienter zu managen. Die initiale Anwendung der NASDAQ Blockchain Technologie wird administrative Funktionen modernisieren, rationalisieren und sichern, und sie wird die überwältigende Herausforderungen, vor welche manuelle Buchhaltungen private Firmen stellt, gewaltig vereinfachen. NASDAQ setzt für Nasdaq Linq das OpenAssets Protokoll ein, bei dem es sich um eine Fortentwicklung des Colored Coins Konzeptes (vgl. Abschn. 13.2.1) handelt.

Auch die deutsche Finanzaufsichtsbehörde hat in ihrer Verlautbarung vom 16. Februar 2016 Distributed *Ledger (DLT)*[8]: *Die Technologie hinter den virtuellen Währungen am Beispiel der Blockchain zum* Potential der Blockchain-Technologie Stellung genommen.

Die BaFin sieht vor allem zwei potentielle Funktionen der DLT

- Bestätigung von Transaktionen zwischen zwei Parteien im Internet, ohne dass es einer zentralen dritten Vertrauensperson oder eines Mittelsmanns bedarf,
- Funktion als dezentrales Register.

Die BaFin identifiziert folgende Bereiche, in denen in Zukunft die Blockchain-Technologie Sinn machen würde:

- Finanzmarkttransaktionen,
- digitaler Zahlungsverkehr,
- InterbankenHandel.

Die Geldbewegungen, aber auch die Multiasset-Trading-Abwicklung und das Clearing (Backend Erfassung und Verwaltung) könnten mittels der DLT viel offener und viel schneller erfolgen als bei den bis dato von den Finanzsystemen betriebenen Zahlungssystemen.

---

[6] http://www.coindesk.com/hands-on-with-linq-nasdaqs-private-markets-blockchain-project/ (Abruf: 26.03.2016)
[7] Why Nasdaq Is Betting On Bitcoin's Blockchain, http://www.technologyreview.com/news/539171/why-nasdaq-is-betting-on-Bitcoins-blockchain/ (Abruf: 02.09.2015).
[8] http://www.bafin.de/SharedDocs/Veroeffentlichungen/DE/Fachartikel/2016/fa_bj_1602_blockchain.html;jsessionid=78B04E6068702CCE30A98C0D441130A0.1_cid298. (Abruf: 19.03.2016).

Die BaFin weist in ihrem Papier jedoch auch die noch bestehenden Herausforderungen hin: Da beispielsweise das Clearing und das Settlement für zahlreiche Finanzinstrumente, aufgrund systemischer Risiken, gesetzlichen Bestimmungen unterliegt, sei zu überlegen inwieweit die bestehenden Risiken durch die Verwendung einer DLT reduziert werden könnten.

Abschließend schlägt die BaFin Sicherungsmaßnahmen durch Nutzung eines zugangsbeschränkten also eines permissioned dezentralen Systems vor.

14.1 Private Blockchains oder Permissioned Distributed Ledger

Das Weltwirtschaftsforum identifiziert ebenfalls die Blockchain-Technologie als einen der sechs Megatrends der nächsten Jahre. Eine Studie des Weltwirtschaftsforums[9], veröffentlicht Ende September 2015, geht davon aus, dass bereits 2017 die Blockchain-Technologie Mainstream wird und das bereits 2025 die Regierungen ihre Steuern über dezentrale Datenbanken automatisiert erhalten.

Am 11. Mai 2015 empfahl die Arbeitsgruppe für elektronische und alternative Zahlungssysteme des europäischen Bankverbandes EBA in dem Forschungspapier[10]: *Cryptotechnologies, a major innovation and catalyst for change: 4 categories, 4 applications and 4 scenarios An exploration for transaction banking and payments professionals* den europäischen Finanzinstituten sich mit der Idee der dezentralen Datenbanken (distributed consensus ledger) zu beschäftigen. Durch solche Blockchains könne eine gemeinsame eindeutige Erfassung der Transaktionen erfolgen. Diese gemeinsame Datenbank könne dann auch gewartet werden ohne Involvierung einer zentralen Stelle.

Die Arbeitsgruppe der EBA unterschied dabei im Detail zwischen vier Typen von Kryptowährungstechnologien:

1. Kryptowährungen wie Bitcoin oder Litecoin.
2. Bitcoin 2.0-Anwendungen zum Transfer von Vermögen, wie Mastercoin oder Counterparty,
3. Ethereum oder NXT, Eris,
4. Verrechnungsnetzwerke, die private dezentrale Blockchains betreiben: wie Namecoin oder Ripple.

Das Papier stellt fest, dass noch bestehende weitreichende rechtliche und technische Probleme die Einsetzbarkeit von drei der vier Kategorien (Währung, Bitcoin 2.0 -Anwendungen, Ethereum) infrage stellen. Vor allem aber die letzte Gruppe der privaten Blockchains, das Papier spricht auch von *asset centric technologies,* sei für die Finanzbranche

---

[9] World Economic Forum Survey Projects Blockchain 'Tipping Point' by 2023, http://www.coindesk.com/world-economic-forum-governments-blockchain/ (Abruf: 12.10.2015).
[10] https://www.abe-eba.eu/downloads/knowledge-and-research/EBA_20150511_EBA_Cryptotechnologies_a_major_IT_innovation_v1_0.pdf (Abruf: 13.04.2016).

interessant, und zwar sowohl für die interne Nutzung als auch für operative Zwecke. Als operative Anwendungsfälle nennt das Papier den Devisenhandel, grenzüberschreitende Transaktionen, Echtzeit-Überweisungen und die Abwicklung komplexerer Finanztransaktionen.

Die Santander Bank hat Anfang Oktober 2015 4 Mio. US-Dollar in Ripple investiert.[11] Western Union arbeitet mit Ripple zusammen.[12] Im Juli 2015 gab die Deutsche Bank bekannt, dass sie bereits seit längerem das Potenzial der kommerziellen Nutzung dezentraler Datenbanken bei der Durchsetzung und dem Clearing von Terminkontrakten, der Durchführung, Erfassung und Überwachung von Know Your Customer Maßnahmen und Wertpapierveranlagungen beobachte.[13]

Unter dem Dach des Start-Up-Unternehmens R3 hat sich Ende 2015 ein internationales Bankenkonsortium gebildet, welches unter anderem die Bank of America, Barclays, die Deutsche Bank, die Commerzbank und die UBS umfasst[14]. Ziel der Initiative ist die Förderung der Zusammenarbeit der Banken im Bereich der virtuellen Währungen und der Entwicklung von Blockchains. Im Vordergrund steht insbesondere die Ausarbeitung von Standards für blockchain-basierte Technologien. Der Gründer und CEO des Startups, David Ritter, sieht die momentanen Bemühungen verschiedener Startups, ihre eigenen Blockchains für spezifische Anwendungsfälle zu entwickeln als nicht dem Bedürfnis der Finanzsysteme entsprechend an:

> Wir glauben, der richtige Ansatz ist, alle Finanzinstitute gleich von Anfang an zu involvieren, sonst werden viele kleine Silos geschafften, die nicht miteinander kommunizieren können, und damit können viele möglichen Effizienzen nicht realisiert werden.

Das Managementteam von R3 hat mit bekannten Kryptowährungsspezialisten, wie Tim Swanson und Robert Brown,[15] ein sehr qualifiziertes Team zusammengestellt.

Mit der von den Finanzinstituten momentan angedachten permissioned privaten Blockchains – ob jetzt in der Form der Nutzung von Ripple oder sonstiger privater Blockchains – soll momentan vor allem jene Banksoftware, die bis dato institutsübergreifend eingesetzt wurde, abgelöst werden. Dadurch soll offensichtlich eine Reduktion interner Kosten erreicht und die Möglichkeit der Durchführung von Realtime-Transaktionen geschaffen werden, ohne aber das Erfordernis der Nutzung der Institute per se abzuschaffen. Da die

---

[11] Santander Bank Ready to Invest in Blockchain Technology? http://www.newsbtc.com/2015/06/22/santander-bank-ready-to-invest-in-blockchain-technology/ (Abruf: 09.10.2015).
[12] Western Union 'Exploring' Pilot Program with Ripple Labs, http://www.coindesk.com/western-union-pilot-program-ripple-labs/ (Abruf: 09.10.2015).
[13] Blockchain – Angriff ist wahrscheinlich die beste Verteidigung (Fintech #2), https://www.dbresearch.de/servlet/reweb2.ReWEB;jsessionid=301A6E00FAFC76FA613A69C03D6D7259.srv-tc2-dbr-de?rwsite=DBR_INTERNET_DE-PROD&rwobj=ReDisplay.Start.class&document=PROD0000000000358989 (Abruf: 03.04.2016).
[14] Blockchain initiative backed by 9 large investment banks, http://www.ft.com/intl/cms/s/0/f358ed6c-5ae0-11e5-9846-de406ccb37f2.html#axzz3oB36dGbc (Abruf: 10.10.2015).
[15] https://www.linkedin.com/in/robertkbrown (Abruf: 10.10.2015).

14.2 Das Ripple-Netzwerk

		Who do I trust to maintain a truthful record?			
		A central authority	A group of known actors	A group of actors, some know	Nobody
What is the universe of "things" I need people to agree on?	Ownership of on-plattform assets	Central Bank, Commercial Bank		Ripple (XRP)	Bitcoin
	Ownership of off-plattform assets	Custodian Bank	Hyperledger	Ripple (Gateways)	Colored Coins, Counterparty
	Obligations and rights arising from an agreement	Clearing House	Eris	Ripple (Codius)	Ethereum

Abb. 14.1 Who do I trust to maintain a trustful record. (Quelle: Robert Brown)

Finanzinstitute – oder Netzwerkteilnehmer, die von der Institution, die das System kontrolliert, zugelassen werden – die Rolle der Nodes übernehmen und damit reliabel sind, erübrigt sich nach der Idee der privaten Blockchains auch die Anwendung des Proof-of-Work Konzeptes (vgl. dazu auch Abb. 14.1).

Die Bitcoin-Szene diskutiert diese Entwicklung intensiv, denn die privaten Blockchains – wie von den Finanzinstituten angedacht – sind nicht viel mehr als eine gemeinsame kryptografische Datenbank, die auch ohne der Innovation von Satoshi Nakamoto möglich gewesen wäre.

Positiv gesehen sind vielleicht diese Blockchain-Experimente der beste Beginn für die Finanzinstitute, sich dem Konzept des Bitcoins zu nähern. Berücksichtigt man, dass in dieser Branche in den letzten 50 Jahren nur wenig Innovation erfolgte, ist das offensichtliche massive Interesse dieser Branche an den dezentralen Netzwerken nach dem Konzept der Bitcoin-Blockchain-Technologie (wenn auch ohne wesentliche Teile davon) ein außerordentlich großer Schritt. Unbestritten kann eine gemeinsame Datenbank jedenfalls Kosteneinsparungen bringen.[16]

14.2 Das Ripple-Netzwerk

> Ripple hat das, was Bitcoin beseitigt hat, dezentralisiert: das Vertrauen. Es wird so zur Stütze sicherer Transaktionen. (Bitcoinblog.de)

Ripple Lab, Betreiber des Verrechnungssystems Ripple, ist aus mehreren Gründen eines der momentan wohl interessantesten Unternehmen in der Kryptowährungsszene. Ryan Fugger begann bereits 2004 an der Idee eines neuen dezentrales Währungssystem zu arbei-

---

[16] Blockchains and Banks, https://medium.com/design-matters-4/blockchains-and-banks-cef72f0fcf29 (Abruf: 10.10.2015).

ten[17]. Im Mai 2011 begann Jed McCaleb ein digitales Währungssystem zu entwickeln, in denen Transaktionen durch Konsensbildung unter den Mitgliedern des Netzwerks bestätigt werden, und nicht durch den ressourcenaufwendigen Miningprozess. Im August 2012 engagierte Jed McCaleb Chris Larsen und sie übernahmen Ripple von Ryan Fugger. Jed McCaleb[18,19] ist eine der schillerndsten Persönlichkeiten der Szene, er gründete bereits im Jahr 2010 die erste Bitcoin-Börse Mt. Gox, die er im März 2011 an Tibanne Ltd. abtrat. Chris Larsen[20] wiederum ist Gründer vom Online-Kreditmarktplatz Prosper.com und von E-Loan Inc.

Chris Larsen von Ripple hat wohl bereits 2012 das Potential der permissioned dezentralen Transaktionssysteme und der damit einhergehenden dezentralen Datenbanken für die Finanzindustrie erkannt. Unter Berücksichtigung der offensichtlichen Hürden, die ein öffentliches Kryptowährungssystem für das bestehende Finanzsystem vor allem in Form eines neuen Geldschöpfungsmechanismus und eines öffentlichen Bestätigungsalgorithmus (weder Miner noch Nutzer müssen sich identifizieren bzw. KYC-Regelungen erfüllen) darstellen, positioniert Chris Larsen Ripple bereits seit 2012 als möglichen Kooperationspartner zum bestehenden Finanzsystem. Er bietet das Real-time Verrechnungssystem, das auf kryptografischen Algorithmen aufbaut, den Finanzinstituten als Infrastrukturdienstleistung vor allem im Interbankenzahlungsverkehr an. Ripple will auf diese im Vergleich zum Bitcoin-System weniger revolutionäre Weise, die bisher genutzten teils sehr kostenintensiven Systeme vor allem im Korrespondenzbankenbereich ablösen.

Die wesentlichen Unterschiede zur Bitcoin-Technologie sind:[21]

- Das dezentrale Prinzip, das beim Bitcoin die Abwicklung jeder Transaktion durch die Blockchain garantiert, erstreckt sich bei Ripple auch auf den Währungshandel.

---

[17] https://en.wikipedia.org/wiki/Ripple_(company) (Abruf: 03.04.2016).
[18] Jed McCaleb created eDonkey, one of the largest file-sharing networks of its time, as well as Mt. Gox, the first Bitcoin exchange. In 2011, Jed founded Ripple. Recognizing that the world's financial infrastructure is broken and that too many people are left without resources, he cofounded Stellar, a universal financial network that aims to increase economic participation for all individuals, in 2014.
[19] The Race to Replace Bitcoin, von Michael Craig am 2. Mai 2015, http://observer.com/2015/02/the-race-to-replace-Bitcoin/ (letzter Abruf: 15.08.2015).
[20] Chris Larsen is an American business executive and angel investor best known for co-founding several Silicon Valley technology startups, including one based on peer to peer lending. In 1996 he co-founded the online mortgage lender E-Loan, and during his tenure as CEO E-Loan became the first company to freely provide consumers' FICO credit scores. By 2000 E-Loan's market value was estimated at $1 billion and Larsen left the company when it was sold to Banco Popular in 2005. In 2006 he co-founded Prosper Marketplace, the first Peer-to-Peer lending marketplace in the United States, and he served as CEO until 2012. [8] Later in 2012 he co-founded the company Ripple Labs, Inc., which developed Ripple, software that enables the instant and direct transfer of money between two parties. As of 2015, Larsen continues to serve as CEO, übernommen von https://en.wikipedia.org/wiki/Chris_Larsen (Abruf: 15.08.2015).
[21] https://de.wikipedia.org/wiki/Ripple_%28XRP%29 (Abruf: 17.10.2015).

14.2 Das Ripple-Netzwerk

- Die Bestätigung der Transaktionen im dezentralen Netzwerk erfolgt durch die Nodes unter Nutzung sogenannter UNL (Unique Node Lists) auch als Validatoren bezeichnet. Diese Validatoren bestätigen, dass die einzelne Transaktion in Übereinstimmung mit den Systemregeln steht (Konsens des Vertrauens). Der damit erreichte Vorteil besteht in einer ressourcenschonenden und sehr raschen (innerhalb weniger Sekunden) Bestätigung der Transaktionen.
- Es werden keine Blocks, sondern die einzelnen Transaktionen bestätigt. Die bei den einzelnen Validatoren entstehenden Datenbanken zeigen nicht die Transaktionen sondern die Salden.
- Die von den Nodes geführte dezentrale Datenbank auch als Ripple Consensus Ledger (RCL) bezeichnet, ist nicht öffentlich. Ripple kann jede Art von Währung erfassen und verarbeiten. In ihr stehen nicht nur die Guthaben und Transaktionen aller Währungen (egal, ob Fiat oder Krypto), sondern auch die abgegebenen Tauschangebote, sowie die abgeschlossenen Trades.
- Die Währung XRP wurde nicht gemint, sondern wurde zentralisiert beim Start des Projekts geschöpft (100 Mrd. XRP). Sie soll ein Schutz davor sein, dass das Netzwerk mit Transaktionen gespamt wird. Für jede getätigte Transaktion sind Transaktionskosten in XRP zu zahlen.
- Um das dezentrale Ripple-Netzwerk zu nutzen, ist die Erstellung einer Ripple-Wallet nötig. Im Unterschied zu Bitcoin werden Ripples ausschließlich in einer Online-Wallet von Ripple Labs verwaltet (also zentralisiert).
- Nutzer des Ripple-Netzwerks sind nicht verpflichtet, Ripples als Zahlungsmittel zu verwenden. Das Netzwerk akzeptiert prinzipiell jede Währung. Ripples fungieren einfach ausgedrückt als „Brückenwährung" zwischen allen anderen handelbaren Währungen, z. B. Euro und US-Dollar.
- Um am Ripple-System teilnehmen zu können, benötigt man einen identifizierten *Gateway*. Das ist ein Dienstleister, der die Befugnis hat, die Fiat- oder Kryptowährung zu rippeln, damit die Werte im Ripple-System erfasst werden. Diese Gateways führen im Ripple-System verpflichtend KYC-Identitätsüberprüfungen aus.

Zusammengefasst handelt es sich bei Ripple weniger um ein Transaktionsnetzwerk als viel mehr in Entsprechung von SWIFT oder ACH um ein zentralisiertes Verrechnungs- bzw. Tauschnetzwerk.

Der XRP – die Währung des Ripple-Netzwerkes – hatte lange mit beinahe 350 Mio. US-Dollar,[22] die zweithöchste Marktkapitalisierung der Kryptowährungen.

2013 hat das Startup über 7 Mio. US-Dollar an Angel- und Seedfinanzierung von populären Venture-Capital-Gebern (Google Ventures, Andreessen Horowitz usw.) ein-

---

[22] Coinmarketcap.com, übernommen von https://en.Bitcoin.it/wiki/Jed_McCalebm (letzter Abruf: 15.08.2015).

gesammelt. 2015 investierte auch die Santander Bank über ihr Investmentunternehmen Innoventures[23] 4 Mio US-Dollar in das Startup.

Die Fidor-Bank, die CBW-Bank und die Cross River Bank[24] sowie der Remittance-Dienstleister AstroPay und Earthport, ein Service für internationale Überweisungen, sowie die Commonwealth Bank of Australia Ltd. (CBA)[25] nutzen inzwischen das Ripple-System.

Ripple Labs hat im Herbst 2015[26] hat das Konzept des Interledger Protokolls (ILP)[27] vorgestellt. Mit diesem Ledger soll ein einziges weltweites Netzwerk geschaffen werden, das alle digitalen Kryptowährungssysteme ob privat oder öffentlich miteinander verbindet. Diese Idee gewann inzwischen auch die Unterstützung von mehreren bekannten Unternehmen, darunter Microsoft und dem World Wide Web Konsortium.

14.3 Kryptofinanztransaktionen

> Das Kernproblem konventioneller Währungen ist das Vertrauen, das nötig ist, damit sie funktionieren. Der entscheidende Punkt der Kryptowährung ist nicht, dass Transaktionen schnell oder günstig oder anonym sind. Das ist ein Nebeneffekt. Der eine, der alles entscheidende Punkt ist: man kann Geld versenden, ohne jemandem vertrauen zu müssen. Keiner Bank, keinem Zahlungsdienstleister, keinem Briefträger, keinem Kurier. niemandem. (Satoshi Nakamoto Anfang 2009, als er den Bitcoin im P2P-Forum vorstellte)

Auch im Bereich der Finanzinstrumente werden massive Vorteile durch die Nutzung von Kryptowährungstechnologien erwartet. Momentan verarbeitet die NASDAQ (National Association of Securities Dealers Automated Quotations) bis zu 10 Mio. Transaktionen pro Tag. Die NYSE (New York Stock Exchange) verzeichnet 3,5 Mio. Transaktionen täglich[28].

Dabei arbeiten Frontend-Handelssysteme inzwischen mit einer rasanten Geschwindigkeit, die Backend-Lösungen datieren jedoch teilweise noch aus den 80er Jahren, was dazu führt, dass das Settlement der durchgeführten Transaktionen (Backend-Erfassung und Verwaltung) bis zu mehreren Tagen dauern kann.

Im Bereich der syndizierten Kredite (syndicated loans) oder im Derivativhandel kann es – hauptsächlich bedingt durch undurchsichtige und klobige Back Office Prozesse – bis zu 20 Tagen dauern, bis tatsächlich die Transaktionen entsprechend verbucht sind.

---

[23] http://uk.businessinsider.com/santander-innoventures-invests-4-million-in-ripple-labs-2015-10?IR=T. (Abruf: 25.03.2016).
[24] http://blogs.wsj.com/moneybeat/2014/09/24/ripple-signs-first-two-u-s-banks-to-Bitcoin-inspired-payments-network/, (Abruf: 23.06.2015).
[25] http://siliconangle.com/blog/2015/06/01/cba-signs-deal-with-ripple-for-blockchain-settlements-may-eventually-support-Bitcoin/ (letzter Abruf: 23.06.2015).
[26] Ripple Releases Interledger to Connect Banks and Blockchains, http://www.coindesk.com/ripple-interledger-connect-bank-blockchain/ (Abruf: 03.04.2016).
[27] http://interledger.org/interledger.pdf (Abruf: 03.04.2016).
[28] http://diyhpl.us/wiki/transcripts/scalingbitcoin/non-currency-applications/ (Abruf: 25.03.2016).

Jede Stunde, die eine Transaktion zwischen Kauf und Verkauf „offen" ist, erhöht das Risiko, dass sie nicht durchgeführt wird. Für solche Risiken bzw. Ausfälle müssen die Finanzinstitute entsprechende Kapitalreserven aufbauen, was wiederum Kosten und Verwaltungsaufwand mit sich bringt. Seit der Finanzkrise 2008 erhöhen die Aufsichtsbehörden in den USA und der Europäischen Union stetig die Anforderungen an die Finanzinstitute hinsichtlich Risiko und Kapitalvorsorge. Die Finanzinstitute müssen sich mit immer größeren Anforderungen an die Berichterstattung, Transparenz und Datenaufbereitung auseinandersetzen. Die Kosten steigen stetig und die Einnahmen sinken. Wenn die Nutzung dezentraler Netzwerke die Abwicklungszeitspanne (Settlement) beispielsweise von syndizierten Krediten von 20 Tagen auf zehn Minuten verkürzen kann, würde das dem Finanzsystem beträchtliche Kosten sparen.

Die deutsche Finanzaufsichtsbehörde bestätigt in ihrer Verlautbarung vom 16. Februar 2016 *Distributed Ledger (DLT)*[29]: *Die Technologie hinter den virtuellen Währungen am Beispiel der Blockchain*, dass die Möglichkeit eine Transaktion ohne Zwischenstelle direkt zwischen zwei Parteien abzuschließen, den Handel auf dem Finanzmarkt massiv beschleunigen könnte. Durch die dezentrale Speicherung von Vermögensgegenständen und ihrer Inhaber mittels Kryptowährungen mit der damit verbundenen Blockchaintechnologie könnten potenzielle Käufer und Verkäufer leichter identifiziert werden. Die BaFin weist jedoch darauf hin, das bislang nicht geklärt ist, wie sich beim Einsatz der DLT für den Handel ein Marktpreis herausbilden könnte – im Unterschied etwa zum Einsatz von bitcoins erfolgen keine festgelegten Transaktionen, die durch bitcoins in der DLT ausgeglichen werden. Vielmehr müssten durch die DLT verschiedene Interessenten zusammengeführt werden, vergleichbar der Preisermittlung durch Geld- und Briefkurse. Es könnte künftig auch die Abwicklung einer Transaktion durch nachträgliches Clearing und Settlement nicht mehr notwendig sein. Dafür müsste jedoch, anders als zum Beispiel im Bitcoin-System, die Zahlung des Kaufpreises – also der zweite Teil der Wertpapiertransaktion – technisch in der DLT integriert, beziehungsweise auf anderem Wege mit der DLT kombiniert werden. Für den Vermögensgegenstand könnten die Rechner vor einer Transaktion ihre jeweiligen Kontobücher über die DLT automatisch mit der Transaktionshistorie abgleichen und die Transaktion bestätigen oder eben nicht. Somit wäre der Handelszyklus einer Transaktion in Bezug auf den Vermögensgegenstand bereits zu Beginn des Handels abgeschlossen.

Daneben wäre es mit einem Distributed Ledger möglich, alle transferierten Vermögensgegenstände dezentral, chronologisch und direkt aufzeichnen. Sie könnten daher auch als öffentliche Register eingesetzt werden, etwa bei der dezentralen Aufzeichnung von Eigentum. Jede Transaktion könnte dazu mit zusätzlichen Daten unterfüttert werden, etwa zu den beteiligten Parteien, der Kaufsache und dem Kaufpreis. Diese würden anschließend ebenfalls in dem Ledger festgeschrieben werden.

---

[29] http://www.bafin.de/SharedDocs/Veroeffentlichungen/DE/Fachartikel/2016/fa_bj_1602_blockchain.html;jsessionid=78B04E6068702CCE30A98C0D441130A0.1_cid298. (Abruf: 19.03.2016).

Momentan arbeiten drei verschiedene Unternehmen in an der Nutzung von Kryptowährungstechnologien im Bereich des Handels von Finanzinstrumenten.

14.3.1 Patrick Byrne mit T0 und FNY Capital

Patrick Byrne,[30] Gründer und Vorstandsvorsitzender des börsennotierten Unternehmens Overstock arbeitet bereits seit 2014 an einer auf Kryptowährungstechnologien basierten Wertpapierbörse. Bereits im Frühjahr 2015 kündigte er die Ausgabe einer Unternehmensanleihe – die exklusiv akkreditierten Investoren angeboten werden soll und als Kryptowertpapier ausgegeben werden soll – an. Diese Transaktion soll das erste diesbezügliche Angebot auf dem von First New Yorks Capital eigenentwickelten Front End, HydraTrade und Overstocks T0 Kryptowertpapierhandelsplattform sein.

Bei der von Byrne entwickelten Lösung handelt es sich um ein token-basiertes System, analog den Colored Coins. Diese Tokens repräsentieren Vermögenswerte, die Off-chain ausgegeben und gehandelt werden.

14.3.2 Adam Krellenstein mit Symbiont und Counterparty

Ebenfalls im Juli 2015 kündigte das Wall Street Unternehmen Symbiont, gegründet von Adam Krellenstein, der auch Initiator des Counterparty-Projektes ist, die Emission ihres ersten intelligenten Wertpapieres an.

Die Symbiont-Plattform soll jedem Nutzer die Ausgabe und den Handel von Smart Securities ermöglichen, wobei sowohl die Ausgabe als auch der Handel mittels der Bitcoin-Technologie durchgeführt wird.

Nach Krellenstein stellt die Nutzung von Tokens für Wertpapiertransaktionen und die damit einhergehende bloße Erfassung der Eigentumsübertragung und Nutzung der Blockchain als Hauptbuch, eine alte Technologie dar, die nicht den Grad der Komplexität eines

---

[30] Patrick M. Byrne (born 1962, Fort Wayne, Indiana,) is an American entrepreneur, e-commerce pioneer, CEO and chairman of Overstock.com. In 1999, Byrne launched Overstock. He had previously served shorter terms leading two smaller companies, including one owned by Warren Buffett's Berkshire Hathaway. [1] In 2002, Byrne took Overstock.com public. Since the initial public offering, the company has since increased its revenue to nearly $2 billion a year, and achieved full profitability in 2009. [2] Beginning in 2005, Byrne become known for his campaign against illegal naked short selling. Byrne and securities regulators maintain illegal naked shorting has been used in violation of securities law to hurt the price of his and other public companies' stock. [3] Under his direction, Overstock.com has filed two lawsuits alleging improper acts by Wall Street firms, a hedge fund, and an independent research firm. In each case the defendants have settled with Overstock out of court. More recently, Byrne has gained notoriety for his advocacy of cryptocurrencies such as Bitcoin. In January 2014, Overstock.com became the first major online retailer to accept Bitcoin. Übernommen von https://en.wikipedia.org/wiki/Patrick_M._Byrne. (Abruf: 03.10.2015).

intelligenten Kryptowertpapierprojektes bietet. Symbiont repliziert mittels eines Smart Contracts den gesamten Wertpapiervertrag mit allen Konditionen über die gesamte Laufzeit in der Blockchain-Technologie.[31]

Laut Krellenstein hat Symbiont seine eigene Smart-Contract-Sprache mit vollem Funktionsumfang entwickelt, nutzbar auf der Bitcoin-Blockchain aber auch anderen Blockchains.

Symbiont will sich nun auf die Entwicklung des Frontendes und der APIS konzentrieren mit dem Ziel, der Vereinfachung der Nutzung.

14.3.3 Blythe Masters mit der Digital Assets Holding

Als drittes Unternehmen will die Digital Assets Holding mit ihrer neuen Vorstandsvorsitzenden, der Investmentbankerin Blythe Masters,[32] in diesem Bereich tätig sein. Blythe Masters war über 27 Jahre bei JPMorgan Chase in Führungspositionen tätig. Sie gilt als maßgebliche Erfinderin des Finanzderivats Credit Default Swap[33]. Masters will mit Digital Assets Holding blockchain-basierte Software für drei von ihr als ineffizient eingestufte Märkte entwickeln: Konsortialkredite, US-Staatsanleihen (US treasury repos) und dem Aktienhandel.

Im Juni 2015 verkündete die Digital Assets Holding den Kauf von Hyperledger,[34] dem Finalisten in der SWIFT Innotribe Startup Challenge. Hyperledger entwickelte eine innovative dezentrale (private) Blockchain, um Banken und anderen Finanzinstituten das Clearing und Settlement von Finanztransaktionen in Echtzeit zu ermöglichen. Die Technologie des Unternehmens ermöglicht es Finanzinstituten, mehrere private dezentrale Blockchains über eine bekannte Gruppe von Teilnehmern zu erstellen. Hyperledger sieht keine Kryptowährung vor und wendet auch das Proof-of-Work Konzept nicht an und ist so in der Lage, Tausende von Transaktionen pro Sekunde zu verarbeiten.

---

[31] Mehr dazu: http://globenewswire.com/news-release/2015/07/31/756843/10144107/en/Overstock-com-and-FNY-Capital-Conclude-5-Million-Cryptobond-Deal.html#sthash.2EGYTuT9.dpu (Abruf: 03.10.2015).
[32] Blythe Masters sits on the Top of blockchain technology startup Digital Asset Holdings, where she became the CEO in March. She spent 27 years at JPMorgan Chase, where she held some leadership positions, most recently as the head of its global commodities unit from 2007 to 2014. She has also been the CFO of its investment bank and held various roles managing credit risk at the megabank.
[33] https://de.wikipedia.org/wiki/Blythe_Masters (Abruf: 03.10.2015).
[34] Blythe Masters' Digital Asset Holdings Acquires Hyperledger and Bits of Proof, https://Bitcoinmagazine.com/articles/blythe-masters-digital-asset-holdings-acquires-hyperledger-bits-proof-1435353285 (Abruf: 05.10.2015).

Blythe Masters hat in einem Interview[35] mit Bloomberg auch ihrer Überzeugung Ausdruck verliehen, das Smart Contracts ein weiteres wichtiges Einsatzgebiet im Bereich der Finanzinstrumente sein werden: Als Beispiel führt sie den Fixed-income-Markt an:

> Heute brauchen wir Zwischenhändler um Verträge zwischen Käufer und Verkäufer zu erarbeiten, die die Zinszahlungen, Vertragsbedingungen und Sicherheiten bestimmen sowie Clearinghouse, um den Austausch von Geld gegen Wertpapiere zu garantieren. All dies Informationen bzw. Vertragsbedingungen können in einen Smart Contract auf einem verteilten Ledger aufgenommen werden. Mit Übermittlung des Smart Contracts werden jedoch nicht nur Daten, sondern auch das tatsächliche Eigentum am Wertpapier übertragen. Der Wert gehört dem, der das Wertpapier besitzt. So könnte eine Transaktion in Minuten statt Tagen oder Wochen ausgeführt werden. Jeder, der Zugriff auf das Hauptbuch hat, kann den Vertrag mit einem Mausklick lesen. Diese Möglichkeit des Zugriffs könnte auch im Aufsichtsbereich zu Erleichterungen und Kosteneinsparungen führen, denn so könnten auch die Aufsichtsbehörden durch Einsichtnahme in die Blockchain Daten einfach überprüfen.

Im September 2015 platzierte Digital Asset Holdings einen Teil der von Pivit[36] (einem Spieleunternehmen) ausgegebenen Wandelschuldverschreibung in Höhe von 5 Mio. US-Dollar unter erstmaliger Nutzung der entwickelten Blockchain.[37]

---

[35] Blythe Masters Tells Banks the Blockchain Changes everything, http://www.bloomberg.com/news/features/2015-09-01/blythe-masters-tells-banks-the-blockchain-changes-everything (Abruf: 17.10.2015).
[36] http://www.pivit.io/ (Abruf: 19.03.2016).
[37] Pivit Raises $5 Mio. with Help of Blythe Masters-Led Start-Up, http://blogs.wsj.com/moneybeat/2015/09/09/pivit-raises-5-million-with-help-of-blythe-masters-led-start-up/ (Abruf: 05.10.2015).

Sonstige mögliche Anwendungsbereiche für dezentrale Transaktionssysteme 15

Im Dezember 2015 identifizierte Sir Mark Walport[1], wissenschaftlicher Berater der Regierung des Vereinigten Königreichs, in seinem Bericht *Distributed Ledger Technologie über die Blockchain hinaus* massive Vorteile einer Nutzung dezentraler Transaktionssysteme in verschiedenen Geschäftsbereichen der britischen Regierung. Mark Walport sieht vor allem das Potential die Beziehung zwischen Regierung und Bürger neu zu definieren, wenn es um den Austausch von Daten, um Transparenz und um Vertrauen geht. Ebenso können Betrug, Korruption und Administrationskosten eingedämmt werden.

Im Bericht werden u. a. folgende Anwendungsfälle für Blockchain-Technologien besprochen[2]:

- Schutz kritischer Infrastruktur gegen Cyberattacken (Walport verweist hier auch auf die notwendige Unmanipulierbarkeit der Daten einer Internet-of-Things Ökonomie).
- Effizientere Verteilung von Sozialhilfe oder Entwicklungshilfezahlungen an Unbanked People.
- Reduzierung von Umsatzsteuer-Ausfällen: Jährlich verlieren die europäischen Staaten durch Umsatzsteuerausfälle zwischen 150 und 200 Mrd. Euro. Mittels entsprechender Smart Contracts könnten bei Blockchain-Transaktionen automatisch die Steuer an die Behörden abgeführt werden.
- Erfassung der Personenidentitäten und Erfassung und Verwaltung eines Grundbuches in einer nicht korrumpierbaren Blockchain.

Zusammengefasst empfiehlt der Bericht der britischen Regierung, das Thema schnellstmöglich zu adressieren, die Erforschung dezentraler Datenbanken massiv zu fördern und

---

[1] https://www.gov.uk/government/uploads/system/uploads/attachment_data/file/492972/gs-16-1-distributed-ledger-technology.pdf. (Abruf: 25.03.2016).
[2] Chefwissenschaftler der britischen Regierung empfiehlt, auf Blockchain zu setzen, http://bitcoinblog.de/2016/01/20/chefwissenschaftler-der-britischen-regierung-empfiehlt-auf-blockchain-zu-setzen/ (Abruf: 03.04.2016).

nicht zuletzt ein regulatorisches Rahmenwerk für dezentrale Datenbanken bzw. Transaktionssysteme zu entwickeln.

Ein weiterer Bereich, der ebenfalls massiv gewinnen könnte durch die Nutzung dezentraler Datenbanken ist das Gesundheitswesen. Im Gesundheitswesen werden jeden Tag Terabytes an Daten generiert. Krankenhäuser und Gesundheitsdienstleister investieren Tausende US-Dollar jedes Jahr, um Patienten- und andere Daten zu verwalten. Es gibt keinerlei Datentransfer zwischen den einzelnen Dienstleistern. Wenn ein Patient entscheidet, seinen Arzt aus irgendeinem Grund zu wechseln, müssen die Patientenakten entweder manuell vom vorherigen Krankenhaus/Gesundheitsdienstleister migriert werden oder der Patient ist gezwungen, sich einer Vielzahl von Diagnosetests zu unterziehen, um seinen Gesundheitszustand feststellen zu lassen.

Die meisten der elektronischen medizinischen Aufzeichnungen werden zurzeit vor Ort auf physischen Servern oder in der Cloud des jeweiligen Gesundheitsdienstleisters gespeichert und der Zugang ist derzeit nur auf das jeweilige Krankenhausnetzwerk beschränkt. Patientendaten in den falschen Händen können großen Schaden anrichten, insofern stellt eine Zentralisierung der Daten im Gesundheitswesen eine große Gefahrenquelle für Hackerangriffe dar. Sogar die Patienten haben keinen vollständigen Zugriff auf die in der Krankenhaus-Datenbank gespeicherten eigenen medizinischen Daten.

Auch wenn die Vorteile der Erstellung und Pflege von elektronischen medizinischen Aufzeichnungen der Patienten bereits festgestellt wurden (es wurde nachgewiesen, dass diese Art der Aufzeichnungen erheblich die Qualität der Versorgung für die Patienten erhöht), haben die exorbitanten Kosten für die Verwaltung und Wartung dieser Systeme viele Krankenhäuser bis dato an der Umsetzung gehindert.

Die Blockchain-Technologie kann diese Bedenken bezüglich Sicherheit, Skalierbarkeit und Privatsphäre der elektronischen medizinischen Aufzeichnungen adressieren. Konzeptionell könnten Patientendaten auf der Bitcoin-Blockchain oder einer ähnlichen Technologie unter Schaffung einer MultiSig-Adresse für die Patientenaufzeichnungen jedes einzelnen Patienten geschaffen werden. Der Patient kann mit einem privaten Schlüssel und einer MultiSig-Adresse für seine Daten ausgestattet werden.

Unter Nutzung des MultiSig-Prinzips für Bitcoin-Wallets kann der Patient dem Gesundheitsdienstleister seiner Wahl Zugang verschaffen. Auf diese Weise würden die Patienten vollen Zugriff auf ihre eigenen Daten haben und sie mit ihrem Gesundheitsdienstleister, wann immer notwendig, teilen können. Das sind nur einige Beispiele für mögliche Einsatzgebiete für die kryptografischen dezentralen Transaktionssysteme. Experten sehen das disruptive Potential dieser neuen Technologie in vielen weiteren Bereichen.

Ethereum

16

Die Möglichkeit der Programmierbarkeit des Bitcoins ist fast ein nachträglicher Einfall, auch wenn Sidechain-Vorschläge diese Programmierbarkeit ein wenig leichter machen wollen und es bereits Altcoins mit entsprechenden spezifischen Anwendungen gibt. Im Gegensatz dazu wurde das Kryptowährungstechnologieprojekt Ethereum von Vitalik Buterin, seinem Erfinder, von Tag 1 als Software-Entwicklungsplattform für dezentrale Applikationen konzipiert, und die Ethereum-Blockchain wurde speziell entwickelt, um die Ausführung dieser dezentralen Apps (auch Dapps genannt) zu unterstützen.

Vitalik Buterin[1] geboren 1994 in Russland, war vor der Gründung von Ethereum auch involviert in die Entwicklungsprojekte Colored Coins und Mastercoins. Er gewann 2014 den „World Technology Award" und ein Stipendium des Risikokapitalgebers Peter Thiel. In dem Diskussionspapier[2] zu Ethereum skizzierte Buterin vor allem die Grenzen einer Programmierung von Bitcoins und der Nutzung der Bitcoin-Blockchain und schlug die Erstellung einer neuen komplett programmierbaren Blockchain mit einer turing-vollständigen Programmiersprache vor.

Im Sommer 2014 führte Ethereum – rechtlich als gemeinnützige Stiftung in der Schweiz konstruiert – ein sehr erfolgreiches Initial Coin Offering (ICO) durch. 21 Mio. US-Dollar (gerechnet zum damaligen bitcoin-Wert) wurden von der Crowd eingeworben. Im Sommer 2015 veröffentlichte Ethereum die erste Version ihrer Developer Software, genannt *Frontier (betaVersion)*, im März 2016 ist Ethereum durch einen Hard Fork von *Frontier* auf *Homestead* übergegangen. Hard Forks sind bei Ethereum ein wichtiger Bestandteil der Fortentwicklung des Protokolls. So ist etwa auch eine „Difficulty-Explosion" in das Protokoll eingebaut, die gewährleisten soll, dass Ethereum ab einem bestimmten Block auf Proof-of-Stake umstellt (wieder ein Hard Fork).[3]

---

[1] https://en.wikipedia.org/wiki/Vitalik_Buterin (letzter Abruf: 16.08.2015).
[2] https://github.com/ethereum/wiki/wiki/White-Paper (Abruf: 17.10.2015).
[3] http://Bitcoinblog.de/2016/03/02/ethereum-geht-mit-homestead-in-phase-2/ (Abruf: 14.03.2016).

© Springer Fachmedien Wiesbaden GmbH 2017
E. Sixt, *Bitcoins und andere dezentrale Transaktionssysteme*,
DOI 10.1007/978-3-658-02844-2_16

Inhaltlich handelt es sich sowohl bei Ethereum als auch bei Bitcoin um Open-Source-Projekte, die folgende Gemeinsamkeiten aufweisen:

- eine zugrunde liegende Kryptowährung,
- eine inhärente Blockchain,
- ein dezentraler konsensbasierter Sicherungsmechanismus.

Vitalik Buterin hat die Ethereum-Software jedoch wirtschaftlich wesentlich effizienter gestaltet: Der Ethereum-Algorithmus sieht beispielsweise eine Bestätigungsdauer von 7 Sekunden vor im Vergleich zu den 10 min von Bitcoin, auch ist die Ethereum Blockchain dynamisch skalierbar. Mining kann im Ethereum Netzwerk von jedem Computer durchgeführt werden und erfordert nicht die spezialisierte Rechenleistung, die Bitcoin inzwischen in Form der ASICs benötigt. Der wesentliche Unterschied zwischen den beiden Projekten liegt jedoch in der vollständigen Programmierbarkeit der Ethereum-Blockchain. Mit einer Vielzahl von zur Verfügung stehenden Entwicklungssprachen kann jeder – gegen Bezahlung von Ether – in die einzelnen Transaktionen Codes hineinschreiben bzw. kann diese als Miniaturprogramm gestalten. Diese Smart Contracts werden in der Folge in der Blockchain verwaltet und dezentral ausgeführt.

Der Ether dient dabei als Transaktionsgebühr, Spamschutz und Spekulationsobjekt. Ein wesentlicher Unterschied zum Bitcoin-System ist, dass die Miner nicht nur Transaktionen verifizieren, sondern die in den Transaktionen enthaltenen Codes auch ausführen. Die Höhe der dafür gezahlten Transaktionsgebühren hängt dabei von der Größe und Komplexität der Codes ab. Während es recht günstig wird, eine Addition auszuführen, spiegeln sich komplexe Simulationen oder das Speichern von großen Dateien in der Blockchain in einer höheren Transaktionsgebühr zahlbar in Ether. Ether soll einen Anreiz darstellen, guten Code zu produzieren – die Berechnung aufwendigen Codes würde schlicht mehr Ether kosten. Auch wer Rechenkapazitäten im Ethereum-Netzwerk nutzen will, muss diese mit Ether kaufen. Ether können inzwischen auf verschiedenen Kryptowährungsbörsen erworben werden. Nutzer können außerdem Ether verdienen, indem sie dem Ethereum-Netzwerk Rechnerkapazitäten zur Verfügung stellen, beispielsweise indem sie dezentrale Anwendungen von Ethereum (Decentralised Apps (Dapps)) hosten. Ether ist wiederum in kleinere Einheiten aufgeteilt: Finney, Szabo, Shannon, Babbage, Lovelace und Wei. Wei ist die kleinste Einheit. Immer 1000 Einheiten einer kleineren Einheit ergeben die nächstgrößere. In der Praxis sind vor allem Ether und Wei wichtig.

Aufbauend auf dezentralen Anwendungen (Dapps) und dem Konzept der Smart Contracts soll das Projekt zukünftig die Codierung autonomer Agenten und dezentraler autonomer Organisationen ermöglichen. Dabei geht Ethereum davon aus, das jede Organisation, online wie offline, ein Zusammenspiel von Verträgen, Menschen und anderen Beziehungen ist. Autonome Agenten agieren im Unterschied zu intelligenten Verträgen weitgehend selbstständig, treffen Entscheidungen im Sinne ihres Programmcodes und erfordern nach der Programmierung nur noch ein Minimum an menschlichem Eingreifen. Ein Beispiel für einen autonomen Agenten ist ein Computervirus. Das Virus reproduziert sich selbst auf Basis bestimmter Regeln, meist ohne dass ein direktes Eingreifen der Nutzer erforderlich ist. Das Virus verbreitet sich dann automatisch, etwa über das E-Mail-Adressbuch eines Nutzers. Denkbar als Umsetzung eines autonomen Agenten mit Ethereum wäre eine Dienstleistung wie ein Cloud-Service, die automatisch skaliert, wenn Nutzerbedarf und Profite es zulassen. Auf Basis der programmierten Regeln mietet der Agent weiteren Speicherplatz und Rechenkapazität an und stellt diese dann gegen Bezahlung zur Verfügung[4].

Normale Organisationen haben Eigentümer, Angestellte und Kunden mit jeweils verschiedenen Rollen und Verantwortlichkeiten. In der dezentralen Blockchain-gesteuerten Organisation werden die verschiedenen Rollen und Regeln nun über Code abgebildet und alle Interaktionen in der Blockchain gespeichert. In einer solchen Organisation sollen sowohl die Eigentumsverhältnisse der einzelnen Mitglieder (wer besitzt wie viele Anteile an der Organisation) als auch die Entscheidungen der stimmberechtigten Mitglieder in der Blockchain dokumentiert werden. Eine dezentrale autonome Organisation (DAO) existiert weitgehend autonom im Internet und trifft automatisierte Entscheidungen auf Basis des vorher festgelegten Protokolls. Da jedoch nicht alle Vorgänge automatisiert werden können, kann die DAO auch für bestimmte Zwecke Internetnutzer einstellen, um spezifische Aufgaben auszuführen[5].

Für die Dapps – als neue Form dezentraler Anwendungen – nutzt Ethereum aus Frontend Sicht einen leistungsfähigen Spezialbrowser und ermöglicht mittels dieses Browser die nutzerfreundliche Installation und Interaktion. Das Ergebnis dieses Patchworks von Technologien soll eine neu entstehende Web3 Infrastruktur sein. Diese 3-Tier-Architektur nutzt einen modernen Browser als Client, die Blockchain als gemeinsame Ressource und ein virtuelles Netzwerk von Computern, die Smart Contracts dezentral ausführen.

Man kann diese Projekte auch als dezentrale Version dessen beschreiben, was momentan als Cloud Services von Unternehmen wie Amazon und Microsoft® angeboten wird.

Im Vergleich zu Bitcoin hat Ethereum damit ein neues auf Kryptotechnologie basierendes Framework gebaut, das vor allem massive Vorteile in der Einfachheit der Entwicklung, mit stärkeren Light-Client Eigenschaften und einer sicheren Blockchain-Umgebung kombinieren soll.

---

[4] Ether – die Ethereum-Währung, http://www.golem.de/news/ethereum-die-internet-revolution-stottert-1510-116821-2.html (Abruf: 03.04.2016).
[5] Dezentrales Crowdfunding mit Ethereum, http://www.golem.de/news/ethereum-die-internet-revolution-stottert-1510-116821-3.html (Abruf: 03.04.2016).

In einem Interview der Zeitschrift Finanz und Wirtschaft[6] vom 12. Mai 2015 gab Vitalik Buterin Einblick in seine Überlegungen:

▶ Herr Buterin, in einem Blog schrieben Sie, dass Blockchain für Anwendungen nicht unbedingt notwendig, aber bequem sein könnte. Was meinen Sie damit?

Vitalik Buterin: Alles, was man mit der Blockchain implementieren kann, könnte man auch auf einem Server laufen lassen, das wäre sogar effizienter. Die Frage ist, wie groß der Mehrwert für einen einzelnen Anwendungsfall ist, eine Blockchain statt einen Server zu nutzen. Aber ich denke, dass es eine große Anzahl von Bitcoin-Applikationen geben wird. Einige von diesen könnten sehr spezialisiert sein.

▶ Das hört sich aber nicht so an, als wollten Sie ein Prophet für Blockchain sein, sondern eher, als wollten Sie keine überhöhten Erwartungen schüren.

Viele suchen nach einer Killeranwendung, die Ethereum in den Mainstream bringen wird. Ich behaupte, dass dies zum jetzigen Zeitpunkt nicht geschehen wird. Man sollte verstehen, dass eine Technologie nicht alles verändern muss, um nützlich zu sein. Außerdem ist das Bitcoin-Protokoll sehr teuer und teilweise sehr ineffizient. Daher könnte man denken, dass die Blockchain-Technologie nur nutzbar ist, wenn es sich um eine sehr mächtige Anwendung handelt. Aber ich glaube, dass eine Blockchain deutlich günstiger benutzt werden kann als Bitcoin. In vielen Fällen wäre die Anwendung von Blockchain daher sinnvoll, aber die einzelnen Anwendungen müssen nicht die Welt verändern. Das ist ähnlich zur Open-Source-Entwicklung, die nichts plötzlich revolutioniert hat, aber viele kleine Vorteile bietet.

▶ Wie steht es um die Entwicklung von Ethereum?

Wir stehen kurz vor der Markteinführung. Unser Testnetzwerk läuft schon. Wenn wir keine Probleme haben, werden wir in wenigen Wochen bereit sein. Aber wie es beim Entwickeln so ist, können Probleme entstehen, und wir könnten den Zeitpunkt der Einführung nach hinten schieben.

▶ Haben Sie schon große Unternehmen als Sponsoren gewonnen, die Ethereum einsetzen wollen?

Es sind nicht so viele große Unternehmen dabei, aber es gibt viele Gruppen, die sich für den Einsatz der Plattform interessieren. Es sind mindestens fünfzig Projekte momentan in Arbeit, die auf Ethereum basieren. Meistens werden diese von kleinen Teams entwickelt. Es

---

[6] Mehrwert von Blockchain für einzelne Anwendungen, http://www.fuw.ch/article/mehrwert-von-blockchain-fur-einzelne-anwendungen-prufen/ (letzter Abruf: 15.08.2015).

gibt ein gewisses Interesse von großen Unternehmen; die größten sind IBM und Samsung mit dem Adept-Projekt.

▶ Was ist denn Adept?

Das ist ein Projekt, das für das sogenannte Internet der Dinge eine dezentrale Plattform zur Verfügung stellen will. Dazu wird die BitTorrent-Technologie für Dateitransfers, dezentralisiertes Messaging und eine Version von Ethereum verwendet. Beim Internet der Dinge ist man wegen der Privatsphäre besorgt und sieht die Gefahr, dass eine kleine Anzahl von Unternehmen die technischen Geräte eines jeden Einzelnen kontrollieren kann. Adept will eine Open-Source-Grundlage schaffen, um diese Probleme anzugehen. Es wäre sicherer, da es keinen Server gibt, in den man hacken könnte. Außerdem wäre es zuverlässiger, da die Blockchain nicht von einem Hersteller abhängt, der in einigen Jahren das Geschäft aufgeben könnte.

▶ Wann erwarten Sie die ersten Ethereum-Anwendungen, die der breiten Öffentlichkeit auffallen?

Nach der Markteinführung werden wir fast ausschließlich Entwickler ansprechen, da der Erfolg von Ethereum vollständig vom Erfolg der Anwendungen abhängt, die darauf aufgebaut werden. Ich rechne, die ersten Anwendungen, die einfach zu benutzen sind, werden wir im Finanzbereich sehen. Wenn alles gutgeht, erwarte ich die ersten Applikationen mit einem akzeptablen Qualitätslevel in sechs bis zwölf Monaten.

▶ Welche Gebiete im Finanzbereich könnten Ethereum zuerst nutzen?[7]

Die Hauptbereiche sind wohl Finanzkontrakte und Derivate. Daneben ist Hedging im Allgemeinen ein Bereich, an dem viele Leute interessiert sind, besonders bei Kryptowährungen wie Bitcoin, da diese Währungen sehr volatil sind. Daher erwarte ich Derivativkontrakte auf Kryptowährungen, die in Ethereum implementiert werden.

▶ Könnte Ethereum sich zum wichtigsten Blockchain-Protokoll für Anwendungen entwickeln?

Es gibt viele verschiedene Protokolle, besonders im Finanzbereich. In manchen Fällen wollen Leute eine private Transaktionsliste haben, die nur von einer kleinen Anzahl von Benutzern gelesen werden kann. Zur Wahrung der Privatsphäre könnten diese auf wenige oder gar nur ein Unternehmen begrenzt sein. Ethereum will dagegen eine allgemein nutzbare Blockchain für jede Art von Anwendung sein. Für diesen Anwendungsfall könnten wir den neuen Standard setzen.

---

[7] Mehrwert von Blockchain für einzelne Anwendungen prüfen, http://www.fuw.ch/article/mehrwert-von-blockchain-fur-einzelne-anwendungen-prufen/, veröffentlicht am 12. Mai 2015 (Abruf: 16.08.2015).

▸ Es gibt ethische und rechtliche Bedenken über automatisierte Organisationen oder Applikationen, die ohne menschliche Steuerung laufen – beides sind mögliche Anwendungen von Ethereum. Besonders Haftungsfragen scheinen hier noch offen. Haben Sie Antworten auf diese Bedenken?

Diese Fragen sind schwierig im Abstrakten zu beantworten. Wir müssen darüber im Einzelfall nachdenken, wenn die Dinge ins Laufen kommen. Aber die Technologien an sich kontrollieren nichts. Die Blockchain an sich hat keine Macht. Es ist nur eine Plattform, über die Leute zusammenarbeiten können. Am Ende ist jede Handlung von Blockchain immer durch Menschen ausgelöst.

Das Interview führte Alexander Trentin, Finanz und Wirtschaft.

Ethereum gilt in der Kryptowährungsszene als eines der vielversprechendsten Projekte. Bereits jetzt arbeiten viele Unternehmen und Institutionen an einer Weiterentwicklung.

Ausblick

Die Zukunft der Innovationen, bestehend aus Kryptotransaktionssystemen, hat bereits begonnen. Im Kern geht es dabei um die Verlagerung des Vertrauens von Menschen und Organisationen auf Computer und dezentrale Organisationen, basierend auf einem dezentralen Konsens, der sie regelt.

> Was diese virtuellen Währungen oder P2P-Währungen oder die neue Welle von digitalen Währungen antreibt, ist der Verfall des Vertrauens in das Bankensystem, ein Verfall des Vertrauens in das Zentralbankensystem. (Max Keiser)

Die Idee der Kryptotransaktionssysteme ist in vielen Belangen vielversprechend

- Ein Großteil der enormen Kosten, die das momentane Bankensystem der Weltwirtschaft erzeugt, kann eliminiert werden.
- Milliarden Menschen, die bis dato vom internationalen Finanz- und Zahlungssystem ausgeschlossen waren, könnten in die Weltwirtschaft integriert werden.
- Neue dezentrale Softwareanwendungen, basierend auf der Blockchaintechnologie werden zu einer nie gekannten Transparenz in vielen Geschäftsbereichen führen und neue Formen von Dienstleistungen hervorbringen, welche die Art und Weise, wie bis dato Transaktionen abgewickelt wurden, massiv beeinflussen wird.
- ...

Bereits jetzt ist absehbar, dass diese Kryptotransaktionssysteme sowohl Konsumenten als auch Wirtschaftstreibenden neue disruptive, innovative und systemändernde Möglichkeiten bringen werden.

Über das tatsächliche Ausmaß des kommerziellen, sozialen und politischen Potenzials dieser neuen Technologie kann man unterschiedlicher Meinung sein.

Offensichtlich ist jedoch bereits jetzt, dass Bitcoin lediglich der erste Schritt in eine faszinierende Welt unterschiedlichster alternativer Kryptotransaktionssysteme mit noch nicht abschätzbaren Auswirkungen darstellt.

Printed in Poland
by Amazon Fulfillment
Poland Sp. z o.o., Wrocław